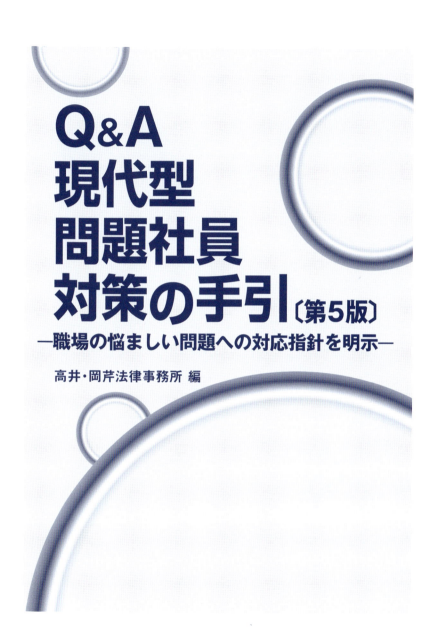

Q&A
現代型
問題社員
対策の手引〔第5版〕
―職場の悩ましい問題への対応指針を明示―

高井・岡芹法律事務所 編

発行 民事法研究会

第 5 版はしがき

　この度、『Ｑ＆Ａ現代型問題社員対策の手引〔第 5 版〕』が刊行されることとなりましたが、この『現代型問題社員対策の手引』もこれで 5 版目に及ぶこととなりました。

　当事務所が本書の初版を世に出したのが、平成14年のことですから、本書が世に出てからすでに16年が経ったということになります。初版を出した際には、このような長寿になるとは思ってもいなかったのが率直なところですが、これも、偏に、本書をご活用いただいている多くの読者（企業の管理者、人事・労務の担当者）の皆様のご愛顧の賜です。そうした読者の方々には、誠にありがたく感じているところです。

　いうまでもなく、労働実務においては、対策が必要となる事象は、時代とともに少なからず変容してきます。今回の改訂も、そうした労働実務における必要の変容に対応したものであることはいうまでもありません。特に、IT（SNS）関係、ハラスメント関係、有期雇用者関係、安全配慮関係などは、法改正や技術の進歩により新規の労務問題が生じているところであり、まずは、そのような領域について、実務上、特に生じがちな問題を紹介しています。

　もう一つ、今回の改訂に際しては、あらためて、本書の実用的価値、つまりは、本書の読者である企業の管理者、人事・労務担当者の方々が悩ましい問題に遭遇した際に、わかりやすい指針を提供するという点を考えたとき、目次においておおよその問題点を把握できることが便宜であると考え、目次の各標目を、具体的な事案の叙述とすることを心掛けました。これにより、やや、目次の部分が冗長になるところはあるものの、読者の皆様にとって、より、本書のどの部分がお役に立てる部分であるか（どこを読めば、喫緊の労務問題に対応できるか）が、明瞭になるはずです。

　このほか、本文の解説部分の内容についても、問題設定を社会の変化に合わせたり、新しく出た裁判例、法改正を取り入れるなどの「現代化」を施し

た結果、想定していたよりも多くの時間を要することとなりましたが、その間も、現代社会における具体的な問題提起の視点を数多く提供していただいた株式会社民事法研究会・代表取締役田口信義氏、度重なるスケジュール変更にも柔軟に対処いただいたうえ、草稿にも実務的視点よりご指摘をいただいた編集担当の竹島雅人氏など、多くの方々のご尽力、ご支援を得て、こうして第5版を刊行することができました。この場を借りて、心より御礼申し上げる次第です。

　平成30年12月吉日

高井・岡芹法律事務所

所長弁護士　岡　芹　健　夫

は　し　が　き

　近年、企業の中で、従来の枠組みにはまらない「現代型問題社員」が増加しています。これら社員には既存の規則・規律では対処しきれないばかりか、彼らを放置していると企業活動を阻害する要因に発展するおそれすらあります。

　昭和20年の敗戦後、ほぼ一貫して右肩上がりの発展を続けてきたわが国経済は今や衰亡の一途をたどり、その結果、雇用・労働の世界にも、従来は当然の前提とされていた終身雇用制度・年功序列型賃金体系が崩壊するというドラスティックな変化がもたらされました。こうした経済の低迷・雇用制度の変革が、個々の労働者の意識にも先行き不安という暗い影を投げかけています。

　一方、家庭環境の変化に伴う家庭でのしつけ教育の放棄、問題教師の増大による教育現場の荒廃や道徳教育の欠如などが相まって、著しくモラルを喪失した若者が増加しており、これらを迎え入れる企業ではこのようなことも問題を発生させる大いなる要因となっております。

　モラルの崩壊や現代型問題社員の出現は、以上のような経済・社会情勢の変化と無縁ではないため、各企業の労務管理だけで問題を完全に解決することはできません。しかし、各企業の秩序の維持・発展のためには無策でいるわけにはいきません。彼らへの対応として、労務管理について各企業においてできることから実行するしかないのです。

　皆様方がまずなすべきことは、自社の就業規則の見直しです。就業規則は会社の憲法であり、労務管理においては最初にして最後の拠り所です。巻末に就業規則のひな型を付録として掲載いたしましたのも、以上の考えによるものです。そして、個々の具体的な問題発生にあたっては、これを看過せず直ちに対応し問題解決への歩を進めることこそが、企業の健全性の維持に資することになります。

　本書は、上記のような視点に立って今日企業で発生しているさまざまな問

はしがき

題を設問化し、その具体的対応の方策を明示したものです。そして、人事労務の担当者が自信を持って問題に取り組むことができるよう、各設問末尾に「弁護士からのアドバイス」欄を設けました。

　また、日本企業の中国への進出が目覚ましい状況を踏まえ、中国での雇用関係にまつわる問題についても、特に1章を設けて言及しています。

　本書が、少しでも皆様方の日頃の労務管理のご参考になれば幸いです。

　最後に、本書の執筆にあたっていただいた当事務所の弁護士各位、そして何度となく当事務所へ足を運んでいただき、原稿の督促から執筆上のご指導までご協力をいただいた㈱民事法研究会の代表取締役・田口信義氏、編集部の上野恭世氏に対し、心より御礼を申し上げる次第です。

平成14年11月吉日

　　　　　　　　　　　　　　　　高井伸夫法律事務所
　　　　　　　　　　　　　　　　所長弁護士　髙　井　伸　夫

●凡　例●

【法　令】

〈カッコ内の略称〉

- 憲　　　日本国憲法
- 民　　　民法
- 会　　　会社法
- 刑　　　刑法
- 不正競争　不正競争防止法
- 特許　　特許法
- 労基　　労働基準法
- 労基則　労働基準法施行規則
- 労組　　労働組合法
- 労契　　労働契約法
- 自賠　　自動車損害賠償保障法
- 高年　　高年齢者等の雇用の安定等に関する法律
- 入管　　出入国管理及び難民認定法
- 入管施行規則　出入国管理及び難民認定法施行規則
- 雇用保険　雇用保険法
- 男女雇用機会均等　雇用の分野における男女の均等な機会及び処遇の確保等に関する法律
- 公益通報者保護　公益通報者保護法
- 育児・介護休業　育児休業、介護休業等育児又は家族介護を行う労働者の福祉に関する法律
- 育児・介護休業法施行規則　育児休業、介護休業等育児又は家族介護を行う労働者の福祉に関する法律施行規則

〈本文中の略称〉

- 男女雇用機会均等法　雇用の分野における男女の均等な機会及び待遇の確保等に関する法律
- 入管法　出入国管理及び難民認定法
- 自動車運転死傷行為処罰法　自動車の運転により人を死傷させる行為等の処罰に関する法律
- 高年法　高齢者等の雇用の安定等に関する法律
- プロバイダ責任制限法　特定電気通信役務提供者の損害賠償責任の制限及び発信者情報の開示に関する法律
- 育児・介護休業法　育児休業、介護休業等育児又は家族介護を行う労働者の福祉に関する法律
- 労働者派遣法　労働者派遣事業の適正な運営の確保及び派遣労働者の保護等に関する法律

【文　献】

- 民集　　最高裁判所民事判例集
- 刑集　　最高裁判所刑事判例集
- 判時　　判例時報
- 判タ　　判例タイムズ
- 労民　　労働関係民事裁判例集
- 労判　　労働判例
- 速報カード　労働判例付録
- 労経速　労働経済判例速報

〔注〕　菅野和夫『労働法〔第11版補正版〕』（弘文堂）○○頁→「菅野○○頁」
　　　と略称する。

『Q＆A現代型問題社員対策の手引〔第5版〕』

目　次

第1章　募集・採用時の問題

1　内々定を出した学生が逮捕され退学処分となったため内々定を取り消したいが、留意すべき点はあるか ……………………………………2

2　入社誓約書を提出した新卒予定の内定者が、突然内定を辞退する申出をしてきた場合、どう対応すべきか ……………………………………5

3　内定者が入社前に妊娠したことから通常のスケジュールで研修等ができなくなったことを理由に、上司が独断で採用取消しを通知した場合、どう対処すべきか ……………………………………7

4　即戦力を期待して中途採用した社員が実力が伴わなかった場合、解雇できるか ……………………………………11

5　留学生と称する外国人をアルバイトとして雇用する場合、留意すべき点はどこか ……………………………………12

第2章　雇入れ後の問題

Ⅰ　労働時間・賃金をめぐる対応

6　労働時間の自己申告制度を採用している場合に会社の計算と異なる残業代を請求してきた場合、どう対応するか ……………………………………16

7　タイムカードを押してから私的に時間を潰したり、退社時間も自分の都合に合わせてタイムカードを押す社員に対する労務管理はどうあるべきか ……………………………………20

8　退職した元課長から未払い残業代の請求があった場合、管理監督者

の該当性の判断はどうなるか ……………………………………………… 22

⑨ 労働基準法上の管理監督者に該当しないとして未払い残業代の支払いを請求してきた場合、既払いの役職手当を充当できないか ……… 26

⑩ 会社に対し損害賠償責任を負う社員が約束を履行しない場合、賃金と相殺することはできるか …………………………………………… 29

⑪ 産前産後休業や育児休業等を取得した社員による休業期間中の賃金の請求、および生理休暇中の賃金や皆勤手当の請求をしてきた場合、どう対応するか …………………………………………………………… 31

⑫ 就業規則で副業を認めている場合、副業先の労働時間の把握や割増賃金の支払いにどう対応すべきか …………………………………… 34

Ⅱ 業務命令違反・勤務態度不良をめぐる対応

⑬ 遅刻を繰り返す社員に対する注意・指導で留意すべきことは何か。また、改善がみれらない場合、どう対応するか …………………… 38

⑭ 営業職など日常の業務内容について把握が難しい社員が、ホウレンソウをしない場合にどう対応するか。指導しても改善する見込みがない場合、どう対応すべきか ……………………………………… 40

⑮ 協調性に欠け、利己的な勤務態度をとり職場の秩序を乱す社員に対してどう対応すべきか。また、当該社員が原因で離職者が出た場合や、社員同士の仲が悪く職場の環境が悪化している場合、どう対応すべきか …………………………………………………………………… 43

⑯ 就業時間中に会社のパソコンを使い副業を行っている社員に対して、どう対応すべきか …………………………………………………… 47

⑰ ダラダラと残業を行う能率の悪い社員と所定時間内に能率よく仕事を終える社員との不公平をどう回避するか。ダラダラ残業を防止するにはどうしたらよいか ……………………………………………… 50

Ⅲ 不正行為をめぐる対応

⑱ 提出が義務付けられている営業日報で虚偽の報告を繰り返す社員に対して、どう対応すべきか ………………………………………… 53

7

19 会社の製品を無断で持ち出し、ネットオークションで販売し不正な
利益を得ている社員に対して、どう対応すべきか ………………… 56

20 徒歩や自転車を使って会社支給の通勤費を節約し、差額を受領して
いる社員に対して、どう対応すべきか ………………………………… 61

21 顧客名簿等の営業秘密を他社に売却し、利益を不正に得ている社員
に対して、どのような措置をとることができるか ………………… 63

22 企業秘密として扱っている内部情報をインターネットで私的に公開
している社員に対して、どのような対応をすべきか ……………… 65

23 接待費の不正受領が明らかになった場合、懲戒処分にするにはどう
すればよいか。また退職の際、一方的に退職金と相殺することは問
題ないか ……………………………………………………………………… 68

24 システム部門の社員がアクセス権限を悪用し、ライバル業者に秘密
情報を流している事実が判明した場合、どのような対応をすべきか
………………………………………………………………………………… 72

Ⅳ　職場外・私生活上の問題への対応

25 多額の借財を抱えていたり、自己破産を申し立てるなど、金銭管理
能力に問題がある社員に対して、どう対応するか …………………… 76

26 職場外で酒に酔い、同僚に暴力を振るった社員を懲戒処分すること
ができるか …………………………………………………………………… 79

27 休日に飲酒運転をして重大な事故を起こし、社員が逮捕された場合、
どう対応すべきか …………………………………………………………… 81

28 違法薬物の自己使用や同僚への違法販売が明らかになった場合、ど
う対応すべきか ……………………………………………………………… 84

29 未成年者への買春行為や痴漢行為などで逮捕された社員を懲戒処分
とする場合、どう対応すべきか ………………………………………… 87

30 上司と部下、先輩と後輩との間でなされた個人的な金銭の貸し借り
のトラブルについて、どこまで介入すべきか ………………………… 90

Ⅴ　人事・懲戒をめぐる対応

31 職責の果たせない管理職に対してどのような人事上の措置をとることができるか ……………………………………………………………… 92

32 管理職への登用を優秀な若手社員に内示したところ、昇進をかたくなに拒否してきた場合、どう対応すべきか ………………………… 94

33 会社の人事考課の判断は誤りだから自分を昇進させるべきだ、と主張する社員に対して、どう対応すべきか ………………………97

34 取引先から個人的な金品等を受領した社員は懲戒処分すべきか ……99

35 重大な法令違反行為をした疑いがある社員に対して自宅待機命令を出すときには、どのような点に留意すればよいか ………………… 102

36 会社が主催する忘年会や新年会などの行事に参加しない社員に懲戒処分を科すことができるか ……………………………………… 105

37 始末書を提出しない社員に対してそれを理由にしてさらに処分をすることができるか ………………………………………………… 108

Ⅵ　配置転換・出向・転籍をめぐる対応

38 会社が行った人事異動命令の無効を主張し命令に従わない社員にどのように対応すべきか ……………………………………………… 111

39 会社からの配転命令に、職種や勤務地の限定があったとして従わない社員に対して、どう対応するか ………………………………… 114

40 傷病で休職をしていた社員から軽易な作業へ配置転換を条件に復職の申出があったが、どのように対応すべきか ………………… 117

41 能力不足で社内に就業場所を用意できない社員に対して、関連会社への無期出向命令を出すことができるか ………………………… 120

42 出向社員が出向先の企業機密を漏えいした場合に出向元はどのような措置をとるべきか ……………………………………………… 122

43 出向社員が出向先で非違行為を行った場合の懲戒権はどうなるか … 125

44 事業所を分社化して転籍を進めているが、説得しても転籍に応じない社員を解雇することができるか ……………………………… 128

Ⅶ　有期雇用契約をめぐる対応

45 能力が低い有期契約社員からの無期転換の申出を拒否することができるか。また、無期転換後の業務内容の変更は可能か …………… 131

46 有期契約から無期契約へと転換権を行使した社員が、就業規則に従わない場合にどう対応すべきか ………………………………… 136

47 有期契約を更新して3年間勤めた契約社員に対し、勤務態度に問題があるとして雇止めをする場合、当該社員から「雇用継続への合理的期待がある」と主張されないためにはどうすべきか …………… 138

48 正社員と契約社員とで手当等の賃金を区別したいが、労働契約法20条に違反すると主張されないためにはどう対処すべきか ………… 142

Ⅷ　安全・衛生をめぐる対応

49 定期健診で高血圧症と診断されたにもかかわらず喫煙や飲酒を続け脳血管疾患を発症した場合、労災認定されるか ………………… 147

50 夜遅くまで個人的趣味の社内サークルに参加していた社員が虚血性心疾患で亡くなった場合、どう対応するか ……………………… 150

51 下請会社の社員が作業中の事故で死亡した場合に元請会社の責任はどうなるか。元請会社に安全配慮義務違反が認められた場合の対応はどうすべきか …………………………………………………… 153

Ⅸ　その他の問題への対応

52 業務委託先の社員に委託元の社員が直接仕事の指示をすると労働者派遣法に違反するか。この場合、委託元は委託先の社員を直接雇用しなければならないか ……………………………………………… 156

53 仕事の能率が極端に悪く、労働者としての適性がないと考えられる社員に対してどう対応すべきか ………………………………… 159

54 繁忙期に、業務に支障がでるほどの長期有給休暇を申請する社員に対して、どう対応するべきか ………………………………… 162

55 就業時間中、社員が会社所有車で重大な人身事故を起こした場合に

どのような対応をすべきか。会社加入の損害保険金が支払われた場合の保険料の値上がり分の負担をどうするか。損害保険に加入していなかった場合はどうか ……………………………………………… 165

56 個人的な事情により他の社員と比べて勤怠状況がよくない社員には、どう対応すればよいか ……………………………………………… 168

57 勤務時間終了後に兼職・兼業を行っている場合、あるいは事前に許可を求めてきた場合にどう対応するか ………………………………… 170

58 職務上の発明について特許権を主張し対価の支払いを請求してきた社員に対し、どう対応すべきか ………………………………………… 173

59 会社の情報を漏えいした社員にどう対応するか ………………………… 176

第3章 雇用契約終了時・終了後の問題

60 社員が行方不明となり、その後全く連絡がとれない場合、どう対応すべきか ……………………………………………………………… 182

61 懲戒解雇処分をする前に、社員から退職届が提出された場合、どう対応するか ……………………………………………………………… 184

62 退職届を提出した後、翻意して撤回を申し出てきた場合、退職させるにはどう対応すべきか ……………………………………………… 186

63 退職届を提出した社員について、在職中の懲戒解雇事由が発覚した場合、退職金の不支給または一部を減額することができるか ……… 189

64 退職にあたり担当業務の引継ぎをしない社員に対し、どのような処分をすることができるか ……………………………………………… 191

65 退職または解雇後に社宅から立ち退かない場合、あるいは私物を社内に放置している場合、どう対応すべきか …………………………… 195

66 部長クラスの社員に対して、退職後も営業秘密を漏らさせないようにするには、どのような方法があるか ………………………………… 198

67 秘密保持契約を締結して退職した社員が他社に入社し、当社の営業秘密を利用して仕事をしていると思われる場合、どのような対応を

11

すべきか ………………………………………………… 202

68 競業避止契約を締結したにもかかわらず、同業他社へ就職した場合、どのような対応をとることができるか ………………………… 206

69 社員が退職後に大量の元部下を引き抜き競合する別会社を設立した場合、どのような対応をとるべきか ……………………… 210

70 競業禁止の合意をしていない退職社員が職種が競合する会社を設立し、得意先を奪うなどして会社に損害を与えた場合、どう対応すべきか ……………………………………………………………… 213

71 退職した社員が、製造した製品や社長の人格を何の根拠もなくインターネットで繰り返し誹謗中傷する記事を発信している場合、どう対応すべきか …………………………………………………………… 216

第4章　近年特に注目されている問題

Ⅰ　定年後再雇用をめぐる対応

72 定年後の再雇用者が、「業務が変わらないのに給与を大きく下げるのは労働契約法20条に反する」と主張してきた場合、どう対応すべきか ……………………………………………………………… 220

73 仕事ができず協調性もない問題社員が、定年後の再雇用を申し出た場合、再雇用を拒むには、どう対応すべきか ……………… 223

Ⅱ　メンタルヘルスをめぐる対応

74 メンタルヘルスの不調が疑われる社員に対して医療機関を受診させるにはどうすべきか ………………………………………… 228

75 精神疾患の発症が、業務の多忙のみが理由ではなく、本人の性格や私生活上にも原因があることが推測される場合、どのように対応すべきか ……………………………………………………………… 231

76 精神疾患の原因が会社にあると社員等から責任追及されることを防

ぎ、安全配慮義務を尽くしていたと主張するためにはどうすればよ
いか ……………………………………………………………… 234

77 メンタルヘルスの不調のため、１週間ごとに出勤と欠勤を繰り返し
正常な労務提供が難しい社員を休職させたい場合、どうすべきか … 236

78 メンタルヘルスの不調により休職中の社員が、復職可能とする診断
書を提出してきたが、人事担当者が時期尚早と判断した場合、会社
としてはどう対応すべきか ………………………………………… 239

79 メンタルヘルスの不調により休職していた社員が復職するに際して、
休職前の業務以外での復帰を拒否した場合、どう対応すべきか ……242

80 メンタルヘルスの不調が原因で休職と復職を繰り返し、今後も安定
した労務の提供が見込めない社員を解雇することができるか ……… 244

Ⅲ　ハラスメントをめぐる対応

81 ハラスメントを防止するために管理職を対象としたセミナーを行い
たいが、どのような内容にすればよいか ………………………… 247

82 上司を無視したり反抗的態度を繰り返すなどの部下からのハラスメ
ントに対し、職場環境の維持のため、どう対応すべきか ………… 250

83 ミスが多い社員にパワハラとならないよう注意・指導を行うために
はどうすればよいか ………………………………………………… 254

84 職場の女性社員に馴れ馴れしく接し、相手にされないとなると一転
してきつくあたる社員に対しどのように対応すべきか …………… 257

85 社員から会社に対して、上司から宴席でセクハラ被害を受けたとの
申出があった場合、どう対応すべきか …………………………… 261

86 会社がセクハラ被害の申出に適切に対処したと主張するためには、
何をすればよいか …………………………………………………… 265

87 性的指向・性自認に関係するセクハラ行為に対しどう対応すべきか
………………………………………………………………………… 270

88 妊娠している社員にミスが目立つので普段と同じように注意をした
ところ「マタハラだ」と必要以上に騒ぎ立てられた場合、どう対応
すべきか ……………………………………………………………… 273

目　次

89　産休前に説明し了承をとっていたのに、育児休暇から復帰した女性
　　社員に対し業務を軽減し、役職を下げたところ、「マタハラだ」と
　　主張された場合、どう対応すべきか ……………………………… 277

Ⅳ　IT をめぐる対応

90　IT ツールの使用を拒み、指導をしても旧来のやり方に固執する社員
　　にどう対応するか ………………………………………………… 282

91　社員の不正取引が疑われる場合、証拠集めのため、強制的に IT 機
　　器を調査するには、事前にどのような措置をとるべきか ………… 284

92　営業秘密の流出防止のため、パソコンを紛失した社員に厳罰をもっ
　　て臨みたいが、どのような対応が可能か ………………………… 289

93　業務時間中にインターネットを使用し、会社や上司・同僚の悪口な
　　どの私的な情報を発信している社員に対して、どのような措置をと
　　るべきか …………………………………………………………… 291

94　掲示板サイトに会社を誹謗中傷する内容が書き込まれた場合、削除
　　をするためにはどうすべきか ……………………………………… 293

95　会社のパソコンを使用し業務と無関係な行為をする社員にどう対応
　　するか ……………………………………………………………… 297

96　勤務中に私物のスマホを頻繁に使用している社員に注意したが聞き
　　入れない場合、どのように対応するか …………………………… 300

97　営業社員の外部での行動を把握するために GPS 機つき携帯電話を
　　貸与したが、プライバシー侵害を主張して非協力的な態度をとる場
　　合、どう対応するか ……………………………………………… 302

第 5 章　関連書式

〔書式例 1〕　就業規則（最低限おさえるべき簡素な規定の例）………… 306
〔書式例 2〕　内定通知書 …………………………………………………… 315
〔書式例 3〕　誓約書 ………………………………………………………… 316

〔書式例 4 〕 身元保証書 ………………………………………… 317

〔書式例 5 〕 雇用通知書（正社員用）………………………… 317

〔書式例 6 〕 雇入通知書（契約社員用）………………………… 320

〔書式例 7 〕 休暇届 ………………………………………………… 321

〔書式例 8 〕 休日振替通知書 …………………………………… 322

〔書式例 9 〕 年次有給休暇の時季変更通知 …………………… 322

〔書式例10〕 欠勤届 ………………………………………………… 323

〔書式例11〕 遅刻・早退・私用外出届 ………………………… 323

〔書式例12〕 人事辞令（異動・転勤・昇格・降格）………… 324

〔書式例13〕 出向辞令 …………………………………………… 325

〔書式例14〕 転籍通知書 ………………………………………… 325

〔書式例15〕 転籍同意書 ………………………………………… 326

〔書式例16〕 休職通知書 ………………………………………… 326

〔書式例17〕 復職通知書 ………………………………………… 327

〔書式例18〕 受診命令書（会社指定医）………………………… 327

〔書式例19〕 退職通知書 ………………………………………… 328

〔書式例20〕 セクシュアルハラスメント防止規程 …………… 328

〔書式例21〕 電子機器管理に関する規程 ……………………… 330

〔書式例22〕 個人所有の電子機器使用規程 …………………… 332

〔書式例23〕 退職願 ………………………………………………… 332

〔書式例24〕 退職願受理通知書 ………………………………… 333

〔書式例25〕 再雇用規程 ………………………………………… 334

〔書式例26〕 希望退職募集要項 ………………………………… 335

〔書式例27〕 解雇通知書（普通解雇）………………………… 336

〔書式例28〕 解雇予告通知書 …………………………………… 337

〔書式例29〕 警告書 ………………………………………………… 337

〔書式例30〕 自宅待機命令書 …………………………………… 338

〔書式例31〕 減給通知書 ………………………………………… 339

〔書式例32〕 降格（降職）通知書 ……………………………… 339

〔書式例33〕 懲戒処分通告書（降格）………………………… 340

目　次

〔書式例34〕　懲戒解雇通告書 …………………………………………… 340

〔書式例35〕　退職証明書 …………………………………………………… 341

〔書式例36〕　解雇理由証明書 …………………………………………… 342

・執筆者一覧 ………………………………………………………………… 344

第1章

募集・採用時の問題

〔第1章〕 募集・採用時の問題

① 内々定を出した学生が逮捕され退学処分となったため内々定を取り消したいが、留意すべき点はあるか

当社は、よい学生を確保しようと思って、採用内定が許される解禁日の前に、内々定を出している。ところが、採用内定の解禁日がくる前に、内々定を出した学生が犯罪を行い逮捕され、学校を退学となったことが判明した。そのため、当該学生について、内々定取消しの通知をしたところ、学生が、「内々定取消しは違法だから、雇用関係は残っている」と主張してきた。当社はこの主張を認めなければならないのか。また、そうでないとしても損害賠償などの責任は生じるのか。

A 1　内々定における労働契約の成否

　　　　いわゆる「内々定」というのは、正式な「内定」通知以前に口頭でなされるものを想定しています。大学卒業見込者については、一般社団法人日本経済団体連合会の倫理憲章で正式な内定日（採用内定解禁日）は卒業年度の10月1日とされていることから、会社もそれ以降に正式な「内定」通知を出すことが通例であり、それ以前には「内々定」という形式で通知する方法がとられています。

　この点、内定と内々定との違いですが、内定は、会社と内定者の間に就労の始期と、特定の場合に解約することが可能な解約保留がついた始期付解約権留保付労働契約が成立します。

　これに対して、内々定の段階では、始期付解約権留保付労働契約が成立することは、なかなか認められにくい状況となっています。

　具体的に、内々定段階での労働契約の成否が問題となった裁判例において、採用内々定の段階では、会社が確定的な採用の意思表示（就職希望者の申込みに対する承諾の意思表示）をしたと解することはできず、それ故採用内々定時に会社と内々定者との間において、会社の採用に関し、労働契約の

2

予約あるいは解約権の留保付労働契約その他いかなる法的効力のある合意も成立したと認めることはできないと判断されたり（東京高判平成16・1・22労経速1876号24頁・新日本製鐵事件）、内々定は、正式な内定（労働契約に関する確定的な意思の合致）とは明らかにその性質を異にするものであって、正式な内定までの間、企業が新卒者をできるだけ囲い込んで、他の企業に流れることを防ごうとする事実上の活動の域を出るものではないというべきであり、内々定者も、そのこと自体は十分に認識していたのであるから、本件内々定によって、内々定者主張のような始期付解約権留保付労働契約が成立したとはいえないと判断される（福岡地判平成22・6・2労判1008号5頁・コーセーアールイー〔第2〕事件）など、内々定段階での始期付解約権留保付労働契約の成立を否定しています。

　もっとも、上記裁判例をみると、具体的な労働条件の提示や確認、入社に向けた手続、説明会、誓約書の提出等の事情が当該内々定期間にあったかどうかを検討して、始期付解約権留保付労働契約の成立を判断していますので、内々定段階であっても、そのような事情が存在すれば、必ずしも始期付解約権留保付労働契約の成立が否定されるというわけではないことに留意する必要があります。

　したがって、原則としては、内々定の段階ではそもそも雇用関係には入っていない以上、本設問の学生の「雇用関係は残っている」という主張自体が成立しないこととなります。なお、会社として内々定段階での上記のような入社に向けた手続、説明会、誓約書の提出等また、研修の行為は、雇用契約の成立要素となりますので、控えたほうがよいと思われます。

2　内々定を取り消した場合の損害賠償の成否

　一方で、会社が内々定を取り消した場合には、損害賠償の責任を負うことがあります。裁判例では、内々定者の期待は法的保護に十分に値する程度に高まっていたとしたうえで、会社の内々定の取消しは、労働契約締結過程における信義則に反し、内々定者の上記期待利益を侵害するものとして不法行為を構成すると判示し、会社の損害賠償責任を認めています（上記コーセーアールイー〔第2〕事件。同事件控訴審も同旨）。

〔第1章〕 募集・採用時の問題

　もっとも、上記コーセーアールイー〔第2〕事件控訴審判決は、信義則に反し不法行為を構成する理由として、①採用内定通知書交付日のわずか数日前に至った段階で内々定を取り消したこと（よって内々定者に、労働契約が確実に締結されるであろうという期待があったこと）、②会社が内々定者に対して、内々定取消しにおいて誠実な態度で対応しなかったことをあげています。②についてもう少し説明しますと、裁判例は、会社が通知書交付日の通知以前の早い段階から、経営状況の悪化により内々定を取り消す可能性があることを十分に認識していたことから、会社は、採用内定通知書交付日の通知以前の早い段階で担当者等を通じて、内々定者に対してその取消しの可能性がある旨伝えるなどして、内々定者がこれによって受ける不利益を可能な限り少なくする方途を講じるべきであり、また、その余地も十分にあったというべきである（内々定者としても、会社から取消しの可能性等についての正確な情報を伝えられていれば、再度、就職活動を行ったものと考えられる）と説示しています。

　このように、裁判例をみる限りでは、内々定を取り消した時期から期待権の程度を判断するとともに、内々定取消しの可能性に関する会社の認識と内々定取消しに際しての会社の情報提供等の対応状況を総合的に判断して、信義則違反、期待権侵害による損害賠償を認めていますので、内々定を取り消す場合には、この点に注意して実施することが必要になります。

　ただし、当該裁判例は経営状況の悪化を理由とする内々定取消しのケースであり、内々定の取消しの原因が会社にあります。一方で本設問の場合には、当該学生が犯罪行為を行って退学処分となったケースであり、内々定取消しの原因はひとえに学生にあります。このような場合には、当該裁判例と異なり、会社と当該学生との間で労働契約が確実に締結されるであろうとの学生の期待は、法的保護に十分に値する程度には高まっていないといえ、信義則違反、期待権侵害による損害賠償は認められないものと考えられます。

【弁護士からのアドバイス】

　上記のとおり、内々定の段階では、内定と異なり、始期付解約権留保付労働契約が成立する可能性は一般には低いですが、一方で、内々定の

取消しは、特に会社都合による取消しの場合、その時期や取り消す際の会社側の対応次第で、損害賠償が認められる場合があります。内々定の取消しを検討する際には、正式な内定時期よりもできるだけ早いタイミングで、内々定者に対して取消しの可能性等の情報提供を行うことが重要になってくると思われます。　　　　　　　　　　　　　　　（大村剛史）

② 入社誓約書を提出した新卒予定の内定者が、突然内定を辞退する申出をしてきた場合、どう対応すべきか

新卒予定の学生に対して内定通知を出し、入社の誓約書まで取り付けたにもかかわらず、他社への内定が決まったことを理由として内定を辞退する旨申し出てきた場合、会社はどのように対処すべきか。

A

1　内定の法的性質（会社の側からの取消し）

　　　大学に限らず、その年度に学校を卒業することが予定されている者に対して、学校卒業後に入社させることを予定・決定することは、一般に「内定」（あるいは「採用内定」）といわれています。

　この内定にも、大きく分けて2種あり、採用予定としての内定と、採用決定としての内定があると解されるのが一般です。その区分けは、抽象的には、内定の後に会社による最終的な意思決定が予定されているか否かにあり、前者は、内定の後に会社が最終的に意思を決定することが予定されている場合で、後者はすでに最終的意思決定が行われ済みの場合です。

　具体的には、入社誓約書の提出、始業日付入りの採用通知書、研修の参加、といった事実があれば、採用決定としての内定があったとして、始期付解約権留保付労働契約が会社と内定者との間に成立し、その後は、会社からの内定の取消しは労働契約の解約（解除）と同視され、内定時に想定された

5

〔第1章〕 募集・採用時の問題

解約事由（卒業できなかったこと、誓約書に記載されていた採用取消事由等）が存しない場合には、会社からは当然には内定取消しを行えないこととなります（最判昭和54・7・20労判323号19頁・大日本印刷事件、最判昭和55・5・30労判342号16頁・電電公社近畿電通局事件等）。

ところで、近時は、会社からの内定取消しの問題（上記2判例は、この問題です）と同時に、卒業予定者からの内定辞退が多々みられるようになりました。これは、卒業予定者の就職活動が多様化し、1人で複数の内定を取得する者が多くなってきたことによるのではないかとも思料されます。

2　卒業予定者からの内定辞退

上記のとおり、内定の法的性質を、始期付解約権留保付労働契約と解すれば、卒業予定者からの内定辞退は、労働者からの労働契約解約の申入れ、すなわち辞職（自主退職）と同視すべきこととなります。辞職は労働者の自由であって、期間を定めない労働契約の場合、2週間の予告期間をおけば「いつでも」理由を要さずになしうることとなります（民627条1項）。

ただし、内定者の場合、現に就業していないので2週間の予告期間があり得ず、その意味では常に「突然」であり、また、2週間の予告期間をおかずして突然辞職した労働者（内定者ではありません）に対する会社からの損害賠償請求を認めた裁判例（東京地判平成4・9・30労判616号10頁・ケイズインターナショナル事件）もあることに照らせば、会社から何らかの損害賠償請求をなしうるとの考えもあり得なくはないでしょう。しかし、内定者としてはどんなに誠意を有していたところで2週間の予告期間のおきようがなく、かつ、社会一般の通例でみても、このような内定者の辞退を含んだ労働者の退職のリスクは常に労働者雇用（内定を含む）に存在しうるものであって、そのリスクを労働者側に負わすのは妥当とは思われないところです。

ですから、上記ケイズインターナショナル事件判決に認められた、会社からの損害賠償請求の権利を本設問のような内定者の事例一般にまで広げて考えるのは、危険があると思われます。

ただ、内定者のために会社が支出した実費などは、その内定者の対応次第によっては、損害賠償請求の対象になる可能性もあると思われます。たとえ

6

③ 内定者が入社前に妊娠したことから通常のスケジュールで研修等ができなくなった……

ば、内定者のために研修等を行うような場合（資格を取らせるための研修を行うような会社もあります）に、実は他の競合他社からも内定をもらいつつ研修に参加しておき、その後で内定を辞退し、競合他社に入社した、などといったようなケースです。内定者なりの誠意がみられないような場合には、会社としても対処が可能かつ必要と思われます。

【弁護士からのアドバイス】

　実のところ、内定辞退者に対する会社からの対処としての法的措置（損害賠償請求等）は、実務上、ほとんどみられることはありません。それは、大体の場合、会社の損害を立証することが困難で、コストの点でも法的措置は割に合わないということが一般だからだと思われます。また、上記２のとおり、内定者の辞退は会社としては通常生じうるリスクでもあります。ですから、あまりに当該内定者の態度に誠意がみられないような場合はともかく、内定者の側がそれなりに手続を尽くしていると認められるような場合には、対処は控えるのが無難です。　　（岡芹健夫）

---

③ 内定者が入社前に妊娠したことから通常のスケジュールで研修等ができなくなったことを理由に、上司が独断で採用取消しを通知した場合、どう対処すべきか

> 入社前に妊娠し、通常スケジュールでの入社・研修ができない内定者に対して、入社日前に上司が採用を取り消すと伝えてしまった。内定者と上司に対してどのように対応したらよいか。

A

1　採用内定の取消し

　採用の取消しについては、入社日前であればいわゆる内定取消しの問題となり、入社日後であれば解雇の問題になります。本設問は、

7

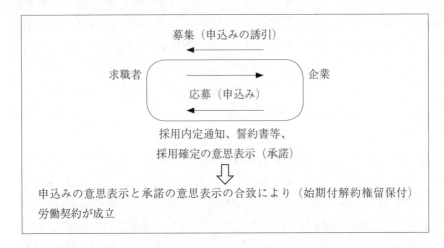

入社日前に上司が採用を取り消すと伝えてしまった事例ですので、内定取消しの問題となり、②で述べたように、入社誓約書の提出、始業日付入りの採用通知書、研修の参加といった事実があれば、会社と内定者の間には始期付解約権留保付労働契約が成立しているものと判断されます。

2　内定を取り消すことができる場合

　採用内定通知書や内定者に提出させる誓約書等には、内定取消事由として、①卒業できなかった場合、免許、資格等を取得できなかった場合等、②病気、けが等により正常な就業が困難となった場合、③刑事事件を起こした場合、④提出書類または申述の内容に虚偽があった場合、⑤経営上の理由などが定められていることが多いように見受けられます。

　内定段階では実際に入社していないとはいえ、前述のように、始期付解約権留保付労働契約が成立したと判断される場合には、内定取消しは労働契約の解約となるため、内定取消しの有効性については、採用内定通知書または誓約書に記載された取消事由を参考にしつつも、判例上、「解約権留保の趣旨、目的に照らして、客観的に合理的な理由が存在し社会通念上相当として是認することができる」か否かによるという基準により判断されています（前掲・大日本印刷事件等）。内定取消しのほうが解雇より広い事由が認められると考えられますが（卒業できなかった場合等）、内定取消しの有効性も、

一般の労働契約における解雇権濫用法理（労契16条「解雇は、客観的に合理的な理由を欠き、社会通念上相当であると認められない場合は、その権利を濫用したものとして、無効とする」）に準じると理解できます。

3 妊娠により入社・研修ができないことを理由とした内定取消し

(1) 内定取消事由に該当するか

まず、本設問のケースは、形式的には「病気、けが等により正常な就業が困難となった場合」の内定取消事由にあたりますが、妊娠、出産を（間接的にでも）考慮することが許されるか、という点が問題となります。

なお、入社前研修ができないとしても、労務不提供を理由として内定を取り消すことはできません。採用内定は始期付解約留保権付労働契約であり、入社日前は労務提供の始期が到達しておらず、業務命令として研修を命ずることはできないためです（東京地判平成17・1・28労判890号5頁・宣伝会議事件）。

(2) 妊娠を契機とした内定取消しや解雇が許されるか

男女雇用機会均等法9条3項は、事業主が雇用する女性労働者の妊娠、出産、産前産後休業等を理由に解雇その他不利益な取扱いをすることを禁止していますので、妊娠を直接の理由として内定取消しや解雇をすることはできません。

また、妊娠を直接の理由としないとしても、厚生労働省の「妊娠・出産・育児休業等を契機とする不利益取扱いに係るQ＆A」は、妊娠等の事由の終了から1年以内に不利益取扱いがなされたら妊娠等を「契機として」不利益取扱いがなされたと判断し、原則として、妊娠等を「理由として」違法な不利益取扱いがなされたと判断する旨回答しています。そして、同Q＆Aは、その例外として、「業務上の必要性から不利益取扱いをせざるを得ず、業務上の必要性が、当該不利益取扱いにより受ける影響を上回ると認められる特段の事情が存在するとき」は「契機として」にはあたらないとしていますが、当該例外は相当限定的です。

本設問では、通常のスケジュールでの入社・研修ができないという事情は

〔第1章〕 募集・採用時の問題

ありますが、妊娠と内定取消しが時期的に近接しているため、妊娠を理由として不利益取扱いがなされたと判断される可能性が高いうえ、通常のスケジュールで入社・研修を行わなければならない「特段の事情」も考えにくいところです。

したがって、内定者が妊娠により通常のスケジュールでの入社・研修ができないとしても、内定取消しは妊娠を理由としたものと判断され許されないと考えることが無難です。

4 内定を取り消してしまった場合

マタハラとはマタニティ・ハラスメントの略で、これを定義・規定した法令はありませんが、一般に妊娠・出産・育児休業等を理由とする不利益な取扱いのことをいいます。

本設問では、妊娠を理由に内定取消しをするとなると、当該マタハラに該当する可能性が高いと思われ、それだけで風評リスクがありますし、男女雇用機会均等法9条3項に違反する可能性が高いと思います。また、同条に関して厚生労働大臣またはその委任を受けた都道府県労働局長は「事業主に対して、報告を求め、又は助言、指導若しくは勧告をすることができる」（男女雇用機会均等29条1項）とされ、「勧告を受けた者がこれに従わなかつたときは、その旨を公表することができる」（同30条）とのペナルティも定められています。

万が一内定を取り消してしまった場合、速やかに撤回のうえ、上司に対して注意指導等することを検討したほうがよいでしょう。

【弁護士からのアドバイス】

実務的には、妊娠に対して消極的な見解を伝えた場合、入社するために本人が堕胎する懸念や、それによる風評リスクもありますので、会社としては、そういったことはせず、むしろ産前産後休業の制度を説明したり、休業等の後に研修を実施するなどの配慮を検討、提案することが適切と考えます。

(村田浩一)

④ 即戦力を期待して中途採用した社員が実力が伴わなかった場合、解雇できるか

> 即戦力と期待された中途採用社員が期待に応えることができなかった場合、会社は当該社員を解雇できるか。

会社は社員を解雇する権利を有していますが、解雇権を濫用することはできません（労契16条）。解雇権の行使が濫用にあたるか否かについては、個々の事案により判断されますが、即戦力と期待されて入社した中途採用社員が期待に応えなかった場合には、会社の解雇権は通常の場合よりも広く認められています。

この点に関して裁判所は、中途採用は長期雇用を前提とし新卒採用する場合と異なり、会社が最初から教育を施して必要な能力を身に付けさせるとか、適性がない場合に全く異なる部署への配転を検討すべき場合ではなく、社員が雇用時に予定された能力を全く有さず、これを改善しようともしないような場合は解雇せざるを得ない、と判示しています（東京地判平成14・10・22労判838号15頁・ヒロセ電機事件）。

ただし、この場合も、①雇用時に予定された能力を全く有さないこと、②改善しようともしないこと等が必要となりますので、これらの点を十分に検討して、解雇を行うか否かを判断することが重要です。①については、新卒社員と同等までは必要ありませんが、一定レベルでの指導・教育は必要でしょう。また②については、やり直しの機会が与えられたにもかかわらず、それが容易に改善されないことや（東京地判平成15・12・22労判871号91頁・日水コン事件）、雇用を継続して能力や適格性を高める機会を与えたとしても、それらが平均に達することを期待することは極めて困難である等の事情が必要でしょう（東京地判平成12・4・26労判789号21頁・プラウドフットジャパン事件）。

【弁護士からのアドバイス】

即戦力を期待したにもかかわらずその能力がなかった中途採用社員を

〔第1章〕 募集・採用時の問題

解雇する場合は、通常の社員を解雇する場合よりも、解雇権が広く認められる傾向にはあります。ただし、やはり解雇事由の立証は困難を伴いますし、解雇に至るまでの周りへの悪影響も多大なものがあります。よって、このような事態を発生させないための方策が必要です。その方策の1つとして、まず第1に、即戦力を期待する社員を採用する場合は、人事部等の面接だけではなく、担当部の面接やテストなどを行い、当該人物が会社の要求しているだけの知識を有しているかについて、十分に吟味することが重要だと考えます。

（安倍嘉一・横田香名）

⑤ 留学生と称する外国人をアルバイトとして雇用する場合、留意すべき点はどこか

当社は飲食店を経営しているが、ウェイター、ウェイトレスのアルバイト募集公告を出したところ、外国人のＡが留学生であるとしてアルバイトに応募してきたため、採用した。しかし、採用後、Ａが留学生ではないことが判明し、その後行方不明になったため解雇した。日本人を採用する場合と異なり、外国人を採用するうえで、そもそもどのような点に注意したらよいか。

A

1 外国人留学生を採用する場合の留意点

　　　　アルバイトの募集広告をみて、外国人の留学生がアルバイトに応募してきて対応に困った経験がある方も多いと思われます。このような場合に、単に「何か面倒そうだから」という理由だけで雇用しないのは、せっかくの優秀な人材を雇用する機会を逸してしまうことにもなりかねません。一方で、外国人留学生をアルバイトとして雇用する場合には、以下の点に留意する必要があります。

　外国人の日本における在留資格は、出入国管理及び難民認定法で規定されており、外国人留学生は、「留学」という資格で日本に在留しています（入

管別表第1の4）。このような留学生は、就学するために在留資格を認められているため、原則として日本国内で就労することはできません（同19条1項2号）。

　しかし、このような留学中の外国人であっても、全く就労が認められないわけではなく、資格外活動の許可を法務大臣から受けた場合には、留学活動を阻害しない範囲内において就労することが認められます（入管19条2項）。この資格外活動の許可を得る条件は、その活動内容が風俗営業関係の仕事でないこと、さらに週に28時間以内（在籍する教育機関が学則で定める長期休業期間にあるときは、1日について8時間以内）であることが必要です（入管施行規則19条5項1号）。この外国人の資格外活動許可は、パスポートに認証シールが貼付されるか、在留カードの裏面に資格外活動許可が明記されているか、資格外活動許可書の交付によって行われます。万が一雇用主がかかる許可を得ていない外国人を就労させた、あるいは許可されている時間以上に就労させた場合には、入管法73条の2第1項1号によって、3年以下の懲役もしくは300万円以下の罰金に処せられる可能性があります。

　以上の法律上の留意点を踏まえて、外国人留学生をアルバイトとして雇用する場合に行う必要があることをまとめると以下のとおりとなります。

　①　在留カードを確認して在留資格、在留期間等を確認する。
　②　資格外活動許可を確認するとともに、その就労時間を確認する。
　③　資格外活動許可の就労時間の範囲内で就労させる。

2　資格の確認

　本設問について回答すると、外国人留学生のA君は留学生としてアルバイトに応募してきたので、在留カードおよび資格外活動許可を証明するものを提出させて、日本において就労する資格を取得しているかを確認する必要があります（もし、Aがこの許可を得ていない場合には、会社はAを雇用すべきではありません。前述の刑事罰が科せられるおそれがあります）。そのうえで、許可の与えられた就労時間で雇用するならば、外国人留学生であってもアルバイトとして雇い入れることに問題はありません。

〔第1章〕 募集・採用時の問題

【弁護士からのアドバイス】

　外国人を雇用する場合には、通常の労働基準法等のみならず、上記のように入管法の規定にも十分に配慮し、手続に遺漏がないよう注意しなければなりません。

（大山圭介・大村剛史）

第 2 章

雇入れ後の問題

〔第2章〕 Ⅰ 労働時間・賃金をめぐる対応

Ⅰ

労働時間・賃金をめぐる対応

6 労働時間の自己申告制度を採用している場合に会社の計算と異なる残業代を請求してきた場合、どう対応するか

当社では、各社員の自己申告による労働時間の把握を行っている。しかし、この度、ある社員が、自己申告による労働時間は実態を表したものではないと主張し、自分の手帳・メモに記載しているのが本当の労働時間であるとして、自己申告していた労働時間との差の分につき、残業代を請求してきた。当社としては、社員の申告を信頼して自己申告による時間管理を行ってきたが、問題があるか。

A

1 労働時間の把握義務

労働基準法上、使用者には、賃金台帳を作成する義務が課されており（労基108条）、賃金台帳には、労働時間数、時間外労働時間数等を記載する必要があることから（労基則54条）、使用者には、賃金台帳を作成する前提として、労働者の労働時間を把握する義務があります。平成29年1月20日に策定された、「労働時間の適正な把握のために使用者が講ずべき措置に関するガイドライン」（以下、「ガイドライン」といいます）においても、「労働基準法においては、労働時間、休日、深夜業等について規定を設けていることから、使用者は、労働時間を適正に把握するなど労働時間を適切に管理する責務を有している」とされ、使用者に労働者の労働時間を把握する

16

義務があることが明確に定められています。

　もっとも、ガイドラインにおいて、例外的に労働時間を把握する必要がない労働者について、「労働基準法第41条に定める者及びみなし労働時間制が適用される労働者（事業場外労働を行う者にあっては、みなし労働時間制が適用される時間に限る。）を除く」とされていることからも明らかなとおり、労働基準法上の管理監督者（労基41条2号）、並びに事業場外労働（労基38条の2。ただし、みなし労働時間制が適用される時間に限る）および裁量労働制（労基38条の3・38条の4）といった、みなし労働時間制が適用される労働者については、実際の労働時間にかかわらず、労使協定等によってみなした時間分の割増賃金を支払えば足りることから、労働時間を把握する義務はありません。

　ただし、上記の労働時間を把握する必要がない労働者についても、健康確保を図る必要があることから（過重な長時間労働による労災防止等）、結局のところは使用者において適正な労働時間管理を行う責務は免れないことに注意が必要です。

2　労働時間の把握方法

　労働時間の把握方法についても、ガイドラインに定められており、使用者は、各労働者について、労働日ごとの始業・終業時刻を確認・記録する必要があるとされ、始業・終業時刻の確認方法として、原則として、「使用者が、自ら現認することにより確認し、適正に記録すること」、「タイムカード、ICカード、パソコンの使用時間の記録等の客観的な記録を基礎として確認し、適正に記録すること」という2つの方法のいずれかによることとされています。そして、ガイドラインは、自己申告制による始業・終業時刻の確認について、例外的なものとして位置づけており、これを行うことができるのは、「自己申告制により労働時間の把握を行わざるを得ない場合でなければならない」とし、さらに、「右に該当する場合であっても、使用者は以下の措置を講じなければならない」としています。

①　自己申告制の対象となる労働者に対して、本ガイドラインを踏まえ、
　　労働時間の実態を正しく記録し、適正に自己申告を行うことなどについ

〔第2章〕 Ⅰ 労働時間・賃金をめぐる対応

て十分な説明を行うこと

② 実際に労働時間を管理する者に対して、自己申告制の適正な運用を含め、本ガイドラインに従い講ずべき措置について十分な説明を行うこと

③ 自己申告により把握した労働時間が実際の労働時間と合致しているか否かについて、必要に応じて実態調査を実施し、所要の労働時間の補正をすること。特に、入退場記録やパソコンの使用時間の記録など、事業場内にいた時間のわかるデータを有している場合に、労働者からの自己申告により把握した労働時間と当該データでわかった事業場内にいた時間との間に著しい乖離が生じているときには、実態調査を実施し、所要の労働時間の補正をすること

④ 自己申告した労働時間を超えて事業場内にいる時間について、その理由等を労働者に報告させる場合には、当該報告が適正に行われているかについて確認すること。その際、休憩や自主的な研修、教育訓練、学習等であるため労働時間ではないと報告されていても、実際には、使用者の指示により業務に従事しているなど使用者の指揮命令下におかれていたと認められる時間については、労働時間として扱わなければならないこと

⑤ 自己申告制は、労働者による適正な申告を前提として成り立つものである。このため、使用者は、労働者が自己申告できる時間外労働の時間数に上限を設け、上限を超える申告を認めない等、労働者による労働時間の適正な申告を阻害する措置を講じてはならないこと。また、時間外労働時間の削減のための社内通達や時間外労働手当の定額払等労働時間にかかる事業場の措置が、労働者の労働時間の適正な申告を阻害する要因となっていないかについて確認するとともに、当該要因となっている場合においては、改善のための措置を講ずること。さらに、労働基準法の定める法定労働時間や時間外労働に関する労使協定（いわゆる36協定）により延長することができる時間数を遵守することは当然であるが、実際には延長することができる時間数を超えて労働しているにもかかわらず、記録上これを守っているようにすることが、実際に労働時間を管理する者や労働者等において、慣習的に行われていないかについても確認

18

6 労働時間の自己申告制度を採用している場合に会社の計算と異なる残業代を請求……

すること

　したがって、本設問の会社が今後も自己申告制により労働時間の把握を行っていくのであれば、社員から自己申告した時間は本当の労働時間ではないなどと主張して残業代を請求されるといったケースが発生することを可及的に防止するという観点から、ガイドラインにおいて示された措置を講じておく必要があります。

【弁護士からのアドバイス】

　労働時間の把握義務について、ガイドラインが策定される以前は、「労働時間の適正な把握のために使用者が講ずべき措置に関する基準」（平成13年4月6日基発339号。いわゆる「46通達」）が適用されていました。今般策定されたガイドラインにおいては、自己申告制を採用する場合の事業主として講ずべき措置の内容が46通達に比してより詳細なものとなっており、労働時間の厳格な管理が求められていると考えられます。

　したがって、自己申告制を採用している場合、ガイドラインにおいて示されている措置の内容を理解し、当該措置を講じておく必要があります。

　なお、自己申告制を採用する場合、使用者としてなすべきことは増加しますが、このガイドラインに沿った措置を適正に講じていれば、仮に社員が自己申告した時間は本当の労働時間ではないとして残業代を請求してきたとしても、上記措置を講じていた事実、および上記措置を講じた際に作成した資料等は、残業代請求に対抗するための会社側の強力な武器となりうるという重要な副次効果も期待できることを付言しておきます。

（帯刀康一）

〔第2章〕 I 労働時間・賃金をめぐる対応

7 タイムカードを押してから私的に時間を潰したり、退社時間も自分の都合に合わせてタイムカードを押す社員に対する労務管理はどうあるべきか

> 当社では、労働時間をタイムカードで記録しているが、社員の中には、朝出社してタイムカードを押してから、コーヒーを飲んだり新聞を読んだりして過ごす社員や、また、終業してからも、直ちにタイムカードを押さずに、自分の勉強をしたり、電車やバスの時刻に合わせて退社する直前になってタイムカードを押す社員がいる。会社は、このような社員にまで、タイムカード分の時間について残業代を支給しなければならないのか。

A

1 時間外労働に対する残業代の支払い

　　　　近時、残業代の支払いに関して、労使でトラブルとなり、訴訟、労働審判等の紛争にまで発展するケースが増加しています。

　労働時間が、「労働者が使用者の指揮命令下に置かれている時間」（最判平成12・3・9労判778号11頁・三菱重工業長崎造船所〔一次訴訟・会社側上告〕事件）とされていることからすれば、使用者が残業代を支払う必要があるのは、使用者が労働者に対して明示ないし黙示による時間外労働を命じ、当該労働者が使用者の指揮命令下において時間外労働を行ったときであると解されます。

2 タイムカードによる労働時間の管理と残業代の支払い

　本設問では、朝出社してタイムカードを押してから、コーヒーを飲んだり新聞を読んだりして過ごす社員や、終業してから、自分の勉強をしたり、電車やバスの時刻に合わせて退社する直前になってタイムカードを押す社員がいるとのことですが、会社の立場からすれば、社員がこのような作業をしている時間は使用者の指揮命令下にはなく、残業代を支給する必要はないと主張したいものと思われます。

20

そのような主張はもっともであるともいえますが、実務上、本件が訴訟や労働審判等の紛争にまで発展した場合に、会社の主張がそのまま通るかといえば、必ずしもそうではないのが実情です。

この点、訴訟、労働審判等において、時間外労働を行った事実については、第一次的には残業代の支払いを請求する側、すなわち社員側が主張・立証する責任を負っています。

しかし、タイムカードにより労働時間の管理を行っている場合、近時の裁判例では、タイムカードが証拠として提出されると、労働時間をタイムカードの記載どおりに認定することが不合理であるといった特段の事情が認められない限り、タイムカードに記載された時間から所定の休憩時間見合いの時間を控除した時間を実労働時間であると推認する傾向にあります。

一例をあげると、裁判所自身、同僚従業員らの供述から、原告である従業員が勤務時間後も会社内に詰めていたときでも、パソコンゲームに熱中したり、あるいは事務所を離れて仕事に就いていなかった時間が相当あることがうかがわれると認めていた事案で、「労働基準法は、賃金全額支払の原則（同24条１項）をとり、しかも、時間外労働、深夜労働及び休日労働についての厳格な規制を行っていることに照らすと、使用者の側に、労働者の労働時間を管理する義務を課していると解することができるところ、被告においてはその管理をタイムカードで行っていたのであるから、そのタイムカードに打刻された時間の範囲内は、仕事に当てられたものと事実上推定されるというべきである」とし、タイムカード記載の時間をもって実労働時間であると推認されると判示しました。さらに、「同僚従業員の陳述・供述のみでは上記推定を覆すには足りないと見るのが合理的である」と判示し、所定の勤務時間を超えて会社内に残っていても自己都合の単なる居残りであり労働時間として評価することはできないとの使用者側の主張を退けています（仙台地判平成21・４・23労判988号53頁・京電工事件）。

このように、近時の裁判例の傾向からすれば、タイムカードで労働時間の管理を行っている場合、タイムカードに記録されている時間が実労働時間と推定される可能性が高く、その場合、会社の側で、社員がタイムカードに記録されている時間に、業務とは無関係の作業を行っていたこと等について具

〔第2章〕 Ⅰ　労働時間・賃金をめぐる対応

体的に反証しなければならないことになります。

　本設問でいうと残業代の支払いを拒み訴訟や労働審判等の紛争になった場合に、社員がタイムカードに記録された時間内に新聞を読んだり、自分の勉強をしていることを、会社が具体的に反証する必要があります。

　そして、実務上、社員が業務とは無関係な作業を行っていたことを立証するための証拠が乏しいことが多く、訴訟や労働審判等において会社が右の点の反証を行うことはかなりの困難を伴うことに留意しなければなりません。

【弁護士からのアドバイス】

　労働時間の管理をタイムカードで行っている場合に、ダラダラ残業（⒘参照）を防止するためには、始業時刻を守るよう指導を徹底すること、時間外労働については事前の許可制とし、管理職が時間外労働の必要性等を事前にチェックする体制とすること、終業時間後も漫然と会社内にとどまっている社員に対しては、タイムカードに打刻して、速やかに退社するよう指導を徹底し、指導を行った場合は記録に残しておくことといった日頃の労働時間の管理が極めて重要となります。管理職の負担が大きくなることになりますが、労務管理上の負担増とのバランスを考えながら自社に合った労働時間の管理方法を実践していく必要があります。

（帯刀康一）

---

⑧　退職した元課長から未払い残業代の請求があった場合、管理監督者の該当性の判断はどうなるか

　退職した元課長から、退職後に未払い残業代の請求書が送付されてきた。当社では課長以上を管理監督者と位置付けているので、当該元課長にも残業代は支払ってこなかったが、残業代を支払わなくてよい管理監督者にあたるかどうかはどのように判断すればよいか。

A **1 労働基準法上の管理監督者**

　労働基準法41条2号は、労働者が「監督若しくは管理の地位にある者」（以下、「管理監督者」といいます）にあたる場合、労働時間、休憩および休日に関する規定の適用を除外しているため、会社は管理監督者に対し時間外割増手当や休日割増手当を支払う必要はありません（なお、深夜割増手当については適用を除外されていないので、管理監督者といえども深夜割増手当は支払う必要があります。同旨の判例として、最判平成21・12・18労判1000号5頁・ことぶき事件）。

　そこで、本件課長の残業代請求に対する会社の反論として、本件課長が労働基準法上の管理監督者にあたると主張することが考えられます。

　この点、会社が管理監督者と扱っていても、労働基準法上の管理監督者にあたらなければ上記適用除外にはならないため、同法上の管理監督者とはどのような者をいうのかが問題になります。

2 管理監督者性の判断基準

　行政通達は、管理監督者について、「一般的には、部長、工場長等労働条件の決定その他労務管理について経営者と一体的な立場にある者の意」であるとし、また、「名称にとらわれず、実態に即して判断すべきものである」としています（昭和22年9月13日基発17号、昭和63年3月14日基発150号）。

　そして、行政実務および裁判例は、具体的な判断基準として、①事業主の経営に関する決定に参画し、労務管理に関する指揮監督権限を認められていること、②自己の出退勤をはじめとする労働時間について裁量権を有していること、および、③一般の従業員に比しその地位と権限にふさわしい賃金（基本給、手当、賞与）上の処遇を与えられていることという権限・勤怠・処遇の面に着目して管理監督者性を判断しています（菅野474頁）。

　上記3つの判断基準について、裁判例で具体的にどのような事実が要素とされているかをみると、たとえば、社会的にも注目を集めた東京地判平成20・1・28労判953号10頁・日本マクドナルド事件では、店長の管理監督者性が否定されましたが、裁判所は、①権限については、店長はアルバイト従

〔第2章〕 I 労働時間・賃金をめぐる対応

業員の採用・時給額の決定等の権限は有しているが、昇格していく社員を採用する権限はないこと、店舗の運営に関して店舗従業員の勤務シフトの決定等一定の事項について決裁権限を有しているものの、店舗の営業時間は本社の設定に従うことを余儀なくされ、また、店舗で独自のメニューを開発する等も予定されていないこと、店長が参加する各種会議はその場で企業全体の経営方針等の決定過程に店長が関与するというものではないこと、②勤怠については、形式的には労働時間に裁量はあるが、実際には、長時間の時間外労働を余儀なくされ労働時間に関する自由裁量性がないこと、③処遇については、店長全体の10％は管理職として扱われていない下位の職位のファーストアシスタントマネージャーの平均年収より低額であること、店長全体のうち40％は、ファーストアシスタントマネージャーの平均年収を年額で約45万円程度上回っているにとどまることなどから、いずれの要素の点からも管理監督者にはあたらないと判断しています。なお、厚生労働省は、本判決のあと、「多店舗展開する小売業、飲食業等の店舗における管理監督者の範囲の適正化について」（平成20年9月9日基発0909001号）、「多店舗展開する小売業、飲食業等の店舗における管理監督者の範囲の適正化を図るための周知等に当たって留意すべき事項について」（平成20年10月3日基発1003001号）を発しています。

　他方、支店長の管理監督者性を肯定した大阪地判平成20・2・8労判959号168頁・日本ファースト証券事件では、裁判所は、①権限については、30名以上の部下を統括する立場にあり、会社全体からみても事業経営上重要な上位の職責にあったこと、担当支店の経営方針を定め、部下を指導監督する権限を有しており、中途採用者については実質的に採否を決する権限が与えられていたこと、人事考課を行い、係長以下の人事については支店長の裁量で決することができ、社員の降格や昇格についても相当な影響力を有していたこと、②勤怠については、出欠勤の有無や労働時間は報告や管理の対象外であったこと、③待遇については、月25万円の職責手当を受け、職階に応じた給与と合わせると賃金は月82万円になり、その額は店長以下のそれより格段に高いことから、経営者と一体的な立場にある管理監督者にあたると判断しています。

管理監督者性が争われた裁判例をあげれば枚挙に暇がありませんが、裁判例のおおよその傾向としては、①権限については、事業経営上重要な地位にいるか、事業経営方針の決定についてどの程度手続に関与し権限を有しているか、部下等に対する人事管理についてどの程度関与し決定権限を有しているか、②勤怠については、労働時間が所定労働時間等にどの程度拘束されているか、勤務態勢との関係において労働時間がどの程度拘束されているか、欠勤・早退・遅刻等について賃金の査定、懲戒処分等の不利益処分における考慮要素にされていないか、③待遇については、給与（基本給、役職手当等）および賞与等の金額が、他の一般職員および下位管理職との比較において、役職に見合ったものになっているかといった要素に着目しています。なお、②勤怠について、管理監督者にタイムカードを打刻させている会社もあると思いますが、タイムカードの打刻が義務付けられていても、労働時間の自由裁量が認められている場合には管理監督者性が否定されるわけではありません（同旨の裁判例として、大阪地判昭和62・3・31労判497号65頁・徳洲会事件）。

以上から明らかなように、管理監督者性が認められるには相当に高いハードルを越える必要があり、裁判例でも、肯定例に比べて否定例のほうが圧倒的に多い状況です。

3　本設問の考え方

本設問の課長が管理監督者といえるかどうかは、上記判断要素に沿って、たとえば、①権限については、本件課長が会社の経営方針を決定する経営会議等に関与しているか、部下に対する人事評価や賃金の査定に関与しているか、②勤怠については、労働時間が所定就業時間に拘束されていないか、③処遇については、他の一般職と比較して役職に見合った高額の給与・手当等が支払われているかといった実態を精査する必要があります。

もっとも、一般に想起される課長職の社員が上記管理監督者の要素を満たすということは難しいのが率直なところです。

【弁護士からのアドバイス】

管理監督者性が争われた場合、当該請求者のみならず、他の同じ立場

の社員の残業代請求へと飛び火するリスクがあります。したがって、会社の対応としては、そのリスクも踏まえて、当該請求者に対応する必要があります。

上記のとおり、管理監督者性が認められるには相当に高いハードルを越える必要があるため、事前予防の点からは、自社の管理監督者をいま一度検証していただき、権限・勤怠・処遇を見直して管理監督者性を強めておくか、あるいは、就業規則の不利益変更に留意しつつ一部管理職には残業代を支給して管理監督者から外すといった対応も必要になってくると思います。

(渡辺雪彦)

9 労働基準法上の管理監督者に該当しないとして未払い残業代の支払いを請求してきた場合、既払いの役職手当を充当できないか

労働基準法上の管理監督者に該当しない元課長が、未払い残業代を請求している。しかし、元課長に対しては、これまで当社は役職手当を支給していた。この場合に、役職手当を未払い残業代に充当できないか。

仮に当該元課長が労働基準法上の管理監督者にあたらない場合、これまで支給してきた役職手当を未払いの時間外労働手当に充当できないかが問題になるところです。

役職手当は法定の除外賃金にあたらないため(労基37条5項、労基則21条参照)、役職手当が時間外労働手当に充当されない場合は、時間外労働手当の計算基礎に算入されることにもなってしまいます。そのため、どのような場合に役職手当の時間外労働手当への充当が認められるのか(時間外労働手当の計算基礎に算入されずにすむのか)ということは非常に重要な問題となってきます。

参考となる裁判例として、肯定例と否定例をそれぞれあげると以下のもの

⑨　労働基準法上の管理監督者に該当しないとして未払い残業代の支払いを請求してきた……

があります。

1　肯定例（役職手当の時間外手当への充当が認められた例）

　管理職である課長代理以上に対し基本給の30％に相当する特励手当が支払われていたという事案（東京高判平成21・12・25労判998号5頁・東和システム事件）で、裁判所は、

①　特励手当は所定時間外労働が恒常的に予定されている課長代理以上の職位にある者に支払われるものであること

②　特励手当は基本給の30％に相当する金額であって、同職位の者であっても手当額は同一ではないから、特励手当が課長代理の職そのもののみに関係しているとはいいがたいこと

③　特励手当の前身である精励手当について、旧職員給与規程は、明文をもって「超過勤務手当は前条の精励手当受給者には支給しない」と規定しており、超過勤務手当と精励手当は重複して支給されないものであったこと

④　会社も、特励手当は管理職昇任に伴い、超過勤務手当に代替してこれを補填する趣旨のものと認識していたこと

⑤　会社において、これまでに特励手当と超過勤務手当とを重複して支給したことはないこと

⑥　給与規程の体裁上、超過勤務手当も特励手当もともに基準外給与と規定されていること

⑦　課長代理の職位にある者が超過勤務手当と特励手当とをあわせ受給できることになると、上位職位である課長に昇任すると特励手当しか支給されなくなるという不利益が生じ、このような給与規程の解釈は不合理であること

⑧　原告ら課長代理職者の基本給は46〜47万円前後であって、ことさらに低額に抑えられているとはいいがたいこと

という諸点を考慮し、「特励手当は超過勤務手当の代替又は補填の趣旨を持っており、特励手当の支給と超過勤務手当の支給とは重複しないもの（択一的なもの）と解するのが相当」であり、本件特励手当は、「超過勤務手当算

〔第2章〕 I 労働時間・賃金をめぐる対応

定の基礎となる賃金に含ましめるべきではなく、これから除外するのが相当である」と判断しています（そのほかの肯定例として、東京地判平成19・6・15労判944号42頁・山本デザイン事務所事件等）。

2 否定例（役職手当の時間外手当への充当が認められなかった例）

課長への昇進に伴い月額6万円の役職手当が支給されていた事案（大阪地判平成11・6・25労判774号71頁・関西事務センター事件）で、裁判所は、地位の昇進に伴う役職手当の増額は、通常は職責の増大によるものであって、昇進によって監督管理者に該当することになるような場合でない限り、時間外勤務に対する割増賃金の趣旨を含むものではないというべきであり、仮に、会社としては、役職手当に時間外勤務手当を含める趣旨であったとしても、そのうちの時間外勤務手当相当部分または割増賃金相当部分を区別する基準は何ら明らかにされておらず、そのような割増賃金の支給方法は、法所定の額が支給されているか否かの判定を不能にするものであって許されるものではないとし、当該労働者には時間外勤務手当に相当する手当が実質的にも支給されていたとは認められないと判断しています（そのほかの否定例として、大阪地判平成4・5・29労判611号37頁・夏山金属工業事件等）。

3 本設問の考え方

以上の裁判例からわかるように、役職手当が未払いの時間外労働手当に充当されるかどうかは、当該役職手当の性質が、職責に対する対価なのか、それとも残業に対する対価なのか、また、それが明らかになっているか、ということがポイントとなっており、残業に対する対価であることが明らかになっていれば当該役職手当を時間外労働手当に充当することができます。

したがって、役職手当を時間外労働手当に充当するという主張をする際は、給与規程の定め方、役職手当の支給状況、当事者間の認識、請求者の職務内容等を確認のうえ、役職手当が残業に対する対価といえるかどうかを検証する必要があります。

【弁護士からのアドバイス】

　管理職に対し残業代の代わりに役職手当を支払っていたつもりが、管理監督者に該当しないばかりか、残業代にも充当されず、かえって残業代の計算基礎に算入されてしまっては会社のダメージが大きくなるので留意が必要です。

　この点、役職手当を残業代の対価として評価されるようにするためには、給与規程の中で、役職手当が残業代見合いである旨明記しておくことが効果的ですが、役職手当の支給対象者を管理監督者としている場合、通常管理監督者には残業代は支払われないはずなので、そのような規定は、管理監督者性の主張との関係では問題となります。

　そこで、まずは、上記東和システム事件のケースを参考にして、たとえば、「時間外労働手当及び休日手当は、第○条の役職手当の受給者には支給しない」と規定しておくことが考えられます。　　　　（渡辺雪彦）

10　会社に対し損害賠償責任を負う社員が約束を履行しない場合、賃金と相殺することはできるか

> 社員が事故を起こして会社に損害賠償責任を負うに至ったうえ、「経済的に余裕がない」と言って、約束した分割弁済すら怠っている場合、会社が損害賠償請求権と賃金債権を相殺することは許されるか。

1　賃金全額払いの原則

　　　　　　　賃金は、原則として全額を支払うことを要し、使用者がその一部を控除して支払うことは許されません（労基24条1項本文）。この規定は、賠償予定の禁止（労基16条）、前借金相殺の禁止（労基17条）、強制貯金の禁止（労基18条）などとともに、生活の基盤たる賃金の全額が確実に労働者の手に渡るように配慮したものです。

29

〔第2章〕 Ⅰ　労働時間・賃金をめぐる対応

2　会社からの一方的相殺の可否

　では、使用者による賃金債権の相殺も控除の一種として禁止されるのでしょうか。この点については、最高裁判所の2つの判例（最判昭和31・11・2判時95号12頁・関西精機事件、最判昭和36・5・31判時261号17頁・日本勧業経済会事件）があります。

　前者は、使用者が労働者の債務不履行（業務の懈怠）を理由とする損害賠償債権を、後者は、使用者が労働者の不法行為（背任）を理由とする損害賠償債権を、それぞれ自動債権として賃金債権との相殺を行った事件であり、最高裁判所はいずれの場合も使用者側からの相殺は禁止されると判示しました。すなわち最高裁判所は、生活の基盤たる賃金を労働者に確実に受領させることが賃金全額払い原則の趣旨であるから、同原則は、相殺禁止の趣旨をも包含すると判示したのです。

3　合意による相殺の可否

　以上のような使用者が一方的になす相殺とは異なり、使用者が労働者の同意を待ってなす相殺については、最高裁判所は、その同意が労働者の自由な意思に基づいてなされたものであると認めるに足りる合理的理由が客観的に存在する場合には、賃金全額払い原則には反しないと判示しています（最判平成2・11・26労判584号6頁・日新製鋼事件）。

　したがって、この最高裁判例によれば、会社が損害賠償請求権と賃金を相殺することが許されるか否かについては、相殺に対する労働者の同意が自由な意思によるものか否かにかかっています。

【弁護士からのアドバイス】

　上記日新製鋼事件によれば、相殺に対する労働者の同意が自由なものであれば、会社が損害賠償請求権と賃金債権を相殺することも許されることになりますが、生活の基盤たる賃金を労働者に確実に受領させるという全額払い原則の趣旨の重要性に鑑みれば、労働者の合意は「真に」自由な意思によっていることが必要であると解すべきでしょう。すなわ

30

ち、社員が損害賠償について十分に検討しうるだけの資料および時間を
与えられたうえで、自己の損害賠償責任を素直に認めて相殺に同意をす
るような場合には、当該社員の合意は「真に」自由な意思によっている
といえるでしょうが、たとえば、社員の合意が懲戒解雇直後において損
害賠償について十分検討する間もなくなされたような場合には、「真に」
自由な意思によっているとはいえないでしょう。したがって、会社が損
害賠償請求権と賃金債権とを相殺しようとする場合には、社員に対し
て、自己の損害賠償責任について十分に検討しうるだけの資料や時間を
与えることが肝要でしょう。

　また、そのようにして相殺合意を得ることが難しい事情がある場合に
は、当該社員については賃金を現金で支払うこととして、いったん全額
支払った後、現金で約定の弁済金を支払ってもらうという方法も考えら
れます。この場合は、後々のため、お互いに領収書を作成しておくとよ
いでしょう。

（橋本吉文・小池啓介）

11 産前産後休業や育児休業等を取得した社員による休業期間中の賃金の請求、および生理休暇中の賃金や皆勤手当の請求をしてきた場合、どう対応するか

> 社員が産前産後休業中や育児休業中の賃金の支払いを請求してきた場合、会社はこれに応じなければならないか。また、生理休暇を取得した社員が賃金や皆勤手当の支払いを請求してきた場合、会社は応じなければならないか。

A

1　産前産後休業中の賃金

　産前産後休業とは、産前の6週間（多胎の場合は14週間）および産後の8週間の休業のことです（労基65条1項・2項）。産後8週間の

〔第2章〕 I 労働時間・賃金をめぐる対応

うち産後6週間の休業は強制的なものであり、会社は社員が出社を希望しても休ませなくてはなりません。

社員がこの休業の間の賃金の支払いを請求してきた場合でも、ノーワーク・ノーペイの原則（労務の提供がなされない場合には賃金も支払われない原則）により、会社はこれを支払わなくてもよいとされています。ただし、就業規則や組合との労働協約等に産前産後休業が有給の旨の規定がある場合は、規定に従って賃金を支払わなくてはなりません。

なお、社員には健康保険から産前は42日（多胎の場合は98日）、産後は56日の範囲内で1日につき標準報酬日額の3分の2に相当する給付金が支給されます。

2 育児休業中の賃金

(1) 育児休業

育児休業とは、原則として、養育する1歳未満の子について育児のために取得できる休業のことをいいます（育児・介護休業5条1項）。

例外として、自己またはその配偶者がその子の1歳到達日において育児休業をしており、かつ、当該子の1歳以降の期間について申し込んだ保育所に入れないとき、または、1歳以降養育を行う予定であった配偶者が死亡、傷病または障害により養育困難になったこと、婚姻解消等による別居、産前産後の期間にあることのいずれかに該当する場合には、1歳6カ月まで育児休業を延長することができます（育児・介護休業5条3項、育児・介護休業施行規則6条）。さらに、平成29年の改正では、1歳6カ月以後も保育所に入れないなどの場合には、最長2歳まで再延長ができるようになりました（育児・介護休業5条4項、育児・介護休業法規則6条の2）。また、平成22年の育児・介護休業法の改正により、父母の労働者がともに育児休業を取得する場合には、休業可能な期間が1歳2カ月までに緩和されました（同9条の2）。

なお、期間を定めて雇用された社員も、同一の会社に1年以上勤務しており、かつ、子が1歳6カ月（2歳までの育児休業の延長を申し出る場合は2歳）に達する日までに労働契約（更新される場合には、更新後の契約）の期間が満了することが明らかでなければ、育児休業を申し出ることができます（育

児・介護休業 5 条）。

⑵　育児休業中の賃金

　産前産後休業と同じく、会社は育児休業中の賃金を支払わなくても、法的に問題はありません（ノーワーク・ノーペイの原則）。ただし、就業規則等に有給の旨の規定があれば支払わなくてはなりません。

　なお、休業開始前の 2 年間に賃金支払基礎日数が11日以上ある月が12カ月以上あり、そのうえで、①育児休業期間中の各 1 カ月ごとに、休業開始前の 1 カ月あたりの賃金の 8 割以上の賃金が支払われていないこと、②支給対象期間ごとに就業していると認められる日数が10日以下であること、といった要件を満たせば雇用保険法上、育児休業給付金として、休業前賃金の67%（育児休業の開始から 6 カ月経過後は50%）が支給されます（雇用保険61条の 4 ・附則12条、雇用保険法施行規則101条の11）。

3　生理休暇中の賃金や皆勤手当

⑴　生理休暇とは

　生理日の就業が著しく困難な女性は、生理休暇を取得することができます（労基68条）。会社は請求のあった休暇日数を付与しなければならず、これを制限することはできません。なお、生理休暇を取得するのに医師の診断書は必要ないとされています。手続を煩雑にすると制度趣旨が没却しかねないからです。

⑵　生理休暇中の賃金

　この間の賃金も無給として問題はありません。ただし、会社が就業規則等に有給の旨を規定している場合は、賃金を支払わなくてはなりません。

⑶　皆勤手当との関係

　労働基準法68条は、会社に生理休暇を出勤扱いとすることまで義務づけているものでありません。よって、皆勤手当の算定方法において、生理休暇を欠勤扱いとするか出勤扱いとするかについては、当事者の合意によって決めることができます。ただし、欠勤扱いとすることにより、生理休暇の取得が事実上抑制されるような場合には、違法となる可能性がでてきます。皆勤手当の趣旨、目的、生理休暇を取得した社員の受ける不利益の程度、生理休暇

〔第2章〕 I 労働時間・賃金をめぐる対応

の取得に対する事実上の抑止力の強弱等諸般の事情を考慮して、判断する必要があります。この点所定の要件を欠く生理休暇の取得および自己都合欠勤を減少させて出勤率の向上を図ることを目的として、皆勤手当の算定において生理休暇の取得日数を欠勤扱いとした事案につき（皆勤手当満額は5000円）、裁判所は当該措置は適法と判断しています（最判昭和60・7・16労判455号16頁・エヌ・ビー・シー工業事件）。

【弁護士からのアドバイス】

　育児支援として、育児・介護休業法には、育児休業のほか、子の看護休暇という休暇もあります（同16条の2）。これは、小学校に入る前の子を養育する社員が、1人につき1年あたり5日（子が2人以上の場合は10日）まで、けがや病気をした子の看護または子に予防接種、健康診断を受けさせるために取得することができる休暇です。子の看護休暇についても無給として問題はありません。

　上記のとおり、本設問の中で扱った休業や休暇は原則無給でも法的に問題はありません。ただ、仕事と家庭とのバランスをとりながら働く社員や家族のためにも、急速な少子化への対応のためにも、それぞれの会社ができうる範囲で社員に優しい社内制度を整備していただきたいものです。

（片山由美子・渡辺雪彦）

---

12 就業規則で副業を認めている場合、副業先の労働時間の把握や割増賃金の支払いにどう対応すべきか

> 労働基準法32条の1日8時間、1週40時間の制限を超えた割増賃金について、副業先での労働時間を考慮して会社は割増賃金を支払わなければならないか。考慮する必要があるとすれば、どのような方法で副業先での労働時間を把握すればよいか。

1 副業している場合の労働時間の取扱い

複数の事業場で就労した場合の労働時間の取扱いについて、労働基準法38条は、「労働時間は、事業場を異にする場合においても、労働時間に関する規定の適用については通算する」と定めています。

そして、「事業場を異にする場合」とは、同一事業主に属する複数の事業場で労働する場合だけでなく、事業主を異にする事業場で就労する場合も含まれると解されています（昭和23年5月14日基発769号）。また、「労働時間に関する規定」とは、設問にある労働時間に関する労働基準法32条のほか、33条（災害時による臨時の必要がある場合の時間外労働）、34条（休憩）、36条（時間外及び休日の労働）、40条（労働時間及び休憩の特例）、60条（労働時間及び休日）等の規定が含まれます。

したがって、設問にあるように副業している場合は、他社における労働時間を通算して総労働時間を管理する必要があり、時間外労働の残業代についても、当該総労働時間を前提に支払う必要があります。

2 時間外労働の割増賃金の支払義務

では、副業先と設問の会社のいずれに時間外の割増賃金を支払う義務があるのでしょうか。

この点について、行政通達（昭和23年10月14日基収2117号）では、「法定時間外に使用した事業主は法第37条に基き、割増賃金を支払わなければならない」とされています。後に労働契約を締結した事業主は、契約の締結にあたって、その労働者が他の事業場で労働していることを確認したうえで契約を締結すべきであるとの考え方から、通常は、後に労働契約を締結した事業主が割増賃金を支払う必要があると考えられています。ただし、必ずしも後に労働契約を締結した事業主が割増賃金を支払う義務があるというわけではなく、2つの事業所における所定労働時間の合計が法定労働時間（1日8時間）を超えない場合には、残業をさせることで法定時間外労働をさせた事業主が割増賃金を支払う必要があると考えられています。

では、具体例で考えてみましょう。たとえば、パートタイマーXは、もと

〔第2章〕　I　労働時間・賃金をめぐる対応

もとA社でのみ勤務していたところ、B社でも勤務するようになったとします。A社の所定労働時間は午前10時から午後4時までの5時間（休憩1時間）で、B社の所定労働時間は午後5時から午後9時までの4時間であるとします。この場合、Xの1日の所定労働時間は通算すると9時間になるところ、1日の法定労働時間である8時間を超える1時間については、後にXと労働契約を締結したB社が時間外労働の割増賃金を支払う必要があります。この場合、A社とB社の勤務時間帯が逆（すなわち、1日のうち、B社で勤務した後にA社で勤務する）であったとしても、B社がA社よりも後にXと労働契約を締結したのであれば、B社が時間外労働の割増賃金を支払う必要があることに変わりありません。

　次に、パートタイマーYは、もともとC社でのみ勤務していたところ、D社でも勤務するようになったとします。C社での所定労働時間は午前10時から午後4時までの5時間（休憩1時間）であり、D社の所定労働時間は午後5時から午後8時までの3時間であるとします。ある1日において、C社では所定労働時間どおり5時間勤務し、D社で4時間（残業1時間）勤務した場合、その日の労働時間は通算すると9時間となるところ、法定労働時間である8時間を超える1時間については、Yに残業をさせたD社が時間外労働の割増賃金を支払う必要があります。

　このように、事案によっていずれに時間外労働の割増賃金を支払う義務があるのかが異なってくるので、そのつど、慎重に検討する必要があります。

3　副業先での労働時間の把握の方法

　副業先での労働時間については、設問の会社との関係では、社員のプライベートに属する事柄なので、社員から任意に情報を提供してもらう必要があります。具体的には、社員の承諾を得たうえで副業先の労働契約書や労働条件通知書の写しを提示してもらう、副業先での労働時間数を自己申告してもらう、といった方法が考えられます。

　日々の実際の労働時間については、雇用契約書や労働条件通知書には記載されていないので、自己申告してもらうほかないですが、副業先での実際の労働時間を正確に申告しなかった結果、時間外労働の割増賃金の支払いの問

12 就業規則で副業を認めている場合、副業先の労働時間の把握や割増賃金の支払い……

題が生じた（または、時間外労働の時間が増えた）ような場合には、虚偽申告や給与の不正受給に該当するとして、懲戒処分の対象となりうると考えます。

【弁護士からのアドバイス】

　以前は副業や兼業を禁止する企業も多くありましたが、近年、政府は「働き方改革」として正社員の副業や兼業を後押ししています。平成30年1月に公表された「モデル就業規則」では、副業や兼業を認める規定を盛り込み、「原則禁止」から「原則認容」に転換しました。また、同時期に公表された「副業・兼業の促進に関するガイドライン」において副業や兼業を認める場合の留意点が説明されてますので、これらの資料を参考にしながら対応することがよいでしょう。

（横田香名）

Ⅱ 業務命令違反・勤務態度不良をめぐる対応

13 遅刻を繰り返す社員に対する注意・指導で留意すべきことは何か。また、改善がみられない場合、どう対応するか

> 遅刻を繰り返す社員に対して、会社は注意・指導する際にどのような点に気を付ければよいか。注意・指導をしても改善しない場合の対応はどうすればよいか。

1 遅刻に対する注意・指導

(1) 注意・指導の具体的な方法

　会社が遅刻を繰り返す社員を放置すれば、業務に支障をきたす可能性があるのはもちろんのこと、周りの社員にも悪影響を及ぼす可能性があるので、会社はそのような社員を放置せずに、そのつど注意・指導を行うことが必要となります。

　注意・指導を行う場合には、最初は口頭で注意・指導を行うことで構いません。もっとも、口頭による注意・指導でも遅刻が改善されない場合には、書面の形で、厳重に注意喚起を行うことが肝要です。文書で行うことが難しい場合にはメールの形でも構いません。書面等で注意指導を行うことにより、社員に遅刻が看過できないことを強調するとともに、遅刻の事実やそれに対する注意・指導を客観的な証拠として残しておく効果があります。

　書面の具体的な内容としては、当該遅刻の件に対する注意・指導に加え、以前から繰り返し遅刻を行っており、口頭で注意・指導を行ってきたが改善

されていないといったこれまでの経緯や、今後繰り返される場合には、就業規則の懲戒事由に基づいて懲戒処分となる可能性もあることなどを記載することが肝要です。

(2) 社内でもともと遅刻等が放置されていた場合の対応

社内でこれまで遅刻をしても注意・指導が行われていないような場合には、突然、注意・指導を行うと「なぜ自分だけが注意・指導をされるのだ」という反発を生むことにもなりかねません。そこで、これまで事実上放置してきた遅刻をこれから取り締まりたいという場合には、まず、社内で、「今後は遅刻等については取り締まりを徹底する」旨の通知、通達等を行い、そのうえで、注意・指導を行うことが適切と考えます。その後は、遅刻に対しては適切な対応を行うことも同様に必要です。

2 注意・指導を繰り返しても改善しない場合の対応方法

前項のような注意・指導を行っても改善がみられないような場合には、会社として懲戒処分を検討することとなります。一般的な就業規則には、懲戒事由として「正当な理由なく無断でしばしば遅刻、早退又は欠勤を繰り返したとき」などといった規定があると思われますので、こうした懲戒事由をもとに懲戒処分を検討します。

そして、実際に懲戒処分を行う場合には、懲戒処分に必要な手続が就業規則に記載してあるのであれば（たとえば懲戒委員会の開催など）、その手続にのっとって懲戒を行うことになります。一方で懲戒手続の記載がなかった場合であっても、最低限当該社員に対する弁明・聴取の機会を設けることは必要不可欠です。具体的には、なぜ遅刻したのか、当該社員からよく事情を聴取して、その点について正当な理由が認められないかどうかよく分析する必要があります。

事情聴取の結果、正当な理由がない場合には、懲戒処分を行うことになります。懲戒処分の程度は、原則としては一番軽い処分（戒告や譴責）を適用するのが妥当です。それでも改善がみられない場合には、一段階ずつ重い処分を課していくのが相当だと解されます。

ただし、遅刻を原因として、会社にとって大きな損害が出た場合（たとえ

〔第2章〕 Ⅱ 業務命令違反・勤務態度不良をめぐる対応

ば、大きな取引に関する契約の場に遅刻したために、当該取引がなくなってしまった場合など）には、その損害の程度も加味して、たとえ懲戒処分が初めてであっても、軽い処分ではなく、重い処分を科すことが適切な場合もあります。

懲戒処分の段階を経てもなおも改善の余地がない場合には、最終的には懲戒解雇も検討せざるを得ないでしょう。

【弁護士からのアドバイス】

会社としては、遅刻に対しては、そのつど注意・指導を行いつつ、その記録を客観的な形でとっておくことが肝要です。

遅刻を放置する社風となると、いざという時に対外的な信用を損ない、会社にとって甚大な被害を生じる危険性があります。また、勤怠不良が長いこと続き、最終的には解雇も検討したいと考えた際にも、日常的に注意・指導を徹底していないと、解雇の検討ができなくなります。日頃から、時間管理について徹底した態度で臨み、他の社員にも悪影響を与えないよう対応していくことが重要です。　　　　（山本幸夫・大村剛史）

14 営業職など日常の業務内容について把握が難しい社員が、ホウレンソウをしない場合にどう対応するか。指導しても改善する見込みがない場合、どう対応すべきか

日常の業務に関して、上司への報告・連絡・相談（ホウレンソウ）がきちんとできない社員がいる。このような社員に対して、会社として指導する際の注意点や、それでも改善しない場合の対応はどうすればよいか。

14 営業職など日常の業務内容について把握が難しい社員が、ホウレンソウをしない場合……

1 上司への報告・連絡・相談が必要な事項を報告・連絡・相談しない社員に対する注意・指導

　いわゆる「ホウレンソウ」とよばれる「報告・連絡・相談」は、会社における上司・同僚との意思疎通を十分に図り、ひいては会社から社員に対する指揮命令関係を十分に確立するうえで重要な事項であり、多くの会社において、基本業務として社員への徹底を図らなければならない事項です。

　たとえば、外回りの営業社員がその日の業務報告書を毎日上司へ提出することを命じられているにもかかわらず、1週間もため込んで提出しないような場合、会社としては売上管理の面や労働時間管理の面などにおいて不都合を生じることになります。

　このような場合、まずは上司としては当該社員に対して報告を密に行うよう指導を徹底する必要があります。最初は口頭で注意・指導を行うことで構いませんが、口頭による注意・指導でも改善がみられない場合には、書面でもって注意を行うことが必要です。

　書面の具体的な内容としては、当該報告をしなかったことに対する注意・指導に加え、これまでも同様の件について口頭で注意・指導を行ってきたが改善されていないといった経緯や、今後繰り返される場合には、就業規則の懲戒事由に基づいて懲戒処分となる可能性もあることなどを記載することが肝要です。

2 注意・指導によっても改善しなかった場合の対応方法

　前項のような注意ないし指導にもかかわらず、なお報告が疎かである場合には、懲戒処分の検討をせざるを得ないところです。具体的には、就業規則の懲戒事由として、たとえば「正当な理由なく、しばしば業務上の指示・命令に従わなかったとき」、「職務怠慢と認められるとき」等があげられているならば、その事由を根拠として懲戒処分を行うことができます。この場合、原則としては、最初は譴責処分（始末書をとって注意する）程度にとどめ、なお改まらない場合には徐々に重い処分にすることになります。

　ただし、報告・連絡を怠ったことにより、会社にとって非常に重大な損害

〔第2章〕 Ⅱ　業務命令違反・勤務態度不良をめぐる対応

を負った場合などは、結果の重大性にも鑑みてより重い処分を検討する必要
もあります。

　さらに、懲戒処分の各段階を経てもなおも改善されない場合には、最終的
には懲戒解雇も検討せざるを得ないでしょう。

3　人事上の措置対応

　また、懲戒処分以外にも、会社の就業規則に従って配転や降格といった人
事措置を講じることが考えられます。

　具体的には、報告・連絡の怠慢について何ら改善されない当該社員に対
し、上司との密な連絡を要しない業務に配転するなどの対処が考えられます。

　また、当該報告をしない社員が、管理職の地位にある場合など、上司・部
下との「報告・連絡・相談」が特に重要な地位にある社員については、上司
に相談なく独断で業務を行うことによって会社に重大な損害を与えるおそれ
が大きくなります。このような社員は管理職たる地位にはふさわしくないと
いえるので、程度によっては管理職からの降職も十分に考えられるでしょう。

　こういった人事措置を行う場合には、権利の濫用とされない程度に相当の
理由を有するか、また配転を行う場合には労働契約において職種、勤務地な
どの限定がないか、等の点を慎重に検討する必要があります。

【弁護士からのアドバイス】

　このように、報告・連絡・相談を怠る社員に対しては、注意・指導、
懲戒処分、その他人事上の措置を行うことが考えられます。しかし、そ
もそも懲戒処分を行うような事態を生じさせないために、日々の社員の
指導において報告・連絡・相談を徹底させることが重要なことはもちろ
んです。

　また、上記に述べたような事態はあらゆる会社において生じうるとい
えますので、このような事態が生じた場合に自社の就業規則でどのよう
に対応するかをあらかじめ検討しておくとともに、就業規則の懲戒事由
を再度点検しておくことも有益と思われます。　　　（大山圭介・大村剛史）

15 協調性に欠け、利己的な勤務態度をとり職場の秩序を乱す社員に対してどう対応すべきか……

15 協調性に欠け、利己的な勤務態度をとり職場の秩序を乱す社員に対してどう対応すべきか。また、当該社員が原因で離職者が出た場合や、社員同士の仲が悪く職場の環境が悪化している場合、どう対応すべきか

職場の社員全員が行う後片づけにも協力しない、交替勤務でしばしば遅刻し、相方に迷惑をかける、直前に勤務の交替を依頼する、気に食わないことがあると他の社員を怒鳴る等職場の他の社員との協調性を欠く社員Aについて、他の社員から「Aとは一緒に働くことができない」との相談が多く寄せられ、なかにはAが原因で退職してしまう社員も出始めている。このような場合、Aを懲戒、あるいは解雇することができないか。

また、職場に仲の悪い社員B・Cがいて、1日中話をしないために職場環境が悪くなっている。このような場合、B・Cを懲戒することはできないか。

A

1 企業秩序維持の必要性

企業には多数の労働者が就労しているのですから、1人ひとりが勝手な行動をしていたのでは企業は成り立ち得ません。すなわち、企業秩序はまさに多数の労働者を擁する企業の存立、維持のために必要不可欠なものです。

したがって、本設問のように当該社員が他の社員との協調性を欠くがゆえに企業秩序を乱しているような場合には、会社は早急にその手立てを講じる必要があります。

2 懲戒、解雇その他の人事措置

さて、社員が職場で他の社員との協調性を欠く場合において、会社がとりうる措置としては、まず懲戒処分が考えられます。裁判例においても、本人の執務態度、上司および同僚に対する無礼並びに協調性欠如について、職場

43

の規律を乱し、円滑な職務遂行を阻害しているということが懲戒解雇事由にあたると認められているものがあります（大阪地決平成4・3・31労経速1465号15頁・常磐精機工業事件等）。ここでポイントとなるのは、本人の協調性の欠如によりいかに企業秩序が阻害されているかです。仮に本人に協調性に欠けることがあっても、それにより企業秩序が一向に阻害されていないというような場合には懲戒処分を行うことは難しいように思われます。

　次に、普通解雇という措置も考えられます。裁判例には、就業規則に規定された解雇事由「執務能力が著しく不良」（単なる「勤務成績不良」という規定ではない）とは職場に適用する能力に欠ける場合を包含するものと解し、当該労働者は社会生活をしていく人間として常識に欠けるところが多く、協調性に乏しく、強暴であること、同人の性格等から同人は職場に適用する能力を著しく欠いており、かつ将来の改善の見込みがないことから、解雇を有効と認めたものがあります（東京高判昭和42・1・24労判27号6頁・日本青年会議所解雇事件）。

　すなわち、協調性欠如が職場に適応する能力がないという場合に該当し、解雇事由になりうる場合があるのです。この場合、協調性を特に必要とする職場（共同作業を必要とする等）であるか否かがポイントとなります。たとえば、助産婦である労働者について、分娩の経過観察、当直者としての任務、物品の保管、医師の指示の履行、他の看護職員との間でなされる申し送り等、病院の助産婦としての役割を果たすことにおいて欠ける点があるだけでなく、当該労働者自身がその欠点を改めることを拒否し、独善的、他罰的で非協力的な態度に終始したために、他の職員との円滑な人間関係を回復しがたいまでに損ない、病院の看護職員として不可欠とされているところの共同作業を不可能にしてしまったことを理由に解雇が有効とされた裁判例があります（横浜地判平成3・3・12労判583号21頁・相模野病院事件）。また、協調性欠如に至った理由として、本人の性格の本質に由来するものではなく改善可能であるような場合において、解雇は無効とされた裁判例もあります（名古屋地決昭和56・8・12労判370号速報カード19頁・セントラル病院事件）ので、本人の改善可能性の有無というのもポイントになると思われます。

　これらをまとめますと、解雇については、共同作業等協調性が特に必要と

される職場において本人が協調性を欠くことにより職場の秩序が阻害された場合で、注意等によっても改善が見込めない場合において、解雇も致し方ないものとして認められるものと考えます。

上記のように懲戒処分あるいは解雇という措置が考えられますが、会社としては、まずは本人に対して注意、指導を行い、協調性をもつように改善していくことが可能か、共同作業等チームワークを必要としない他部署への配転が可能か、検討をする必要があろうかと思います。それでも致し方ない場合において、上記懲戒処分あるいは解雇という措置を検討するのが相当でしょう。

3　本設問の対処方法

(1)　設問前段

退職者が出るようなほど職場環境が悪化し、企業秩序が乱れていると思われますので、早急に関係者から事実確認（まずは被害を受けているとされる同僚等から。その事実確認の後に社員Aから）をし、社員Aにおいて設問のような協調性を欠く言動の理由として相当な事情が認められない限り、厳重注意、懲戒処分、場合によって解雇を検討すべきと考えます。厳重注意で足りるのか、それとも懲戒処分をすべきかについては、これまでの上司等の注意歴や、非違行為の重大性、頻度等から検討すべきですが、設問前後の場合はかなり企業秩序が乱れているといえ、基本的には懲戒処分を検討すべきではないかと思われます。また、社員Aの配置として、チームワークを必要としない他の職場への配置も検討してもよいかと考えます。

これまでの非違行為が極めて重大であり、かつ、これまでの注意・指導歴等から、本人の改善が見込めない場合、もはや懲戒や異動の問題ではなく、解雇措置も検討すべきかと考えます。

(2)　設問後段

設問後段においてもBとCが1日中口を利かないことに対し、周りの他の社員も気づかい、あるいは不快に感じ、職場全体の環境が悪化していると考えられ、早急に手立てを講じるべきです。

その際、まずは、なぜBとCの仲が悪いのか、その原因を探る必要があり

〔第2章〕 Ⅱ　業務命令違反・勤務態度不良をめぐる対応

ます。率直に上司がそれぞれから事実確認をすべきです。そして、その原因から事態を収拾する（絡み合った糸をほぐす）方法を模索し、会社としてできることがあれば検討してみましょう。

　全く両名の個人的なことであり、会社が中に入り込むべきではないこともあり得るでしょう。その場合、会社ができることには限界がありますが、ただ1つ言えることは、個人的なことであれ、職場にそのような関係を持ち込むことは、職場環境を乱し、かえって業務に支障を与えかねないことであるということです。それゆえ、会社は、そのようなことは社員としてしてはいけないことであることを諭し、両名にさとらせるべきです。

　そのような注意・指導をしたうえで、なお改善しないということであれば、就業規則に従い、懲戒（たとえば「社員としてふさわしくない言動をしたとき」等の懲戒事由による懲戒）を検討すべきでしょうし、また、場合によっては、両名を同じ職場ではなく別の職場に配置することも検討すべきでしょう。

【弁護士からのアドバイス】

　もともと会社組織は多数の者が集まって協力し合うことが前提とされており、秩序や協調性が必要不可欠のものとされています。その意味では、協調性に欠ける者は会社組織にはなじまないとされても致し方ないところかもしれません。しかし、会社としてなすべきことは、本人および周囲の者とよく話し合って、問題の原因を探りだすことです。原因がわからなければ、その対応策や改善策を検討することも不可能だからです。

（三上安雄）

16 就業時間中に会社のパソコンを使い副業を行っている社員に対して、どう対応すべきか

> 会社のパソコンを使用して副業を行っている社員がいる場合、会社は賃金カットや懲戒処分といった人事措置をしても構わないか。

A 1 副業の問題点

　　会社において副業が問題となるのは、種々の側面が考えられますが、主なものは以下のとおりです。

① もし、本設問の副業が会社の就業時間中に行われたものであるならば、その時間中はその社員は本来の会社の就業をしていないこととなり、職場離脱（職務懈怠）と同様の評価をせざるを得ません。

② 副業を行うことで、会社の秩序を乱し、あるいはその社員の心身を消耗するなどして、本業である会社での業務に支障をきたします。

③ 副業を行うことは、会社の備品や設備を勝手に就業以外の目的で使用することであり、会社に対する財産的損失をもたらし、会社が必要なときに必要な設備、備品を使用できなくする可能性もあります。

④ 会社の営業と同じような業種の副業を行う場合には、自らが就業する会社と競業関係に立ちます。

⑤ 副業を行う過程で、自らが会社に就業する過程において知り得た秘密、人脈を用いることで、それらの機密、ノウハウといった会社の内部情報が瞬時・大量に流出することがあります。

　上記①②③④は、従来からも一般的に問題とされてきましたが、⑤の問題は、近時のITの発展において強く認識されるようになった側面と思われます。⑤は67で取り上げておりますので、ここでは、それ以外のものについて、検討してみることとします。

47

2　不就労

　労働者は、出勤していればそれで済むということではないのは当然です。就業時間においては勤務に服さねばなりません。しかし、もし副業を社内で、就業時間中に行っていたとしたら、その時間は、会社本来の業務に服していませんから、不就労ということとなります。その場合、根拠規定があればその時間分につき、会社より賃金カットができます（ノーワーク・ノーペイ）。また、その程度（主に時間）によっては、懲戒事由としても考慮することができます。

　なお、タイムカードを打刻しながら就労しなかった労働者に対する懲戒解雇を有効としたケースとして東京地判昭和54・3・30労判317号26頁・中央公論社事件、業務中に職場のパソコンを使用して多数回にわたり、私的メールのやりとりをしていた教員に対する解雇（免職）を有効としたケースとして、福岡高判平成17・9・14労判903号68頁・K工業技術専門学校（私用メール）事件があります。

3　兼業の禁止

　一般的な会社は、その就業規則に、副業の禁止（副業する場合は会社の許可を得るように）の規定を設けています。ですから、副業が就業時間外であったとしても、この副業禁止に触れることが一般です。ただし、就業時間外は原則として労働者の自由に委ねられる時間ですから、副業によって会社の企業秩序を乱し、あるいは労働者の労務提供が困難になるといった場合にのみ、懲戒事由として考慮されることとなります（福岡地決昭和56・9・17労判374号速報カード19頁・国際タクシー事件）。

　なお、近年、労働者の副業については、より広く認められるべきであるとするのが社会的趨勢であることには留意すべきと思われます（厚生労働省からも、平成30年1月に、「副業・兼業の促進に関するガイドライン」が出されています）。

4　会社の備品・設備の不正使用

　会社の備品・設備は本来、その会社の業務のために使用されるべきであって、それ以外のものに用いるのは不正使用、服務規律違反となり、懲戒処分の対象となります。また、懲戒の重さは、行った不正使用の内容で判断されるべきであり、たとえば、単に会社の嗜好品を無断で使用・持出しした社員に対する解雇が無効とされた事例として、東京地決昭和49・3・19労判196号速報カード7頁・斉藤鉄工所事件があります。

5　競業避止義務違反

　労働者はその労働契約により、労働契約上の付随的義務として競業避止義務を負います（菅野153頁等）。ですから、副業で行っているビジネスが、会社の営業と同種の営業であった場合は、競業避止義務違反として、労働契約の債務不履行責任の対象となります（著しい場合は解雇になるでしょう）。また、就業規則の懲戒事由の条項に競業避止義務の条項が入っていれば、懲戒事由としても考慮できることとなります。

　ただし、パソコンを用いて行う副業は、証拠の確保が困難なことも多く、しっかりとした裏付けを得てから問題とすることが必要でしょう。この場合、証拠を確保するためにパソコンを調査することについては本書91で取り上げますので、参照してください。

【弁護士からのアドバイス】

　就業時間中のサイドビジネスの最も問題な点は、それが故意犯であるということです。解説中にあげた諸々の理由により、ことに、就業時間中のサイドビジネスは企業秩序や企業利益に対する重大な侵害行為であり、また、そのことは社会人としての常識の範疇です。それでも、あえてサイドビジネスを行うところに当該行為の悪質性があります。したがって、会社は就業時間中のサイドビジネスを看過・放置してはなりません。発覚した場合は口頭注意などで済ますことのないようにすべきです。

〔第2章〕 Ⅱ 業務命令違反・勤務態度不良をめぐる対応

> ただし、最も厳しい懲戒解雇処分を選択しうるかは、個々の事案の事
> 情（サイドビジネスの種類・内容、その期間・程度等々）によります。
>
> （岡芹健夫）

17 ダラダラと残業を行う能率の悪い社員と所定時間内に能率よく仕事を終える社員との不公平をどう回避するか。ダラダラ残業を防止するにはどうしたらよいか

> 当社では、同じような課題業務を与えても、所定時間内に終わる
> 社員もいれば、ダラダラと業務を行い、残業続きとなる能率の悪
> い社員もいる。会社としては、能率の悪い社員のほうが残業代を
> 多くもらえる不公平なしくみを回避したいところであり、また近
> 年問題化している長時間労働を防止する必要もある。このような
> ダラダラ残業を防止するには、どのように対応したらよいか。

A

1 ダラダラ残業の労働時間性

　　　　　本設問のようないわゆるダラダラ残業を行っている社員に
対する対応については、どの会社においても少なからず頭を悩ませる問題で
す。特に近年、長時間労働、サービス残業が問題化し対応を求められている
中で、不必要な残業はできるだけ削減することが会社として求められるとこ
ろです。

　そこで、まずダラダラ残業を労働時間に含まなければいけないのかという
問題が出てきますが、この点、労働時間とは、一般に、「労働者が使用者の
指揮命令下に置かれている時間のことをいい、使用者の明示又は黙示の指示
により労働者が業務に従事する時間は労働時間に当たる」（平成29年1月20日
厚生労働省「労働時間の適正な把握のために使用者が講ずべき措置に関するガイ
ドライン」、最判平成12・3・9労判778号11頁・三菱重工業長崎造船所〔一次訴

50

訟・会社側上告〕事件）とされています。

確かに、社員がダラダラ残業をしている場合は、本来であれば残業の必要のない場合も多々存在します。しかし、所定の労働時間を超過して必要な業務を行っているという事実があり、上司等が黙認しているような状況があれば、裁判で争われた場合、会社としては当該残業が労働時間にあたらないと主張することが非常に難しく、その結果として、ダラダラ残業といえども労働時間として扱われ、それが長時間労働の一因として判断されたり、また残業代を支払わざるを得ないこととなります。

そこで、会社としては、すでに行われてしまったダラダラ残業に対して労働時間性を争う方法を考えるよりも、そもそも残業をさせないよう労働時間を管理することが必要不可欠となります。

2　管理職による部下の労働時間の把握

まず、残業を抑止するための方策として、管理職が、部下の勤務状況を正確に把握したうえで仕事の配分をするとともに、職場環境を整えることが重要となります。

具体的には、管理職が、個々の部下の業務の内容、業務遂行能力、業務の効率性等を把握したうえで、所定の労働時間内で業務が終わるよう仕事量を調整するといった対応が必要となります。また、部下の仕事量が多いときには、管理職が、各業務の納期や重要性に鑑み、優先順位づけを行って業務を指示することも必要になります。

一方で、業務時間中に、部下が居眠り、私的メール、電話、ネットサーフィン等の怠業行為を行っていた場合には、管理職がそのつど、業務に真摯に集中して取り組むよう、注意・指導（場合によっては懲戒を含む）を行うことも必要となります。

このように、管理職が普段から部下の勤務状況に対して目を光らせ、所定内の労働時間で業務が終わるよう環境を整えることが、ダラダラ残業を抑止するための最も基本的なアプローチとなります。

〔第2章〕 II 業務命令違反・勤務態度不良をめぐる対応

3 ダラダラ残業防止のための労働時間の管理

次に、社員に残業をできる限りさせないよう、残業すること自体を会社が管理する方策も考えられます。具体的には、原則残業禁止としたうえで、残業が必要な場合には、管理職の許可を必要とする許可制を採用することが考えられます。また、許可制を採用しないまでも、残業する場合には、管理職に事前に残業の届出を行う事前届出制とし、本当に残業をする必要がある業務かどうかを管理職がチェックし、不要な残業を排除する機会を設けることで、残業に対する一定の抑止力が期待できます。

こうした許可制・事前届出制を導入する場合には、制度の周知、運用を徹底させることが重要となってきます。なぜなら、上記制度が存在していても、その運用が徹底されておらず、実際には、許可を得ることなく、または、事前の届出なしに残業を行っているような状況が散見され、それが放置されている場合には、会社が残業を黙認していたとして、残業代を支払わなければならないとされるリスクがあるためです。会社としては、管理職、その他社員に、制度の周知、運用を徹底させるとともに、その制度を無視して残業を行っている社員がいる場合には、注意・指導をそのつど行うことが必要です。

【弁護士からのアドバイス】

ダラダラ残業については、事後的に対処することは非常に難しい問題であり、また、これを実施すれば必ずダラダラ残業を防止できるという特効薬的な対応策は存在しません。したがって、会社としては、不要な残業を行わせないよう、普段から適切に社員の業務と労働時間を管理することが、地道な対応ではありますが、最も効果のある防止策となりますので、この点を管理職に対して徹底することが重要なポイントになると思われます。

(大村剛史)

Ⅲ

不正行為をめぐる対応

18 提出が義務付けられている営業日報で虚偽の報告を繰り返す社員に対して、どう対応すべきか

> 会社では、営業社員に対し、毎日、営業日報を上司に提出することを指示していたところ、社員の中に、虚偽の営業日報の提出を繰り返している者がいることが判明した。この場合、会社としてはどのような対応をすればよいか。

A

1 営業日報の重要性

　　　営業日報は、営業社員が営業活動に行った訪問先や、その訪問先でどのような営業を行ったのか等、営業社員の1日の行動記録を記載するものです。そして、会社は、この営業日報を見ることで、当該営業社員の営業活動等の行動を管理し、当該営業社員の評価等や今後の営業に関するアドバイスの材料とするとともに、その後の営業方針を決めていくうえでの進捗状況、今後の見込みを把握するための材料としても利用します。

　このように営業日報は、当該社員の評価を左右しうる資料となるとともに、当該会社の営業方針にも影響する資料となりますので、事実と異なる営業日報を提出することにより、会社に対する影響が不可避的に生じ、ときにはその影響が会社の信用にかかわってくるケースもあります。

　したがって、虚偽の営業日報を提出する営業社員に対しては厳しい対応を行うことが必要となります。

53

〔第2章〕 Ⅲ　不正行為をめぐる対応

2　懲戒処分の検討の必要性

　虚偽の営業日報を提出するケースでは、当該営業社員に、虚偽を記載する動機・目的が存在します。たとえば、

【例1】　営業活動をせずサボっていたことを隠ぺいするために、実際には行ってもいない取引先に行ったかの如く記載するケース

【例2】　自己評価を高くするため（あるいはノルマ達成のため）、実際には取れていない契約を取れたかのように記載するケース

等があげられます。

　こうしたケースで虚偽の営業日報の提出が繰り返しなされている場合には、会社に対する悪影響は不可避ですので、懲戒処分の検討をせざるを得ないところです。就業規則上、懲戒事由として「正当な理由なく、しばしば業務上の指示・命令に従わなかったとき」などといった規定や、「故意又は重大な過失により会社に重大な損害を与えたとき」や「会社の名誉信用を損ない、業務に重大な悪影響を及ぼす行為をしたとき」といった趣旨のものがあると思われます。後者の規定は、たとえば、【例2】の結果、取引先、営業先とトラブルが生じ、会社に具体的な損害等が生じたときに問題となりますが、こうした懲戒事由をもとに懲戒処分を検討します。

3　懲戒処分内容の判断と懲戒処分手続の進め方

　懲戒処分の内容を決定する場合には、さまざまな事情を考慮することになります。その具体的な考慮要素の参考となるのが、人事院の「懲戒処分の指針について（通知）」（平成12年3月31日職職──68最終改正平成28年9月30日職審──231）という指針です。この指針では、以下のような要素を、懲戒処分内容を決定する際に総合考慮するとしています。

　① 非違行為の動機、態様および結果

　② 故意または過失の度合い

　③ 非違行為を行った職員の職責、職責と非違行為との関係

　④ 他の職員および社会に与える影響

　⑤ 過去の非違行為の有無

⑥　その他、日頃の勤務態度や非違行為後の対応等

　本設問のような虚偽の営業日報の提出の場合には、当該行為の継続性、回数も重要な要素となりますが、当該行為による会社の損害や信用毀損等の有無が量定を左右する重要なポイントになると思われます。

　たとえば、虚偽の営業日報の提出により、結果として会社に何ら損害や信用毀損が発生しない場合には、直ちに重い処分を行うのではなく、軽い懲戒処分から進めることになります。一方で、当該虚偽の営業日報を契機として、たとえば会社と取引先との間にトラブルが生じて取引先の会社に対する信用が毀損されたり、会社に莫大な金銭的損害が生じた場合には、個々の事案にもよりますが、懲戒解雇を含めた重い処分を科す必要があるケースも出てくるものと思われます。

　また、一度懲戒処分を科された後にまた虚偽の営業日報を提出する等同じことを繰り返し行った場合には、より重い懲戒処分を科していくことになります。

　実際に懲戒処分を行う場合には、就業規則に記載のある必要な手続（たとえば懲戒委員会の開催など）に沿って懲戒を行うことになります。一方で懲戒手続が特に定められていない場合であっても、最低限当該社員に対する弁明・聴取の機会を設けることは必要不可欠です。

【弁護士からのアドバイス】

　虚偽の営業日報の提出は、社員の行動管理の点はもちろん、ときには取引先や営業先も巻き込んだトラブルを生じる危険をはらんでおり、事実に即した正確なものを出してもらう必要があります。普段から、営業社員に対しては、営業日報の重要性を認識させたうえで、こうした虚偽の営業日報を提出する社員に対しては、毅然とした対応をすることが肝要と思われます。

（大村剛史）

〔第2章〕 Ⅲ　不正行為をめぐる対応

19　会社の製品を無断で持ち出し、ネットオークションで販売し不正な利益を得ている社員に対して、どう対応すべきか

> 当社の製品を無断で持ち出してネットオークションで販売している社員に対して懲戒処分（特に懲戒解雇）や普通解雇をすることができるか。また、損害賠償請求、刑事告訴をすることができるか。

A

1　事実認定

　　　　まず上記のような対応を検討する前提として、当人が会社の製品を無断で持ち出したのか、オークションで販売したのか、事実を確認することになります。

　持ち出しの事実の確認にあたっては、倉庫等に監視カメラがあったり目撃供述が得られればその映像、供述など、当人が持ち出しを自認する供述をしているのであればその供述によることになりますが、自認については、当人が会社に迎合して虚偽の供述をすることもありますので、裏付け資料を得るなど（オークション情報の提供を受けるなど）慎重に取り扱う必要があります。

　また、オークション販売の事実の認定にあたっては、出品者の個人情報は通常オークション運営者と落札者以外の者は知ることができないと思いますので、落札者からの情報提供がない場合、当人からのオークション情報の提供や、当人の供述によることになるでしょう。

2　懲戒処分（特に懲戒解雇）

　上記事実が認定できた場合、当人に対する懲戒処分を検討することになるでしょう。

　懲戒処分を行うためには、就業規則に懲戒の種別および事由が定めてあること（最判平成15・10・10労判861号5頁・フジ興産事件）、および、当該問題行為が懲戒事由に該当し、懲戒処分を行うことについて、「客観的に合理的

56

な理由」（労契15条）が存することが必要となります。裁判では当該問題行為が規定された懲戒事由に該当するかが争われることになりますが、懲戒事由の規定について合理的に限定した解釈が行われることが多くみられます（菅野674頁）。この点、就業規則の懲戒事由として、通常、「会社の金品を盗みまたは横領したとき」、「法令に違反したとき」、「その他前各号に準ずる事由があるとき」といった事由が定められており、仮に会社の製品を持ち出したことが事実であれば、これらの事由に該当すると思われます。他方、「有罪判決が確定したとき」といった事由のみが定められていると、有罪判決が確定するまで処分ができないように理解できるので、懲戒事由該当性を慎重に検討する必要があります。

　さらに、処分の程度に関して、窃盗（他人の財物を窃取すること）や（業務上）横領（他人の物の占有者が委託の任務に背いて、その物につき権限がないのに所有者でなければできないような処分をすること。最判昭和24・3・8刑集3巻3号276頁参照）に対しては懲戒解雇をもって臨むのが通常と思われますが、法律上、「当該懲戒に係る労働者の行為の性質及び態様その他の事情に照らして……社会通念上相当」である必要があります（労契15条）。ここでは被害金額や悪質性（回数、期間等）、当人の地位、勤続、過去の処分歴等の情状、他の従業員との公平性、弁明の機会の付与等や就業規則で定めた手続の履践などがポイントになります。

　なお、労政時報3949号18頁「懲戒制度の最新実態」では、「(1)売上金100万円を使い込んだ」について「懲戒解雇74.0％」、「諭旨解雇37.0％」といった統計が示され、人事院の懲戒の指針では、「公金又は官物を横領した職員は、免職とする」、「公金又は官物を窃取した職員は、免職とする」とされているので、もちろん、前述の情状等によりますが、通常は懲戒解雇となるケースが多いと思います。

　この点、横領等の金額が小さい場合や、弁償があった場合に処分を軽くするかは問題になるでしょう。裁判例では、10万円の着服について、被解雇者が要職に就いていたこと、会社は、これまでたとえ被害金額が少額であっても、懲戒解雇等の懲戒処分をしてきたことなどから懲戒解雇を有効と判断したものがあります（大阪地判平成10・1・28 労判733号72頁・ダイエー〔朝日セ

〔第 2 章〕 Ⅲ　不正行為をめぐる対応

キュリティーシステムズ〕事件）。

　なお、懲戒解雇とした場合、退職金規程上、退職金を不支給、減額と定め
ていることもありますので、退職金との関係でも懲戒解雇でよいのか、一段
階軽く諭旨退職とするのかなど、処分の程度を検討することになります。ま
た、退職金の不支給、減額については、裁判例上、「従業員にその功労を抹
消又は減殺するほどの信義に反する行為があった場合に限られる」と解され
ていますので（東京地判平14・11・ 5 労判844号58頁・東芝〔退職金残金請求〕
事件）、懲戒解雇としても、退職金を不支給、減額としてよいのか慎重に検
討することが無難です。

3　普通解雇

　横領等の事実が認定できた場合、普通解雇事由として労働者の職場規律
（企業秩序）の違反行為を定めていることが通常と思いますので、懲戒解雇
事由にも普通解雇事由にも該当することになると思います。

　その中で、懲戒解雇となると退職金が不支給となったり、再就職が困難に
なる等労働者の不利益が大きいことに配慮したり、煩雑な懲戒手続を定めて
しまっている場合（懲戒委員会や弁明聴取等）にこの手続を避けるために、普
通解雇を選択するケースもあります。

　ただし、普通解雇についても、無制限に認められるものではなく、「客観
的に合理的な理由」（労契16条）が必要で、就業規則に規定された解雇事由
に該当するかが問題となります。会社によっては、普通解雇事由を厳しく定
めてしまっているケースも見られますので（たとえば、「懲戒解雇とされたと
き」など）、解雇事由の確認は必要です。

　また、普通解雇についても、「社会通念上相当」である必要があります
（労契16条）。

4　損害賠償請求

⑴　当人に対する損害賠償請求

　オークションの結果、通常販売価格以下の値段で売却されていたら通常販
売価格相当の損害賠償を請求し、通常を超える値段で売却されていたら落札

価格相当の損害賠償を請求したいところです。

まず、損害賠償請求の範囲については、①通常生ずべき損害（民416条1項）、および、②予見可能な特別の事情によって生じた損害（同条2項）とされています。

通常販売価格相当の損害賠償請求については、横領が行われなければ会社が通常販売価格で製品を販売して売り上げることができた「通常損害」といえ、認められやすいと思います。

他方、高値の落札価格相当の損害賠償請求については、会社が当該高値で売却することが確実で、横領した社員もこれを予見できたのであれば、会社の社員に対する当該高値の損害賠償請求が認められる余地はありますが、本設問では自社製品の横領なので、通常販売価格での販売を予定していると思われ、当該高値の損害賠償の請求は認められにくいと思います。

⑵　身元保証人に対する損害賠償請求

当人に支払い能力がなかったり、当人が支払いに応じないような場合、身元保証人に対する損害賠償を検討することもあります。ただし、身元保証については以下のような制限があります。

まず、身元保証期間については、有効期間を定める場合は5年を超えることができず、これより長い期間を定めても5年に短縮されます（身元保証ニ関スル法律2条1項）。更新については禁止しないとされていますが（同条2項）、自動更新は無効と解されますので、継続する場合には、改めて更新の手続が必要です。

次に、使用者は本人に業務上不適任または不誠実な行跡があって、そのために身元保証人に責任が生じるおそれがあることを知ったとき、および本人の任務または任地を変更し、そのために身元保証人の責任を加重し、または身元保証人による監督が困難になるときは身元保証人に通知する必要があります（同3条）。身元保証人はこうした通知によりかかる事実を知ったときは、身元保証契約を解除できるとされています（同4条）。身元保証契約が解除されれば、身元保証人に対して、身元保証契約に基づき損害賠償請求をすることはできません。

また、身元保証人の損害賠償責任およびその金額については、使用者の過

〔第2章〕 Ⅲ 不正行為をめぐる対応

失の有無、身元保証を引き受けるに至った経緯、身元保証人の注意の程度、労働者の任務・身上の変化等一切の事情を考慮して裁判所が決定すると定められており（同5条）、判決では、効力は限定的で、せいぜい2～3割程度の賠償を認めるにとどまっています。

5 刑事告訴

まず、被害者等が捜査機関に提出するものとして、

① 告訴状：被害者その他告訴権を有する一定の者が、犯人の処罰を求める（検察庁に事件が送られる）

② 告発状：誰でもでき、犯人の訴追を求める

③ 被害届：被害者が提出するもので、必ずしも処罰を求めない（捜査機関は所定の捜査を行う）

といったものがあります。当人の処罰を求めたいということであれば、会社名で告訴状を提出することが考えられます。

【弁護士からのアドバイス】

　会社が犯罪をつくり出すことはあってはならず、事実認定（特に、懲戒処分や解雇等の不利益な処分をするとき）は慎重に行う必要があります。

　特に横領やオークションでの転売については目撃者がいないことも少なくないと思いますので、仮に当人が事実を認めても、裏付けをとる努力をすべきでしょう。

　無理をして事実認定をして、懲戒解雇が無効と判断されることは、当該社員との関係でも違法となり得ますし、会社にとっても当該社員を会社に戻し、それまでの賃金（バックペイ）を支払う負担や、訴訟遂行のための多大な費用、時間、労力等の負担を負う結果となりますので、事実認定時から慎重に対応することが適切です。

(村田浩一)

20 徒歩や自転車を使って会社支給の通勤費を節約し、差額を受領している社員に対して、どう対応すべきか

> 通勤手当ルートの途中で電車から降りて歩く、または通勤費請求をしているにもかかわらず、自転車通勤している社員に対して、会社は申請内容どおりの通勤手当を支給しなければならないか。上記社員に対して、会社は懲戒処分することはできるか。懲戒処分することができる場合、どの程度の処分が可能か。

1 通勤手当は賃金か

A 雇用契約に基づく労務の提供は持参債務であり、労働者は労務を提供するために所定の場所まで赴かなければなりません（民484条）。勤務先に通勤するための費用は労働者の負担になるのが原則ですが（同485条）、就業規則等で支給基準が定められている場合は、賃金に該当します（昭和22年9月13日発基17号）。

したがって、就業規則等で支給基準が定められており、賃金に該当する場合、会社がこれを支払わなければ、基本的には労働基準法24条の賃金全額支払いの原則に違反するということになってしまいます。

もっとも、本設問のように、会社に届け出ている通勤ルートと異なる通勤ルートをとり、節約した分の通勤手当を着服していたとなれば、これは通勤手当の不正受給にあたるため、懲戒処分の対象となり得、また、これまで支払ってきた通勤手当の返金や支給金額の見直しを検討するということになると思います。

2 故意に諸手続を怠った場合、虚偽申請をした場合

一般的に、通勤手当の支給に関しては、規則等に、「会社が認める最短経路」、「通勤経路のうち、最も安い経路」といった支給条件を付けたうえ、「通勤経路に変更があった場合」、「主たる居住地に変更があった場合」に

〔第2章〕 Ⅲ　不正行為をめぐる対応

は、直ちに会社あてに変更届を提出する旨規定されています。

　このような状況において、労働者が住居変更届または通勤手当支給変更申請等の諸届を故意に怠ったり、虚偽の申請をして、本来受給すべきでない通勤手当を受給することは、会社に対する背信の度合いが強く、不正受給の金額や不正の継続期間等によっては、懲戒解雇等の非常に重い処分とせざるを得なくなる場合もあります（東京地判平成11・11・30労判777号36頁・かどや製油事件）。

　本設問では、具体的な不正受給の金額や不正期間等の詳細が明らかではありませんが、会社としては、厳しい処分をもって臨む必要があるでしょう。ただ、不正取得した金額について、全額返済をした場合には、情状の面を考えれば解雇は難しいと思われます。

3　過失により諸手続を怠ってしまった場合

　本設問のようなケースは、結構頻繁にある事象なのではないでしょうか。この場合にも、懲戒事由に該当するとして、会社は、すぐに懲戒処分をしてよいものでしょうか。

　社員が、何らかの理由（過失等）により、住居変更届や通勤手当支給変更申請等の諸届の提出を数カ月程度していなかったような場合であれば、非難すべき度合いは弱く、懲戒処分をしなければならないほどに企業秩序を乱したとはいいにくいので、直ちに懲戒処分をすることは望ましくないと思います。このようなケースが発覚した際には、当該社員から事情を聞いたうえ、過払金額を全額返済させ、口頭注意または書面による注意程度にとどめることが相当であると考えます。

【弁護士からのアドバイス】

　上記3のようなミスはよく起こりうるケースなので、会社としては、まず、届出書類に変更事項が発生した場合には、直ちに人事部まで届け出ることを日頃から周知徹底し、上記のような社員のミスを未然に防ぐように努めていくべきで、そのような対応が会社と社員との間の信頼関係を構築することになると思います。

それに対し、上記2のような悪質なケースに関しては、会社としても厳しい対応をすることが必要になります。ただ、このようなケースを発見しても、直ちに懲戒解雇等の非常に重い処分を実施するのではなく、会社側として黙認していた事実はないか、他の社員は同様の不正をしていないか、当該不正行為をした社員の弁解はどのようなものかを確認し、そのうえで、悪質な事案と判断できる場合にのみ懲戒解雇等の非常に重い処分に踏み切るべきであると思います（なお、そのような見地を考慮のうえ、懲戒解雇を無効とした裁判例として、東京地判平成18・2・7労経速1929号35頁・光輪モータース事件等）。

（根本義尚・渡辺雪彦）

21 顧客名簿等の営業秘密を他社に売却し、利益を不正に得ている社員に対して、どのような措置をとることができるか

会社の顧客名簿等の営業秘密を他社に売り、対価を取得している社員を会社は懲戒することができるか。できるとした場合、どの程度の懲戒処分が可能か。

A

1　労働者の秘密保持義務

　労働者の秘密保持義務については、就業規則に規定があればもちろんのこと、仮にそのような規定がない場合であっても労働契約の付随的義務の一種として、使用者の営業上の秘密を保持すべき義務を負っていると一般に解されています。たとえば、東京高判昭和55・2・18労民31巻1号49頁・古河鉱業事件では、「労働者は労働契約に基づく付随的義務として、信義則上、使用者の利益をことさらに害するような行為を避けるべき義務を負うが、その一つとして使用者の業務上の秘密を漏らさないとの義務を負うものと解される」と判示されているところです。

63

〔第2章〕 Ⅲ　不正行為をめぐる対応

2　不正競争防止法との関係

　前述のとおり、労働者は、労働契約の信義則上の義務として使用者の業務上の秘密を漏らさない義務を負っていると解され、かかる義務に違反した労働者に対し、使用者は、債務不履行や不法行為に基づく損害賠償請求をし得ると解されますし、また、就業規則における「業務上の秘密を漏えいした」場合や「故意または過失により会社に損害を与えた」場合について懲戒する旨の規定をもとに懲戒することも可能と考えられます。

　さらに、不正競争防止法により、差止め、損害賠償請求、さらに刑事責任の追及も可能と解されます（詳細については、67の解説を参照ください）。この場合、上記の業務上の秘密が不正競争防止法2条6項の営業秘密、すなわち、「秘密として管理されている生産方法、販売方法その他の事業活動に有用な技術上又は営業上の情報であって、公然と知られていないもの」にあたる必要があります。

　そして、顧客名簿については、会社が保有・管理している顧客名簿（以下、「顧客情報」といいます）を不正に持ち出して、これを同業他社に売却していた事案に関する裁判例で、「右顧客情報は、原告（筆者注：会社）が長年にわたって、自社商品を販売することによって得た顧客に関する住所、氏名、電話番号、購入歴等の情報である」、「原告は、本件顧客情報を同社の専用コンピュータ内にデータベース化して格納し、同社の全役員、従業員に対し、それぞれ個別のパスワード（毎月変更される。）を与え、右パスワードを使用しない限り本件顧客情報を取り出すことができ」ないなどの管理をし、「本件顧客情報について秘密として管理していた態勢、本件顧客情報の性質、内容等に照らすならば、本件顧客情報は、不正競争防止法2条4項（筆者注：現2条6項）所定の『営業秘密』に該当する」と判示している（東京地判平成11・7・23判時1694号138頁）ものがあります。つまり、会社の保有・管理する顧客名簿についても、その管理体制、情報の性質、内容等から営業秘密として保護されるということです。

64

【弁護士からのアドバイス】

　社員が秘密保持義務に違反して営業秘密を漏えいした場合、就業規則に従って懲戒処分の対象となります。問題は、その懲戒の種類です。いかなる懲戒処分が相当であるかは、①結果の重大性（営業秘密の重要性、秘密漏えいによる会社の被る損害の程度等）、②行為の態様（秘密漏えいの相手方、漏えいの方法、漏えいによる対価取得の有無等営業秘密漏えいに至った動機、目的等）、③その他情状（本人の反省の程度等）を考慮して判断すべきでしょう。たとえば、本設問でも顧客名簿等営業秘密が会社にとって極めて重要なものであり、これらの営業秘密が他社に売却されたことにより会社が被る損害が重大であるような場合には、会社としては断固たる措置として懲戒解雇を選択することも十分にあり得ると考えます。この点に関して、上記古河鉱業事件では、工場再建計画を漏えいし、その実施を妨害しようとした行為について懲戒解雇を有効と判断しています。

　なお、場合によっては、不正競争防止法21条1項4号・5号に該当するとして当該社員に対する刑事罰の追及を検討する必要もありましょう。

（三上安雄）

22　企業秘密として扱っている内部情報をインターネットで私的に公開している社員に対して、どのような対応をすべきか

> インターネットを使って、会社が秘密として扱っている内部情報を私的に公開している社員に対して、会社はどのように対処すべきか。

1　労働者の守秘義務

　労働者は、労働契約が存続中は労働契約の付随的義務の一

〔第2章〕 Ⅲ 不正行為をめぐる対応

種として、使用者の営業上の秘密を保持すべき義務を負っていると一般に解されています。そして、多くの企業において、就業規則や雇用契約書において営業秘密の保持義務を定め、秘密の漏えいを禁止しているところです。

インターネット等を利用することにより情報を大量かつ容易に伝達することができるようになった今日において、営業秘密が流出する危険とそれにより発生する損害の範囲は一層拡大しています。このような社会背景の下で、労働者の秘密漏えいを防止することはまさに使用者にとって重要な課題といえます。

2 守秘義務違反に対する対処方法

労働者が守秘義務に違反して営業上の秘密を漏えいした場合、懲戒解雇や解雇の対象となります。この点に関して、裁判例では、工場再建計画を漏えいし、この実施を妨害しようとした行為について懲戒解雇を有効としたもの（東京高判昭和55・2・18労民31巻1号49頁・古河鉱業事件）、使用者から営業上の秘密として指定されていた製作に要する工数を漏えいしたことを解雇の一事由として認めたもの（東京地判昭和43・7・16判タ226号127頁・三朝電機製作所事件）があります。

また、使用者は、義務に違反した労働者に対し、債務不履行や不法行為に基づく損害賠償を請求しうる場合があります（たとえば、秘密保持義務違反を債務不履行ないし違法行為とした裁判例として、名古屋地判昭和61・9・29労判499号75頁・美濃窯業事件）。なお、不正競争防止法により、労働者が使用者から示された「営業秘密」を「不正の利益を得る目的で、又はその保有者に損害を与える目的で」使用ないし開示する行為は、営業秘密に関する不正行為の一類型とされ（不正競争2条1項7号）、使用者はかかる開示・使用行為につき差止め（同3条1項）、損害賠償（同4条）、侵害行為を組成した物の廃棄または侵害行為に供した設備の除却（同3条2項）、信用回復の措置（同14条）等の救済を求めることができます。

さらに、平成15年の不正競争防止法改正により、労働者が使用者から示された「営業秘密」を「不正競争の目的（筆者注：平成21年改正で『不正の利益を得る目的で、又はその保有者に損害を加える目的で』と改められた）で、その

営業秘密の管理に係る任務に背き」使用ないし開示する行為が役員・従業員不正使用・開示罪（不正競争21条1項5号）として刑事罰の対象となったこと、また、平成17年の同法改正により、①退職者による営業秘密の不正使用・開示について「その在職中に、その営業秘密の管理に係る任務に背いてその営業秘密の開示の申込みをし、又はその営業秘密の使用若しくは開示について請託を受けて」という限定的な場面ではあるが、行為者に加え、その行為者が属する法人等が処罰されることになった（同21条1項6号・7号、22条1項・2項）こと、平成21年の同法改正で、任務違反による営業秘密の不正な入手行為についても処罰の対象となり、営業秘密を管理する者が、任務に違反して営業秘密が記録されている媒体を横領する、あるいは無断で複製を作成する行為なども処罰されることとなったこと（同21条1項3号）などに注意する必要があります。

3 「営業上の秘密」の該当性

　さて、上記のように労働者の秘密漏えいを問題とするには、当該漏えいの対象となった情報が「営業上の秘密」にあたる必要があります。この「営業上の秘密」の概念については、[21]で述べたとおり不正競争防止法が参考になります。

　すなわち、不正競争防止法2条6項で、「営業秘密」につき「秘密として管理されている生産方法、販売方法その他の事業活動に有用な技術上又は営業上の情報であって、公然と知られていないものをいう」と定義されています。

　したがって、使用者が当該情報をまさに秘密として管理していることが必要で、日頃から秘密として管理してこなかったような情報についてこれを漏えいした場合には、上記のような義務違反として労働者を問題とすることはできないでしょう。

　このような点で、日頃からの情報の管理体制が重要になると思われます。この管理体制については、経済産業省が平成15年1月30日付け「営業秘密管理指針」（最新改訂は、平成27年1月28日改訂）において具体的な方法を提示しており、参考になります。

〔第2章〕 Ⅲ 不正行為をめぐる対応

【弁護士からのアドバイス】

　会社の内部情報を保護するために最も有効な手段は、いうまでもなく自己管理です。「適切な自己管理を行っているにもかかわらず不正な侵害を受けた場合に初めて救済される」ともいわれています。この意味で、秘密管理性の要件は極めて重要です。

　秘密管理性が認められるための一般な要件ですが、第1に、その情報に対するアクセスを制限し（たとえば金庫に入れておく）、第2に、アクセスした者が秘密であることを認識できるような手段を講じることです（たとえば「部外秘」の記載を行う）。

　さらに、アクセスした者に秘密保持を義務付けることも重要で、これは就業規則によるものが一般的ですが、さらに重要な営業秘密に接する社員には、個別に誓約書をとって、秘密保持義務を加重しておくことも有益と思われます。

（三上安雄）

---

23 接待費の不正受領が明らかになった場合、懲戒処分にするにはどうすればよいか。また退職の際、一方的に退職金と相殺することは問題ないか

接待費を偽って申請し、私的な飲食費にあてている社員を会社は懲戒することができるか。できるとした場合、どの程度の懲戒が必要か。また、不正に受給していた接待費の返還を求めたいが、当該社員が退職することになり、かつ退職金が出る場合、退職金と相殺することはできるか。

A

1 接待費を私的な飲食にあてる行為

　　　　　営業社員などの社員は、接待費をある程度の範囲内で、自己の裁量において支出する権限が与えられている場合があります。このような場合に、当該社員がその権限を濫用して専ら私的な飲食に接待費をあてる

といった行為が判明した場合には、その行為は刑法上は詐欺罪（刑246条）にも該当しうる非常に悪質なものといえますので、会社は厳然たる措置を講じなければなりません。

2　接待費を偽った社員を懲戒できるか

まず、会社はこのように接待費を私的な飲食にあてている社員を懲戒できるでしょうか。

第1に、就業規則に規定があることが必要です。多くの会社の就業規則には、「金銭の横領その他刑法に触れるような行為をしたとき」、「会社内における窃盗、横領、傷害等刑法犯に該当する行為があったとき」などの定めが就業規則の「賞罰」または「懲戒」、「制裁」といった項目に定められているものと思いますので、これらの規定によって懲戒を行うことができます。

第2に、その行為があったことを裏付ける証拠が必要です。その証拠としては、偽って接待費を申請した際の申請書、私的な飲食をしたことについての社員本人ないし関係者の供述等が考えられます。もし、これらの証拠が不十分なまま無理に懲戒処分を行った場合、懲戒処分が訴訟で争われると、その処分が無効となってしまう可能性があります。このため、証拠が揃わない場合（社員本人があくまで事実を否定し、その他の客観的証拠が揃わない場合など）は懲戒処分を行うべきではありません。配置転換等の人事措置を検討すべきでしょう。

第3に、適正手続の観点から、懲戒処分を実施するにあたって、本人に弁明の機会を与える手続を行っておくことが肝要です。すなわち、本人に対し、懲戒の対象となっている事由を告げ、認否や反論の機会を与えるというものです。

弁明手続を行っていなかったことだけで直ちに無効にはならないとしても、弁明手続を行っていなければ裁判等で争点の1つになり、被処分者から会社の認識とは異なる思いもよらぬ主張がなされ、懲戒事由となっている事実関係自体の存否や評価が覆るということがあり得ますので、そういった事態を防止するためにも、弁明手続を行っておくべきであると考えます。

なお、就業規則や労働協約に懲戒委員会の開催や労働組合との協議を経な

〔第2章〕 Ⅲ 不正行為をめぐる対応

ければならない旨規定されている場合は、その手続を欠くと、それだけで懲戒処分が無効になってしまう可能性がありますので、就業規則や労働協約の確認も忘れないようにしてください。

3 懲戒処分の程度

では、本設問の事例の場合に、どの程度の懲戒処分が可能でしょうか。

本設問の事例は確かに悪質なケースといえますが、いきなり懲戒解雇を行うことができるかというと若干の疑問が残ります。

この点、労働契約法15条は、「労働者の行為の性質及び態様その他の事情に照らして……社会通念上相当」であることを求めており、処分事由が存在したとしても、処分の程度が当該事由の性質や態様、被処分者の反省の有無や日頃の勤務状況等に鑑みて重すぎれば、懲戒処分は権利濫用で無効になってしまいます。

したがって、事案が軽微（金額が少額であり、かつ、反復継続して行われたものでもない）であれば、いきなり懲戒解雇にすべきではなく、厳しくしても減給・出勤停止程度にとどめておいたほうがよいでしょう。

他方、事案が重大である場合（着服した金額が多額であったり、長期間反復継続してなされている）は、基本的には懲戒解雇が相当といえます。

ただ、反省の情を述べ被害金額を返還しているような場合や、今まで懲戒処分を受けたことがなく通常の勤務態度もまじめであったというような場合は、事案の重大性の程度にもよりますが、懲戒解雇は避けたほうがよいというケースもあると思います。

4 退職金との相殺の可否

本設問のような着服事案では、懲戒解雇までは行えなくても退職勧奨を行う余地は十分にあると思われますが、仮にこの社員が退職勧奨に応じて退職することとなった場合に、会社としては退職金と相殺することで着服された金額を確実に回収したいと考えるのが自然かと思います。しかしながら、退職金は、支給条件が就業規則等によって明確化されていれば、労働基準法11条の賃金に該当しますので、会社が、会社の社員に対する退職金債務と社員

70

の会社に対する債務を相殺することは、労働基準法24条1項の賃金全額払い原則に抵触しないかどうかが問題になるところです。

　上記賃金全額払い原則は法令や労使協定がない場合の控除のみならず、使用者からの一方的な相殺についても禁止する趣旨と解されていますが、労働者から同意を得て相殺を行う場合は、当該同意が労働者の自由意思に基づいてなされたものと認めるに足る合理的理由が客観的に存在すれば、賃金全額払い原則には反しないとされています（最判平成2・11・26労判584号16頁・日新製鋼事件）。そこで、社員の同意を得たことは合意書等の形で書面化しておくべきですし、同意を得たプロセスについても記録に残しておくのが望ましいといえます。

　なお、学説上、合意により相殺を行う場合にも、労使協定で退職金から控除できる旨定めておく必要があるとの見解もありますが（菅野438頁）、裁判例上特に労使協定の定めは求められていません。

　また、相殺の限度額について、労使協定に基づき賃金から控除する場合は、民事執行法152条・民法510条に照らして控除限度額は賃金額の4分の1までとされていますが（東京地判平成21・11・16労判1001号39頁・不二タクシー事件）、合意相殺による場合はそのような制限は課されないとした裁判例があります（大阪地判昭和59・10・31労判443号55頁・大鉄工業事件）。

【弁護士からのアドバイス】

　上記のように、社員の懲戒処分を行う場合には、証拠の確保、手続の履行、あるいは事案の悪質性の吟味など、さまざまな点で慎重な検討をしなければなりません。本設問のようなケースにおいては、特に本人が接待費の私用を否認することが予想されますが、懲戒処分するには、客観的証拠または本人の自白が必要になるところです。

（大山圭介・渡辺雪彦）

〔第2章〕 Ⅲ 不正行為をめぐる対応

24 システム部門の社員がアクセス権限を悪用し、ライバル業者に秘密情報を流している事実が判明した場合、どのような対応をすべきか

> 当社製品の秘密情報が、ライバル業者に流出しているのではないかと思われる状況が発生した。事実関係を調査した結果、当社システム部門の社員がアクセス権限を悪用して秘密情報を入手していることまでは判明したが、当社としては、どのような対応をとることが可能か。

1 社員への対応

(1) 秘密保持義務

21で説明したとおり、社員は会社に対して秘密保持義務を負っています。その根拠は、会社と社員との間の労働契約そのものに求めることが可能であり（菅野151頁）、また、多くの会社では就業規則に社員の秘密保持義務が規定されていたり、入社時誓約書にその旨が規定されていたりしますので、それらに根拠を求めることも可能です。

本設問の事案においては、調査の結果、当該社員が秘密情報を流出させたことが疑われる状況ですので、当該社員に対しては、まずは、直接、調査の結果を示して、秘密情報を入手した理由や、入手した秘密情報を外部に流出させた事実の有無について、ヒアリング調査を行うことが可能であり、必要であるといえます。社員がヒアリング調査を拒否した場合には、そのこと自体が会社命令に違反したことになりますので、これ（ヒアリング調査を拒否したこと）を理由とする懲戒処分を行うことが可能です。

また、秘密情報が、当該秘密情報を保有している部門で厳密に管理されており、当該部門から流出したものではないといえるような状況であり、しかも、秘密情報を入手した社員が設問の社員のみであるという状況であれば、当該社員が秘密情報を流出させた疑いはかなり強まることになります。そのような状況で、社員が合理的な理由なくヒアリング調査に応じない場合や、

ヒアリング調査に応じたとしても、秘密情報入手の理由やその後の保管状況について合理的な説明をすることができないような場合には、社員が秘密情報を流出させたことを認めていなくても、秘密情報の流出は当該社員によるものと認定することは可能であると考えられます。

(2) 懲戒処分・損害賠償

上記の場合には、社員に対しては、秘密保持義務違反を理由とする懲戒処分を実施することや（ただし、懲戒処分を実施する前に、社員に対して告知聴聞の機会を設けることが必要です）、会社が被った損害の賠償請求をすることが可能となります（民415条、709条）。

(3) 不正競争防止法に基づく責任追及

さらに、秘密情報が、不正競争防止法上の「営業秘密」にあたる場合は、当該社員は同法による罰則規定の適用を受ける可能性もあります。具体的には、当該秘密情報が、①秘密として管理されていること（秘密管理性）、②有用な技術上または営業上の情報であること（有用性）、③公然と知られていないこと（非公知性）のすべてを満たす場合には（不正競争2条6項）、同法の「営業秘密」にあたることになります。そして、社員がシステム権限を悪用して当該秘密情報を入手した行為は、不正な手段による取得行為（不正競争2条1項4号）にあたりますので、その結果、当該社員は10年以下の懲役もしくは2000万円以下の罰金またはその両方という罰則を受ける（不正競争21条）ことになるのです。会社としては、社員に刑事責任を負わせることは本意ではありませんが、社員が不合理な弁解に終始するようであれば、このような罰則規定があることを教示したうえで、任意の供述を促すことも選択肢の1つです。特に、最終的にはライバル業者に対する損害賠償請求を考えているのであれば、当該社員に対する懲戒処分や刑事責任よりも、情報の入手を優先するという判断もあり得るでしょう。

また、秘密情報が不正競争防止法の「営業秘密」にあたる場合は、損害賠償請求が容易になるという効果もあります。すなわち、損害賠償請求をするためには、損害賠償請求をしようとする者が、損害が発生した事実、および、行為と損害との因果関係を証明しなければならないのですが、不正競争防止法では、これらの要件を緩和しているのです。具体的には、会社が、ラ

〔第2章〕 Ⅲ 不正行為をめぐる対応

イバル業者により当該秘密情報が不正に取得されたこと、および、ライバル業者が当該秘密情報により生産可能な製品を生産していることを証明した場合には、ライバル業者が当該秘密情報を使用して製品を生産したものと推定されることになります（不正競争5条の2）。さらに、同法5条により損害額も推定されることが可能となり、同法9条により裁判所が損害額を認定することも可能とされています。ただ、実際には、損害賠償額は高額となることが多く、本設問のケースでも、社員個人には負担しきれないと思われますので、当該社員だけでなくライバル業者に対しても請求することになるものと思われます。

2 ライバル業者への対応

会社製品の秘密情報がライバル業者に流出していることを推認させる情報が不十分な段階では、まずは情報の収集に努めることを優先するべきですが、当該社員と当該ライバル業者との接点が判明するなど、ある程度高いレベルの情報を入手することができた段階では、ライバル業者に対して、会社製品の秘密情報を利用していると思われる状況を具体的に記載し、これに対する説明を依頼する書簡を発送することや、「仮に当社製品の秘密情報を利用しているのであれば、その利用は直ちに取りやめていただきたい」旨の申入書を発送することが考えられます。

さらに進んで、ライバル業者が、社員と共同して、秘密情報を違法に入手していたことが判明した場合には、ライバル業者に対しては、民法709条に基づく損害賠償請求をすることができます。

さらに、秘密情報が不正競争防止法上の「営業秘密」に該当する場合には、上記のように、緩和された立証責任の下で損害賠償請求をすることができるとともに、秘密情報を用いて製品を製造することや、すでに製造した製品の販売の差止請求をすることができます（不正競争3条）。

また、同法の企業に対する罰則は、個人に対する罰則よりも重く、5億円以下の罰金（国内の場合。海外における営業秘密の不正使用等を目的とする場合は10億円以下の罰金）とされています（不正競争21条、22条）ので、これらの適用を求めて告訴をすることも可能です（手続としては、まずは弁護士に相談

したり、不正競争防止法を所管している経済産業省の「知財総合支援窓口」に相談したりすることが現実的でしょう）。

【弁護士からのアドバイス】

　上記のように、民法に基づく損害賠償請求は可能ですが、それよりも会社にとって有利な不正競争防止法に基づく手段をとるためには、「会社製品の秘密情報」が同法上の「秘密情報」にあたることが必要です。そのためには、普段から、社内で情報の管理に留意すること、特に、情報の秘密度を分類・明示し、秘密度の高い情報については、アクセスすることができる者を、物理的にもシステム的にも限定しておくことが肝要でしょう。

　しかし、不正競争防止法に基づく手段がとれたとしても、それは情報流出後の、いわば事後的な措置です。秘密情報については、流出を防止することが最も重要な措置ですので、この際ばかりは性悪説をとって、社員による情報流出があり得るとの前提に立ち、社員が秘密情報にアクセスした場合や、秘密情報をダウンロードした場合などには、管理者にその旨が通知されるしくみなど、事前の検知措置をとっておくことが適切です。このような事前の検知措置については、経済産業省が実施した「企業における営業秘密管理に関する実態調査」（平成29年3月17日）によれば、大規模企業では76.7％の企業が実施していますが、中小規模企業では23.9％の企業しか実施していません。また、検知措置を実施していることを社内で周知することは、それ自体が営業秘密の漏えいを未然に防ぐ効果があるとされており、大規模企業では63.1％以上がそのような取組みを実施することができている一方で、中小規模企業では16.7％しか実施できていません。この問題は、中小規模企業にとってこそ、特に重要な問題であるといえるでしょう。

（小池啓介）

〔第2章〕 Ⅳ 職場外・私生活上の問題への対応

Ⅳ

職場外・私生活上の問題への対応

25 多額の借財を抱えていたり、自己破産を申し立てるなど、金銭管理能力に問題がある社員に対して、どう対応するか

社員が自己破産申立てを行い破産した場合や、多重債務者として
サラ金業者等から取立てに追われ、会社にまで債権者から督促が
きたり、給料債権が差し押さえられた場合に、会社はそれぞれど
う対処すべきか。

A ### 1 破産した社員を解雇できるか

　　　　　　　　本設問のように、社員が破産するケースは多くの会社であ
ることと思います。このような社員について、まず会社は普通解雇や懲戒解
雇などの措置をとりうるのでしょうか。

　これについては、多額の債務がある、あるいは破産の申立てをする、さら
には破産するといった事情は会社外の問題ですから、会社に対して普通解雇
や懲戒解雇を相当とするような具体的影響がない限りは、基本的に普通解雇
や懲戒解雇の理由とはなり得ないと考えられます。すなわち、ただ単に債務
が多いというだけの状態では、通常は会社の業務に何らの影響も生じませ
ん。また、破産を申し立てた段階においても申立人たる社員の地位には何ら
の法律効果は生じないので、会社の業務にも何らの影響を及ぼしません。

　さらに、破産手続開始決定が出た段階においても、個人破産事件の多くは
同時廃止（破産手続開始と同時に破産手続が終了すること）となりますので、

76

居住の制限等の拘束を受けることもなく、会社での業務に何らの法律的制限を加えられるものではありません。

したがって、単に多額の債務がある、破産の申立てをしている、さらには破産したといった事情により、社員を普通解雇ないし懲戒解雇することはできないのが原則です。

2　会社にまで債権者から督促がきた場合の対応

確かに本設問の場合のように、サラ金業者等に「会社にまで債権者から督促がきたり」されると会社としては当惑してしまいますが、それは債務者たる社員の責任というより、むしろ貸金業法に違反するような方法で督促を行う債権者に問題があるものともいえますので、それゆえに社員を普通解雇・懲戒解雇する理由にはならないと思われます。このような債権者からの取立ての電話に対しては、会社としては通常の電話対応を行えば足りるのですが、ときには債権者に対しても「今は業務中なので、会社の業務に支障をきたすような電話はやめてもらいたい」などといった毅然とした対応をすることも重要でしょう。

3　給料債権が差し押さえられた場合

また、本設問のように、社員の給料について裁判所の命令による「給料債権の差押え」がなされることもありますが、これについては（社員がすでに退職した等の事情がない限り）拒否することはできませんので、裁判所の命令に従って、給料債権の一部を債権者が指定する方法等で支払う手続をとることになります。しかし、会社がこのような手続をとったからといって、会社の業務が混乱したり支障が生じたりするものではありませんので、やはり当該社員を解雇する理由にはならないものと思われます。

4　当該社員の配置換え

このように、社員が多重債務を抱えている、あるいは破産したといった場合には、会社としては当該社員を解雇することは原則としてできないのですが、このような社員をたとえば経理担当などにしておくべきではありませ

ん。したがって、社内における配置の面で、多重債務を抱えたり破産した社員を「お金を直接扱わない」部署に配置換えすることは許容されるものと思われます。

【弁護士からのアドバイス】

「破産」という言葉は、一般の方には相当な衝撃を与えるものと思われますが、誤解をおそれず要約すれば、「経済的な失敗は一度は許してあげますよ」、ということです。したがって、警備員、金融商品取引業者等の外務員などの専門的職業や弁護士等の資格者でなければ、法的な制約や不利益はほとんど受けません。労務管理においても同様で、個人破産を理由に会社が法的な制約や不利益を課すことは原則として認められていません。

ただし、破産事件のために業務が疎かになったり、仕事に身が入らない状態が続くようであれば、上司が早めに注意しなければなりません。破産事件それ自体は業務遅滞の理由にはなりませんが、業務への影響の有無は、慎重に見極める必要があります。当該社員に対しては、会社のほうから相談に乗るなどして面談の機会をもち、当該社員から背景事情などを提供させることがよいでしょう。事情によっては、現金を扱う部署や、経理業務から外すことが必要になるかもしれません。

なお、職場の上司や同僚が連帯保証人になっていたり、金銭を貸していたケースもまま見受けられます。このような事態になると、その職場の人間関係が壊れてしまうこともありますので、職場内での金銭の貸し借りや保証契約を締結することは厳に慎むべきです。

（大山圭介・小池啓介）

26 職場外で酒に酔い、同僚に暴力を振るった社員を 懲戒処分することができるか

会社の同僚と酒を飲み、けんかになって暴力を振るった場合、会社は懲戒することができるか。できるとした場合、どの程度の懲戒が可能か。

1 職場外の行為を理由とする懲戒処分

労働者は労働契約に付随する誠実義務を負い、これにより労働者は職場外の行為に関しても、企業秩序を乱すことのないようにすべきであって、この義務に違反した場合には懲戒権に服するものと考えられています。判例においても、「営利を目的とする会社がその名誉、信用その他相当の社会的評価を維持することは、会社の存立ないし事業の運営にとって不可欠であるから、会社の社会的評価に重大な悪影響を与えるような従業員の行為については、それが職務遂行と直接関係のない私生活上で行われたものであっても、これに対して会社の規制を及ぼしうることは当然認められなければならない」（最判昭和49・3・15労判198号23頁・日本鋼管事件）として、職場外、私生活上の行為であっても、企業の社会的評価が毀損される場合、あるいは事業活動に支障をきたす場合には、企業秩序維持のための懲戒の対象になりうるものとされています。

2 懲戒権行使の判断基準

職場外の非行に対する懲戒がどのような場合に許されるかについては、上記日本鋼管事件の示した判断基準が参考になります。同事件では、「必ずしも具体的な業務阻害の結果や取引上の不利益の発生を必要とするものではないが、当該行為の性質、情状のほか、会社の事業の種類・態様・規模、会社の経済界に占める地位、経営方針及びその従業員の会社における地位・職種等諸般の事情から総合的に判断して、右行為により会社の社会的評価に及ぼす悪影響が相当重大であると客観的に評価される場合でなければならない」

79

〔第2章〕 Ⅳ 職場外・私生活上の問題への対応

とされています。

このような判例の判断からすると、結局のところ、諸般の事情を総合的に考慮して、企業の社会的評価が相当程度毀損された場合、あるいは事業活動に相当程度支障をきたした場合に懲戒処分が認められると考えられます。

3 本設問の検討

懲戒権行使の是非、および懲戒の種類を検討するにあたって、当該暴行の態様、傷害の有無、程度等から当該行為が会社の社会的評価に及ぼす悪影響が相当重大といえるかがポイントになると思われます。

たとえば、傷害の程度が重く、新聞等で会社名が報道されるなどして会社の社会的評価が著しく毀損されたような場合には、懲戒解雇処分も検討すべきでしょう。

その程度に至らないような場合には、傷害の程度、示談の有無、本人の反省の程度、暴行事件によって生じた事業運営の支障の程度等から懲戒処分の要否および懲戒処分の種類を検討することになるかと思います。

なお、参考までに、裁判例では、同僚に対する暴行ではありませんが、寄宿先の婦人と家主とのけんかに加わり、家主を3、4回殴ったという事案につき、その程度では懲戒解雇には相当しないとしたもの（佐賀地判昭和51・9・17労判260号32頁・日本農薬事件）があります。

また、人事院の「懲戒処分の指針について（通知）」（平成12年3月31日職職──68最終改正平成28年9月30日職審──231）では、人を傷害した職員に対して「停職又は減給」、暴行またはけんかをした職員が人を傷害するに至らなかったときは「減給または戒告」という処分基準を示しています。

以上のとおり、上記人事院の懲戒指針の基準も1つの目安にしながら、上記のとおり傷害の有無・程度、会社の社会的信用毀損の程度などを斟酌し処分の程度を判断することになろうかと思います。

【弁護士からのアドバイス】

企業の懲戒処分は、企業秩序の維持のために認められたものであり、国家の刑罰権のようにあらゆる行為を対象とするものではありません。

したがって、職場外または業務外のいわゆる「私生活上の行為」は、原則として懲戒処分の対象とはなりません。　　　　　　　　　　（三上安雄）

27 休日に飲酒運転をして重大な事故を起こし、社員が逮捕された場合、どう対応すべきか

> 休日に飲酒運転で死亡事故を起こし逮捕された社員に対し、会社はどのような対応をすべきか。

1　飲酒運転に関する法的規制

(1)　刑事罰

飲酒運転をすることは、以下の法律に違反し、刑事罰の対象になります。

① 　道路交通法117条の2の2第3号（酒気帯び運転：血液1mℓ中のアルコール濃度が0.3mg以上または呼気1ℓ中のアルコール濃度が0.15mg以上での運転）……3年以下の懲役または50万円以下の罰金

② 　同法117条の2第1号（酒酔い運転：アルコールの影響により正常な運転ができないおそれがある状態での運転）……5年以下の懲役または100万円以下の罰金

加えて、飲酒した状態で事故を起こし、人を死亡させた場合、以下の重大な犯罪（危険運転致死罪）に該当する可能性が高いと考えられます。

① 　自動車運転死傷行為処罰法2条1号（アルコールの影響により正常な運転が困難な状態で自動車を走行させる行為により人を死亡させた場合）……1年以上の懲役（他の罪がない場合、上限は20年（刑12条1項））

② 　同法3条1項（アルコールの影響により、その走行中に正常な運転に支障が生じるおそれがある状態で、自動車を運転して、当該おそれにより正常な運転が困難な状態に陥って人を死亡させた場合）……15年以下の懲役

(2)　行政処分

飲酒運転により人を死亡させた場合、処分の重さは、アルコールの量や飲

〔第2章〕 IV 職場外・私生活上の問題への対応

酒と事故の因果関係の有無、過去の違反歴にもよりますが、もっとも軽度な違反である酒気帯び運転のみであっても、少なくとも13点の違反点数になり、最低でも90日の免許停止処分になります。また、危険運転致死罪に該当した場合、62点（特定違反行為）の違反点数が加算され、最低でも免許取消し（8年間免許再取得不可）となります。

2 懲戒処分

飲酒運転は、1で述べたとおり重大な犯罪行為であり、死亡事故を起こしたとなれば、強く非難されるべき行為です。

もっとも、本設問では、社員が飲酒運転による死亡事故を起こしたのは休日であり、当該事故は、私生活上の非違行為にあたります。

私生活上の非違行為について懲戒処分を行うためには、前提として、当該行為が懲戒の対象になる旨、就業規則に定められている必要があります。

また、懲戒処分は、非違行為により損なわれた企業秩序の回復を目的とするものであることから、業務とは直接関係のない私生活上の非違行為を処分の対象とすることは謙抑的に考えるべきであり、単に飲酒運転が社会的に強く非難される犯罪行為であるとの理由だけで短絡的に重い処分をすべきではありません。飲酒運転によってどのように企業秩序が害されたのか（たとえば、社名が報道されて会社の名誉が害された、急に当該社員が不在となり、他の社員に迷惑がかかった等）を具体的に検討して、処分の程度を決める必要があると考えられます。

判例（最判昭和49・3・15労判198号23頁・日本鋼管事件）でも、業務と関係のない「従業員の不名誉な行為が会社の体面を著しく汚した」というためには、「当該行為の性質、情状のほか、会社の事業の種類・態様・規模、会社の経済界に占める地位、経営方針及びその従業員の会社における地位・職種等諸般の事情から総合的に判断して、右行為により会社の社会的評価に及ぼす悪影響が相当重大であると客観的に評価される場合でなければならない」と判示されており、私生活上の非違行為については、諸般の事情を総合考慮して、慎重に判断をすべきと考えられます。

また、飲酒運転については、飲酒運転による悲惨な事故が多発したことを

受けて、法改正による厳罰化の動きが高まるとともに、公務員については、事故等を伴わない、あるいは軽微な物損事故にとどまった場合でも、飲酒運転の場合は懲戒免職処分とする事例が増加しました。しかし、管理職が酒気帯び運転で物損事故を起こして広く報道がされたような場合（東京高判平成24・8・16労働判例ジャーナル9号8頁・千葉県〔懲戒免職処分〕事件）に、懲戒免職処分の効力を否定した事例もあり、特に解雇処分を行う場合には、無効とされた場合のリスクを考慮して、慎重な検討が必要になります。

【弁護士からのアドバイス】

　社員が逮捕されたことを知った場合、最初に実施すべきなのは、事実関係を確認するため、社員と連絡をとることを試みることです。具体的には、①勾留されている警察署に接見に行く、②接見が禁止されている場合は、家族や弁護人を通じて、本人の言い分を聞くという作業を通じて、社員が飲酒運転により死亡事故を起こしたことを認めているのか、それとも争っているのか確認することが必要になります。

　社員が事実を認めている場合は、死亡事故を起こしたという事実は軽視できず、また、飲酒運転での死亡事故となれば、公判請求がされ、実刑判決を受ける可能性が高いと思われますので、現実的にも当面勤務することは困難と考えられます。そのため、この場合は、解雇処分を検討すべきと考えられますが、解雇処分を行うことは、上述したとおりリスクが否定できませんので、解雇処分をするに先立ち、本人に対し、上記の理由から雇用継続が困難と思われることを説明し、退職に同意してもらうことも検討することがよいでしょう。

　また、本人が事実関係を否認している場合は、刑事裁判で無罪となった際に、懲戒処分が無効となる可能性が高いため、懲戒処分については、刑事裁判が確定するまで控えることが望ましいと考えられます。もっとも、否認事件の刑事裁判は年単位で時間がかかることが多く、社会保険料の負担等の関係で、それまで結論を待つことは避けたいということであれば、退職勧奨を行うか、退職に同意しない場合は、起訴された時点でリスクをとって懲戒処分を行うことを検討することになります。

〔第2章〕 Ⅳ　職場外・私生活上の問題への対応

（高亮）

28　違法薬物の自己使用や同僚への違法販売が明らかになった場合、どう対応すべきか

> 社員が大麻など違法な薬物を自己使用したり会社の同僚に販売したことが明らかとなった場合、会社はどのように対処すべきか。

A

1　従業員の業務外における非違行為と懲戒

　　　従業員は使用者に雇用される労働者ですが、労働者とは、基本的には、労務を提供しその対価（賃金）を得るのが契約上の立場です。したがって、26で説明したとおり、従業員は職場外の行為、ひいては業務に関係のない私的行為については、懲戒の対象にならないのが原則ではあります。

　しかし、職場外の行為、業務に関係のない私的行為といっても、ここで問題となっている違法な薬物にかかわる行為をみるまでもなく、公務執行妨害行為、昨今社会的批判が強い飲酒運転等（27）、使用者の業務に直接には関連しなくとも、使用者の体面、名誉、信用を毀損したり、企業内の秩序を害したりする（そのおそれがある）など、現実に使用者の円滑な運営に支障をきたすおそれのある行為が多々あるのも事実です。このような場合にまで、職場外の行為、私的行為として、当該行為者に対して使用者が懲戒権を行使できないのは不合理であり、下記裁判例においても、懲戒権の行使が認められたものも少なくありません。ただし、上記の原則にも鑑みれば、業務上における行為と比較して、やはり懲戒権の行使において慎重を期さねばならない側面もあります。

2　裁判例の俯瞰

　職場外の私的行為を理由とする懲戒権の行使に関する最高裁判所の判例を

84

簡単に俯瞰すれば、最判昭和49・2・28労判196号24頁・国鉄中国支社事件、最判昭和49・3・15労判198号23頁・日本鋼管事件、あるいは最判昭和58・9・8労判415号29頁・関西電力事件があがります。上記国鉄中国支社事件では、職場外の行為であっても、企業秩序に直接関連するものおよび企業の社会的評価を毀損するおそれのあるものは企業秩序による規制の対象、すなわち懲戒の対象となると解し、公務執行妨害行為を理由とする懲戒免職処分を有効としています。一方、上記日本鋼管事件においては、職場外での刑事特別法違反の罪により逮捕・拘留された行為について、使用者の企業としての社会的評価を若干低下させたことは認めつつも、破廉恥な動機、目的によるものではなく、使用者が従業員約3万名の大企業であることや当該従業員の地位が工員にすぎないことを総合勘案するに、会社の対面を著しく汚したとするには不十分として、懲戒解雇を無効としています。

なお、最後の関西電力事件は、職場外の行為（会社社宅でのビラ配付）であっても、内容が事実と異なったり歪曲誇張して使用者を誹謗するようなものである場合、労働者の使用者に対する不信感を醸成して企業秩序を害するおそれがあるとして、懲戒処分を有効としています。ただし、関西電力事件は、国鉄中国支社事件や日本鋼管事件とは違い、懲戒処分の程度が譴責処分と軽いものであるため、前の2事件と同列には論じられないところではあります。

3　本設問へのあてはめ

さて、ここまで述べてきたことを前提に、本設問を検討してみます。

本設問では、違法な薬物の自己使用や同僚への販売といった行為が問題とされておりますが、これらは、いずれも会社の業務に関連する行為とはいえませんが、特に後者（同僚への販売）の場合、必ずしも職場外での行為とは限らず、また、純然たる私的行為とは限らない場合もあります。

したがって、多少、場合を分けて検討することが必要です。

(1)　職場内での場合

職場内でこうした行為を行った場合、それが使用者の企業秩序を大きく侵害することは明白であり、懲戒処分の対象となることはもちろん、重度の処

〔第2章〕 Ⅳ 職場外・私生活上の問題への対応

分をもって臨む必要があるのはいうまでもありません。この場合、違法な薬
物の同僚への販売行為はもちろん、自己使用であっても、違法行為、それも
模倣性がある（だからこそ、大麻などの薬物使用は特に強度の違法行為とされて
いるところです）行為を行うことは、自己使用者自身の反社会的行為である
のみならず、周囲に与える悪影響（厳密にはその危険性）は多大なものがあ
るところです。懲戒処分の程度としては、今後、いかような社会的常識、社
会規範の変遷があるかもしれませんが、少なくとも現状を前提とすれば、懲
戒解雇をもって臨むしかないと思われます。

(2) 職場外での場合

　職場外での場合は、上記1で述べた原則（職場外の行為、私的行為について
は、懲戒の対象にならない）との関係が、一応問題とはなります。しかしま
ず、同僚への販売行為の場合でいえば、それが職場内であろうと職場外であ
ろうと、その行為の性格（違法薬物の販売）からすれば、企業秩序、信用ひ
いては企業の存立（特に社員の健康）に極めて危険な行為であり、これも強
度の懲戒処分をもって臨むしかないと思われます。

　違法な薬物の自己使用の場合ですが、これは、真実、自己使用にとどまっ
ている場合は、本人の自損行為的な側面が強く、少なくとも一次的には、他
に迷惑をかけていないこともあり、その自己使用が社会に明らかになり会社
の信用を毀損する（あるいはそのおそれが生ずる）といった事態が生ずればと
もかく、そうでない場合は、懲戒処分をなすにしても、懲戒解雇などの強度
の懲戒をもって臨むか否かは、迷う余地がないとはいえないでしょう。しか
し、自己使用といっても、大麻・覚せい剤といった場合は、その反社会性の
度合いは極めて強く、特段に宥恕すべき事情が見当たらないような場合は、
やはり重度の懲戒処分をもって臨むのが原則と思われます。

【弁護士からのアドバイス】

　昨今、特に飲酒運転への厳重処分の例などで顕著ですが、コンプライ
アンスは企業に対してのみならず、企業で就業する労働者に対しても、
強く求められてきています。これは、著者（現在弁護士歴24年）の経験
でいってもそうなのですが、企業内の不祥事が企業の業績、ひいては企

業の存続にまで直接的に影響を及ぼすという因果関係が年々強くなってきていることを実感しています（IT化の影響もあるでしょうが、インターネットのない1980年代の米国でもすでにみられていた現象ですので、やはり、社会の意識の深化が基本的な背景と思われます）。

こうした社会的趨勢からすれば、会社としては、社員の法令違反行為は、仮にそれが職場外のものであり、会社の業務に直接または形に表れる支障がない場合であっても、従来よりもより強い姿勢をもって臨む必要があると思われます。本設問は薬物問題ですが、上記の交通事犯（特に、交通3悪たる無免許運転、飲酒運転、著しい速度超過、さらにはひき逃げなど）、破廉恥行為（痴漢など）、文書偽造（それも公的なもの）といった行為について、緩慢に処置すれば、何らかの形で社会から指弾を受ける可能性も強くなっていることは留意すべきと思われます。　**（岡芹健夫）**

29　未成年者への買春行為や痴漢行為などで逮捕された社員を懲戒処分とする場合、どう対応すべきか

未成年者への買春行為や通勤途中に痴漢を行い逮捕されるなど、社外での非行に対して会社は懲戒処分をすることができるか。

1　懲戒解雇の是非

26で述べたように社外での非行行為であっても企業の円滑な運営に支障をきたすおそれがある場合には懲戒権の対象となりますが、本設問のような買春行為や痴漢行為によって社員が逮捕された場合、懲戒解雇は相当性の観点からみて妥当でしょうか。

買春行為も痴漢行為も刑事犯罪として位置付けられるものであり、しかも近年とみに社会的非難が強く求められている傾向にありますので、社員がこのような非行によって逮捕されると、たとえば新聞報道やインターネット上での風評などにより当該会社の信用や名誉は著しく毀損されるおそれが生じる

〔第２章〕 Ⅳ 職場外・私生活上の問題への対応

ことになります。よって、事件が新聞報道やインターネットによって報道され、使用者としての当該会社の名称も明らかになってしまったような事態に至った場合には、就業規則における「犯罪など社外非行によって会社の信用・名誉を著しく毀損したとき」等の条項を根拠として懲戒解雇することの有効性は高くなります。

ただし、最近の裁判例では、使用者の名称が明らかになったかどうかという点以外にも、そのことによる具体的な影響の有無や、行為の具体的な態様や悪質性の程度、労働者の地位や勤務態度、当該労働者が行為を隠ぺいしようとしたかどうか、当該労働者が過去に類似行為をしたことの有無、といった諸般の事情を考慮して、懲戒処分の中でも最も重い処分である懲戒解雇処分を行う必要があったのか、懲戒処分は妥当であったのか、という判断を行う傾向にあります（東京地判平成27・12・25労判1133号５頁・東京メトロ〔論旨解雇・本訴〕事件、東京高判平成25・４・11判時2206号131頁・横浜市教育委員会事件）。そのため、懲戒解雇処分を選択せざるを得ないように思われても、処分前に事実関係を詳細に調査し、その結果を資料化しておくことは最低限必要な準備といえます。

なお、買春行為や痴漢行為以外の社外非行に関する懲戒解雇の有効性が争われ、無効であると判断された判例のケースとして、住居侵入罪で罰金刑に処せられたケース（最判昭和45・７・28判時603号95頁・横浜ゴム事件）、砂川基地闘争に参加して逮捕され罰金刑に処せられたケース（最判昭和49・３・15労判198号23頁・日本鋼管事件）があります。

2 「社員が犯罪を犯し、有罪判決が確定したとき」の適用

多くの企業では就業規則における懲戒処分該当事由の項目に「社員が犯罪を犯したとき」、「有罪判決が確定したとき」というような条項をおいているのが一般です。

しかし、上記横浜ゴム事件のように、住居侵入罪で罰金刑に処せられたケースでは懲戒解雇処分は重すぎるというのが判例における量刑基準であり、犯罪を犯せば懲戒解雇とストレートに断定することはできないようです。

会社がこれらの規定を適用して買春行為や痴漢行為を行った社員を懲戒処

88

分する場合に留意すべき点について検討してみます。まず、現行犯逮捕や逮捕後本人が犯罪行為を任意に認めているようなケースでは犯罪があったとして、懲戒処分手続を進めても問題はないと思われます。しかし、逮捕された社員が犯罪行為を否認して争っているようなケースにおいては、逮捕されたからといって直ちに犯罪行為があったと断定することはできません。この場合には、検察官による起訴を待って起訴休職処分に付し、刑事裁判手続が決着するまで休職扱いとして刑事裁判での有罪判決確定後に会社として懲戒処分すべきであると考えます。

　もっとも買春行為や痴漢行為にも程度の差があり得、風評被害のおそれもなく、検察官も起訴猶予処分等で済ませたような場合においては、会社としても懲戒解雇より一段低い懲戒処分を検討する必要があろうと思われます。

【弁護士からのアドバイス】

　企業の就業規則には、懲戒解雇の場合には本来なら支給されたであろう退職金を全額不払いとする旨の規定をおいていることがよくみられます。しかし、こうした規定があっても、懲戒解雇が有効であるときは必ず退職金はゼロでよいとは限りません。判例上全額不支給が認められるのは、長年の勤続による功労を抹消してしまうほどの不信行為があった場合に限ると解されています。裁判例（東京高判平成15・12・11労判867号5頁・小田急電鉄〔退職金請求〕事件）は、痴漢行為で刑事処罰を受けたことを理由とする懲戒解雇は有効と判示するとともに、退職金の全額不支給は認めず、退職金の3割を支給するよう判示しました。この判決によって痴漢行為は懲戒解雇事由たり得ることが明確になったとともに、退職金についてはある程度の配慮が必要であることが明らかとなりました。買春行為についても同様に考えてよいでしょう。

（山本幸夫・小池啓介）

〔第2章〕　Ⅳ　職場外・私生活上の問題への対応

30 上司と部下、先輩と後輩との間でなされた個人的な金銭の貸し借りのトラブルについて、どこまで介入すべきか

ある社員から、「上司からお金を貸してほしいと言われ、やむなく貸したが返してくれない」との相談があった。当社としては、上司としてあるまじき行為であると思う半面、個人間の金銭の貸し借りについて介入してもよいものか、悩んでいる。この場合、当社は介入すべきか。また、この上司に対して懲戒処分等を行うべきか。

A

1　社員間での金銭の貸し借りを禁じられるか

　　　　社員同士での金銭の貸し借りについては、社員同士の個人的なやりとりに基づいて行われるもので、基本的には会社業務とは無関係と考えるべきです。また、金銭の貸し借りそのものは、お互いの合意に基づいて行われる分には、違法行為ではありませんし、倫理的に問題がある行為というわけでもありません。

　したがって、社員間での金銭の貸し借り一般を禁止することは、仮に就業規則に定めたとしても認められないと考えられます。

　また、会社が金銭を借りた社員の賃金から借りた金額を引いて貸した社員に渡したりすることも、労働基準法24条の賃金全額払い原則との関係で認められません（なお、会社と借りた社員との間に債権債務関係があるものではないので、労使協定を締結しても賃金からの控除は認められないと考えられます）。

2　社員間での金銭の貸し借りが懲戒処分の対象となり得る場合

　金銭の貸し借り一般については上記のとおりですが、他方で、金銭の貸し借りがもとでトラブルが発生したり、人間関係が円滑にいかなくなることがあるのも事実です。金銭の貸し借りによって、企業秩序が乱されているとい

90

える場合には、懲戒処分は可能と思われます。

具体的には、督促しても借りた社員の側が返済を拒んだり、職場での関係（たとえば上司と部下、先輩と後輩等）を利用して、貸す側の意に沿わないにもかかわらず金銭を借りた場合等が考えられます。

3　本設問の場合どう対応すべきか

本設問では、まずは部下の側から貸したときの状況について確認し、貸したときの状況からみて、部下の意に沿わないものであったことが明らかであった場合には、その程度によって上司に対する厳重注意や懲戒処分を検討するべきと思われます。

また、部下自身が上司に対して直接返済するように言っても上司の側が返済しないのであれば、会社の側から上司にきちんと期限を決めて返済するよう伝えるべきでしょう。それでも返済しないようであれば、厳重注意や懲戒処分を検討することが肝要です。

【弁護士からのアドバイス】

金銭の貸し借りは私生活の領域に属することであり、当事者間の自由であるとはいっても、会社としてはトラブルの種になり得るのでやめてほしいと思うことは無理からぬところです。しかし、金銭の貸し借り一般を禁止することができないことはすでに述べたとおりです。

結局は、金銭の貸し借りが職場秩序を乱すようなトラブルにつながるリスクがあることを社員に十分認識させ、意に沿わないのであれば貸さないこと、相手が断れないような状況で借入れを依頼しないこと、きちんと返済できないのであれば借りないことを指導していくほかないと思われます。

なお、繰り返し述べているとおり、社員間の金銭の貸し借り自体は個人間の問題ですので、冷たいようですが、基本的には貸した社員に代わって借りた社員から取り立てをしたり、会社が立て替えて返済することは控えるべきでしょう。一度そのようなことをしてしまうと、その後も同様の対応を要求されることになりかねません。

(秋月良子)

V 人事・懲戒をめぐる対応

31 職責の果たせない管理職に対してどのような人事上の措置をとることができるか

仕事ができず、部下の管理も十分にできない管理職を、会社は平社員に降職することができるか。できるとした場合に、従来支給されてきた管理職手当を不支給としてよいか。

1 管理職の職責

　管理職は、部下を指揮監督し、業務命令を発する権限を有します。すなわち、業務上の指示命令権限や管理監督権限は本来使用者である企業の代表者（たとえば、会社の代表取締役）に帰属しますが、管理職は代表者からこのような権限を分担して行使することを委譲され、部下を指揮監督し、業務命令を発する権限を有するわけです。そして、使用者から委ねられた職責として管理職はこのような権限を適正に行使する義務を負っています。

　したがって、管理職がこのような職責を果たすことができない場合、会社としては当該管理職が管理職としての適性・能力を欠くとして人事措置、具体的には降職、すなわち職位あるいは役職を引き下げることを検討する必要が生じます。

2 降職の要件

　さて、降職はいかなる場合にできるかですが、この点について東京地決平

成2・4・27労判565号79頁・エクイタブル生命保険事件および神戸地判平成3・3・14労判584号61頁・星電社事件の裁判例が参考になるでしょう。すなわち、上記エクイタブル生命保険事件では、営業所長を営業所の成績不振を理由に営業社員に降格したことについて、「役職者の任免は、使用者の人事権に属する事項であって使用者の自由裁量にゆだねられており裁量の範囲を逸脱することがない限りその効力が否定されることはないと解するのが相当である」と判示され、また、上記星電社事件でも、勤務成績不良を理由として部長を一般職へ降格したことについて、「企業において通常昇格・降格等と称されるところの、その従業員中の誰を管理職たる地位に就け、またはその地位にあった者を何等かの理由（業績不振・業務不適格等を含む。）において更迭することは、その企業の使用者の人事権の裁量的行為であると一般的に解される」と判示されています。つまり、一定の役職を解く降格については、就業規則に根拠規定がなくとも人事権の行使として裁量的判断により可能とされています（菅野682頁）。

　本設問でも仕事ができない、部下の管理も十分できないということで当該管理職に管理職としての適性・能力が欠けているということになれば、管理職から平社員に降職することも可能でありましょう。

　そして、降職により、職務自体が適法に変更された結果、その職務に応じた基準による賃金が支給される（たとえば、管理職から平社員に降職されたことにより管理職手当が支給されなくなるなど）のであれば降職による賃金の減額も一般に許されるでしょう。

　ただし、上記のような人事措置も、相当の理由のない降職で、賃金が相当程度下がるなど本人の不利益も大きいという場合には人事権の濫用として許されません（東京地判平成7・12・4労判685号17頁・バンク オブ アメリカ イリノイ事件、菅野682頁以下）ので、降職をする業務上の必要性（本設問でいうと、管理職としての適性・能力の欠如、しかも管理職内での降格ではなく、平社員まで引き下げる必要性）と降職による本人の不利益性について十分検討する必要があるでしょう。

〔第2章〕 V 人事・懲戒をめぐる対応

【弁護士からのアドバイス】

　一般に「降格または降職」とひとまとめによんでいますが、就業規則上は、一定の役職を解いたり、職位を下げたりする「降職」と、職能資格制度における資格や等級を下げる「降格」、といったように2つの用語を区別して用いるべきでしょう。

　また、人事上の措置としての降格・降職と、懲戒処分としての降格・降職も明確に区別して就業規則に規定しておくべきでしょう。

　なお、職能資格制度における資格や等級は、一般的には、企業組織内での技能・経験の積み重ねによる職務遂行能力の到達レベルを表すもので、その資格や等級を引き下げるということは、本来予定されていないものです（菅野683頁以下）。したがって、職能資格・等級の引下げは、労働者との合意により変更する場合以外は、就業規則の明確な根拠と相当の理由がなければなし得ないと考えられています（東京地決平成8・12・11労判711号57頁・アーク証券事件）。

（三上安雄）

32 管理職への登用を優秀な若手社員に内示したところ、昇進をかたくなに拒否してきた場合、どう対応すべきか

先日、若手ではあるものの優秀なＡという社員に対して、管理職登用の内示をしたところ、「自分はまだ若いため、自分より年齢が上の社員を含めてマネジメントをする自信がない」という理由で昇進を拒否してきた。このように昇進を拒否する社員に対してどのように対応すればよいか。

A 　### 1 昇進と昇格の区別

　　　　　本文では、昇進が問題となっていますが、一般に昇進と昇格が混同して使用されていることも多いように見受けられます。

94

まず、昇進ですが、「企業組織における管理監督権限や指揮命令権限の上下系統（ライン）における役職（管理・監督職）の上昇を意味する場合と、役職を含めた企業内の職務遂行上の地位（職位）の上昇を意味する場合」があるとされています（菅野678頁）。

これに対し、昇格は、主として、職能資格制度における資格の上昇、または職務等級制における職務等級の上昇をいうとされています。

このように、昇進は、役職等への配置という組織人事上の問題であるところ、昇格は、職務遂行能力や現在従事している担当職務等に基づき、賃金体系のどこに位置付けるかという労働条件に関する問題であるという両者の区別について認識しておく必要があります。

2　昇進命令権

本設問においては、昇進が問題となっているところ、すでに述べたとおり、昇進とは、企業において、労働者を組織内のどこに位置づけるのかという問題になります。

この点、役職者への昇進に関する人事については、管理職としての能力・適正などを当該企業の判断基準により総合的に判断して行われるものであり、誰を役職者として昇進させるのかは、企業の業績も左右する重要な事項といえます。

したがって、昇進人事については、企業に広汎な裁量が認められるべきであり、企業は原則として自由に労働者を昇進させることが可能であると考えられます。

そして、役職者への昇進は企業の人事権行使の一場面であるため、企業は、昇進対象者に対して一方的な命令として昇進命令権を行使することが可能と考えられます。

3　昇進命令権の限界

このように、企業は昇進対象者に対して、一方的に昇進命令権を行使することができるとしても、そこにはやはり一定の制約があり、人事権の濫用と評価されるようなことはないのか、ということが問題となり得ます。

〔第2章〕 V 人事・懲戒をめぐる対応

　この点、昇進の場合、賃金の減額等を伴う降職（降格）の場合とは異なり、一般的には昇進対象者にとっては名誉なことであり、また明確に労働者にとって不利益となる側面は考えられないため、昇進が人事権の濫用と判断される場面は非常に限定的であると考えられます。

　もっとも、昇進しても賃金等の待遇がほとんど変わらず、職責の負担が大幅に増加し、かつ家庭の事情等により管理職としての職責を客観的に全うし得ないといった極めて例外的な場合には、昇進が人事権の濫用と評価される場合もあり得ます。

4　昇進拒否者に対する処分

　上述のように昇進は人事権の行使であり、また、誰を役職者として昇進させるかは、企業の業績さえ左右しかねない重要事項ともいえるため、それを拒否した場合には、懲戒処分も可能です。

　もっとも、懲戒解雇といった重い処分を科すことを検討する場合には、昇進を拒否する事情を把握したうえで、昇進拒否者が懸念している点について会社として一定の配慮が可能なのであれば、その点に関するフォローをするなど、慎重に検討する必要があります。

5　昇進と不当労働行為

　昇進対象者が、労働組合の組合員である場合、昇進することで、非組合員となるケースが多く、特に、労働組合の幹部を昇進させるケースでは、労働組合との関係で不当労働行為の問題が生じる可能性があり、留意が必要です。

　このようなケースにおいては、なぜ当該組合員を昇進させるのかという合理的な根拠を説明できるようにしておく必要がありますし、また労働組合において幹部が抜けることへの準備期間を与えるためにも、事前に労働組合とも昇進対象者の組合員の昇進について協議をしておくことが望ましいといえます。

96

【弁護士からのアドバイス】

　昇進は、会社に勤務している者にとっては栄誉といえる行為ですが、近時、職責へのプレッシャーなどから、管理職への昇進を拒否する事例も散見されるようです。

　この点、昇進を拒否するような候補者を昇進させたとしても、その職責を責任をもって全うすることが期待できないため、昇進を見送らざるを得ない場面もありますが、他方で、会社の人事権行使としての昇進に対する拒否がまかり通るようになれば、会社として立ちゆかなくなることも明白です。

　そこで、会社としては、秩序維持の観点から、昇進拒否者に対して厳しい対応をとらざるを得ない場面もありますが、同時に、管理職に対する待遇の見直しなども検討し、昇進拒否といった事態が生じないような環境づくりをしていくことも求められているのではないかと思います。

（帯刀康一）

33　会社の人事考課の判断は誤りだから自分を昇進させるべきだ、と主張する社員に対して、どう対応すべきか

> 当社では成果主義人事制度を実施しているが、「自分は正当に評価されておらず、実際には昇進してしかるべきだ」と主張している社員がいる。そもそも、社員は会社に対して昇進を請求することなどできるのか。もしできるとすればどのような場合か。

1　昇進請求権の有無

　社員に昇進請求権はあるのでしょうか。

　32で説明したようにそもそも、昇進は本来人事権の一環として企業の権限であり、企業がその裁量的判断に基づいて決定できる事柄です。なぜなら、

〔第2章〕 Ⅴ 人事・懲戒をめぐる対応

使用者たる企業は、労働者たる社員との労働契約において、社員に対して賃金を支払う代わりに、社員を自らの企業組織内において労務提供させることができる権利を有します。人事権とは、企業が社員を組織内においてどのように配置して働かせるかという問題であり、昇進はまさにその人事権の一環として行われるものです。よって、昇進は原則として企業の一方的権限であり、社員は昇進請求権を有しません。

したがって、たとえば企業の人事考課に基づく昇進の判断について、一部の社員が、人事考課は誤りであり、本来昇進すべきであったとして昇進請求をしたとしても、企業の人事考課は、評価が合理性を欠き、社会通念上著しく妥当を欠くと認められない限り、違法とはされません（大阪高判平成9・11・25労判729号39頁・光洋精工事件）。

2 例外的な場合

しかし、例外的に昇進請求権が論じられる場合があります。たとえば男女差別としての昇進・昇格差別がある場合です。

裁判例は、東京高判平成12・12・22労判796号5頁・芝信用金庫事件において、勤続18年〜30年の女性職員13名が、それぞれ同期同年齢の男性社員と比較して昇進・昇格が遅れていたという差別を受けていたとして訴訟を提起した事案について、差別を認定してこれを違法とし、さらに女性職員が昇進・昇格した地位にあることの確認請求を認めました。この事案においては昇進・昇格請求権を認めたものといえます。ただし、同種の事案でも、昇進・昇格請求権までは認めない判例もあります。

類似の問題は組合差別の場合にも生じます。組合差別が不当労働行為（労組7条）と認められた場合には、その効果として、差別の是正が労働委員会によって命じられることがあり得ます。

3 まとめ

以上のように、社員は原則として昇進請求権を有しません。会社としては、男女差別・組合差別などの例外的な事案でない限りは、会社の人事措置に自信をもって、毅然として対応すべきでしょう。

【弁護士からのアドバイス】

　昇進・昇格請求権は、以上のように実際には差別事案以外にはほぼ認められず、会社の判断で人事を行うしかありません。しかし、社員がこのようなことに言及するのは、その社員が（もしかしたら他の社員も）会社の人事処遇に大きな不満を有しているからです。すべての社員が満足する人事を行うことは非常に困難なことではあるのですが、なぜ社員に不満が生じるのかは常に検討し、新たな人事に反映しなければなりません。

（大山圭介・渡辺雪彦）

34 取引先から個人的な金品等を受領した社員は懲戒処分すべきか

当社の社員が取引先から謝礼金等を個人的に受け取っていることが判明した。会社としては厳罰（解雇等）としたいのだが、可能か。

A

1 個人的な謝礼の受領と不正行為

　　社員の不正行為に対しては、ほとんどの会社が就業規則において、これを禁止するとともに、懲戒事由として列挙しています。会社の業務として社員が行った行為に対する取引先からの金員等は、原則として会社が受領すべきものですから、これを社員が個人的に受領するのは、不正行為となる場合も少なくないといえるでしょう。

　もっとも、謝礼のもらい方は一定したものではなく、特定の業務もしくは事象につき取引先に便宜を図ったことによる謝礼である場合もあれば、それこそ特定の事柄に関係なく日頃お世話になっていることについての社交的な謝礼である場合もあり得ます。また、謝礼金には大小の区別もあり、僅少な額の場合（たとえば昼食券1枚）の場合は、えてして社交的な謝礼もしくは社会的に問題とする必要もないものであることが多いでしょう。

99

〔第2章〕 V 人事・懲戒をめぐる対応

そこで、以下は2つの場合に大別して検討します。

2 特定の業務、事象についての便宜に対する謝礼

まず、自己の担当する業務遂行中に取引先に便宜を図ったことにより謝礼金を受けた場合には、会社の業務につき会社よりも取引先の利益を優先して、いわば会社の利益を犠牲にして取引先の利益を図っている（会社に対する誠実義務違反）のですから、当然に不正行為になり、それも重度の懲戒の対象となります。

場合によっては、刑法上の背任罪（刑247条）にもあたります。また、会社に損害が生ずる場合、会社より当該社員に損害賠償請求をなすことができます。

以上は、金額の多寡にかかわりないと解されます。

また、直接に自分が担当していなかった業務以外についての謝礼についても、懲戒の対象となり得ます。裁判例を紹介しますと、「業務を利用して、不当に金品その他を受け取り」という就業規則への抵触が問題となった事案で、謝礼を受け取った当該社員が当該業務に職務上関与していなければかかる規定には抵触しないものの、謝礼を受け取った当該社員が何らかの便宜を図ることでその取引先への発注が決定したような場合には、取引先への相当額の減額要請を妨害し、会社に対して「故意に重大な損害」を与えたということができ、結論として、当該社員への懲戒解雇が有効とされています（東京地決昭和53・7・13労経速993号15頁・後楽園スタヂアム事件）。

3 特定の業務、事象に関係ない謝礼

この場合、会社に対する誠実義務違反と謝礼との因果関係が直ちにはわからないことになりますから、会社の対処としても、個別具体的に事例ごとに決定するしかないでしょう（銀行の副支店長らが受けた過剰な接待につき、問題となった銀行の融資が接待の見返りとまでは認められず、解雇処分は重すぎるとした事案として、東京地判平成18・1・31労判912号5頁・りそな銀行事件）。

大きなファクターとしては、金額的価値の大小があると思われます。数百万円の価値のあるような場合、よほどの事情（それも滅多に起きないこと）が

ない限りは、特定の業務、事象に直接の関係はないとしても、将来、何らか
の便宜を図ってもらうことを目的としていると推認され、抽象的ではあるも
のの、会社に対する誠実義務違反を問題にすることになると思われます。逆
に、数千円（立場、事情によっては数万円）のビール券のような場合には、社
会通念上の付き合い（お中元、お歳暮）の範疇という場合も多く、当該社員
を問責することは、少なくとも１回の行為としては困難でしょう。ただし、
このようなものでも何件も継続すれば、金額の大きい１回の行為の場合と同
視しなければならないこともあるでしょう。

【弁護士からのアドバイス】

　いずれにせよ、取引先から社員が謝礼を受け取る場合、何も対処をし
ないのは好ましくはありません。最初は何でもないことでも、継続して
いくうちに問題となる場合もあります。

　よって、原則としていかなる形でも、取引先からの謝礼は禁ずるとと
もに、固辞できなかった場合は、会社への報告義務を徹底することが人
事・労務上の処置として必須でしょう。

　また、就業規則上の問題ですが、このような所為につき具体的に懲戒
事由としていない場合は、至急、懲戒事由を追加する必要もあります。
その場合、上記裁判例に鑑みて、単に「業務を利用して、不当に金品そ
の他を受け取り」といった規定だけでなく、「故意に会社に損害を与え
た場合」も設けておき、かつ、「会社に必要な報告をしなかった場合」
といった条項も設けておくとよいでしょう。　　　　　　（岡芹健夫）

〔第2章〕 Ⅴ 人事・懲戒をめぐる対応

③⑤ 重大な法令違反行為をした疑いがある社員に対して自宅待機命令を出すときには、どのような点に留意すればよいか

> トラックの運転を行っている社員が勤務中に飲酒していた疑いが生じた。こうした場合、その真偽を明らかにするための調査の期間中は、本人に自宅待機を命ずることができるか。

A

1 問題の所在

　　　　　勤務中の飲酒が事実であれば、懲戒処分等を検討する必要があるところです。そこで、当該社員が本当に勤務中に飲酒していたのか調査する必要がありますが、本人が出社していると調査がしづらいということがあると思います。また、勤務中に飲酒していた疑いのある社員をそのままトラックに乗せて仕事をさせるというわけにもいかないでしょう。

　本設問のように社員に非違行為等の疑いがある場合に、実務上、事実関係の調査が完了し処分の有無・内容について通知するまで社員を自宅待機させているケースは少なくありませんが、このような自宅待機は問題がないのかどうか、自宅待機できるとしてもどういう場合にできるのかが問題になるところです。

2 自宅待機命令の可否

　当該社員に自宅待機を命じる場合、業務命令として行うことになりますが、就業規則に明示の規定がなくても、会社には業務命令として自宅待機を命じる権利があるとされています。

　これに対し、社員からは就労を請求されるかもしれませんが、就業規則等に特別の定めがある場合や、労務提供することについて労働者に特別の合理的な利益がある場合を除いて、社員に就労請求権はないとされています。この「特別の合理的な利益」とは、たとえば、調理人として勤務する従業員に技能の維持向上のため就労請求権を認めた裁判例がありますが（名古屋地判

102

昭和45・9・7労判110号42頁・スイス事件）、本設問のトラック運転手の場合は、トラックの運転から離れることにより運転感覚が鈍る可能性はありますが、就労請求権を認めるほどの「特別の合理的な利益」とまではいえないと考えます。

なお、業務上の必要性がないのに自宅待機を命じたり、業務上の必要性がなくなっているのにいつまでも自宅待機を命じているような場合は、当該自宅待機命令は違法となり、損害賠償責任を負う可能性があるので、注意が必要です。

裁判例でも、「業務命令として自宅待機を命ずることができるとしても、労働関係上要請される信義則に照らし、合理的な制約に服すると解され、業務上の必要性が希薄であるにもかかわらず、自宅待機を命じあるいはその期間が不当に長期にわたる等の場合には、自宅待機命令は、違法性を有するものというべきである」（静岡地判平成2・3・23労判567号47頁・ネッスル〔静岡出張所〕事件）と述べているものがあります（もっとも、当該事件では、営業社員が派遣社員と不倫し、取引先からも非難されていた状況で、当該社員に営業はさせられないとして2年間自宅待機にしていたことは違法ではないと判断されています）。

本設問の場合、勤務中に飲酒していた疑いのある社員をそのままトラックに乗せて仕事をさせるわけにはいかないというのは合理的といえますし（他の業務につかせるというのも現実的に難しいと思います）、本人が出社すると調査に支障が生じる可能性があるのであればなおさらです。

3　自宅待機期間中の賃金

自宅待機を命じることができるとして、その間の賃金の支払いについてはどのように取り扱えばよいかが問題になるところです。

当該社員に飲酒の疑いがあることに端を発して自宅待機の必要が生じたことからすれば、当該社員に賃金を支払うことには違和感があるかもしれませんが、会社のほうで社員の労務提供を拒否する以上、特段の事情（証拠隠滅のおそれ等）がない限り、自宅待機期間中の賃金を支払う必要があるところです。

〔第2章〕 Ⅴ 人事・懲戒をめぐる対応

　この点、まさに懲戒処分に先立つ自宅待機命令期間中の賃金支払い義務の有無が争いになった事例として、名古屋地判平成3・7・22労判608号59頁・日通名古屋製鉄作業事件がありますが、この事件で裁判所は、「自宅謹慎は、それ自体として懲戒的性質を有するものではなく、当面の職場秩序維持の観点から執られる一種の職務命令とみるべきものであるから、使用者は当然にその間の賃金支払い義務を免れるものではない。そして、使用者が右支払義務を免れるためには、当該労働者を就労させないことにつき、不正行為の再発、証拠湮滅のおそれなどの緊急かつ合理的な理由が存するか又はこれを実質的な出勤停止処分に転化させる懲戒規定上の根拠が存在することを要すると解すべきであり、単なる労使慣行あるいは組合との間の口頭了解の存在では足りないと解すべきである」と述べています。

　なお、自宅待機期間中の賃金を休業手当分である平均賃金の60％としている会社もあります。一定程度支払うことにより、全く支払わない場合よりも紛争化するリスクを下げることはできますが、この場合も、やはり会社のほうで社員の労務提供を拒否する以上、差額分の支払いを求められれば支払わなくてはいけなくなる可能性が高いところです。

　また、自宅待機命令は業務命令として行っているものであり懲戒処分ではないはずですが、自宅待機に伴って賃金を支払わない、もしくは減額すると、実質的に懲戒処分をしていると評価されてしまい、そうなるとその後の正式な懲戒処分が二重処分にあたって無効になってしまうおそれもあるところです。その点でも自宅待機期間中の賃金を支払わない、もしくは減額することは望ましくありません。

【弁護士からのアドバイス】

　懲戒処分をするにあたって自宅待機を命じることは、就業規則に規定がなくても可能ですが、就業規則に明記しておけば、規定上の根拠を示すことができ、労使双方にとって自宅待機の位置付けが明確にもなるので、就業規則に明記しておくとよいでしょう。また、自宅待機を命じる際、社員に処分と誤解されないようにし、また、自宅待機期間中の処遇（賃金の取扱い、就業時間中は自宅に待機していつでも電話に出られるように

しておくこと等）についても明確にしておくことが大事です。この際の
やりとりについては、後々トラブルになった場合に備えて、書面やメー
ル等記録に残る形で通知しておくのがポイントです。 （渡辺雪彦）

36 会社が主催する忘年会や新年会などの行事に参加しない社員に懲戒処分を科すことができるか

当社では、原則、社員全員参加として忘年会や新年会を主催して
いるが、これに参加しない社員がいる。会社としては、どのよう
な人事措置が可能か。また、こうした会合が自由参加とされてい
た場合はどうか。

A

1 会社行事の性格

会社が主催する忘年会、新年会等の行事には、業務命令に
よる場合（就業時間内に行われる場合、あるいは時間外労働として行われる場合）
とそうでない場合（自由参加の場合）とがあると思われます。そこで、業務
命令による場合と、そうでない場合とを分けて考えてみます。

2 業務命令による場合

忘年会、新年会等の行事が会社の業務命令による場合に、これに参加しな
いことは、会社の業務命令に違反する行為となります（なお、この場合、行
事の時間を労働時間とし、それが、所定内労働時間外である場合には、残業代を
支払っていることが前提となります）。よって、原則として会社としては業務
上の注意、さらには懲戒処分を検討することとなりますが、業務命令違反を
理由とする懲戒処分の場合、その有効性の判断にあたっては、使用者（会
社）の命令が労働契約の範囲内の有効なものか否かのほかに、その業務命令
が有効でも当該労働者の側に命令に従わないことにつきやむを得ない事由が
存したか、が主要な問題となります。

105

〔第2章〕 Ⅴ 人事・懲戒をめぐる対応

　また、重度の懲戒処分（たとえば懲戒解雇）の場合には、その重度の懲戒処分が業務命令違反に相当して重きに失しない程度のものでなくてはなりません。ちなみに、業務命令違反による解雇が有効になる場合について裁判例をみてみると、業務命令違反による職場秩序が乱されたか、乱そうとした場合にあたること（大阪地判昭和54・12・24労判334号21頁・湯浅電池事件）、会社に有形・無形の損害を生じせしめたこと（東京高判昭和53・3・30労経速977号12頁・太洋社事件）、結果として約半月の就業拒否につながるような「特に悪質と認められたとき、もしくは会社に与えた損害が大なるとき」（東京地判平成10・4・30労判740号32頁・時事通信社事件）、事務遅滞や職員の士気の低下等、職場の業務に悪影響を及ぼしたこと（東京地判平成22・2・9労判1005号47頁・三井記念病院〔諭旨解雇等〕事件）、などといった、諸々の説示をなしており、単に形式上の違反にとどまるのではなく、その程度、頻度において、相当のものであることが必要です。

　本設問の場合、忘年会、新年会といった行事への不参加は、多くの場合、会社の業務、秩序に対して与える影響の点で、明確な形として表れることはないと思われます。

　したがって、いきなり程度の重い懲戒処分を行うことは問題が大きいと考えます。まずは丹念に、業務命令である会社行事への出席を懈怠した点を書面でもって注意・問責し、それを繰り返しつつ、何ら反省・改悛の情がみえない場合に、懲戒処分の発動を検討するべきでしょう。また、当人にやむを得ない事由があるか否かも重要な要素ですので、書面で注意を与える場合にも、それ以前か少なくとも同時には、業務命令に違反して会社行事に欠席した理由を求める手順も踏んでおくのが無難でしょう。

3　自由参加の場合

　自由参加の場合、業務命令違反を問えず、かつ、会社行事への出席は社員の義務でもありませんから、会社行事の不出席を直接の理由としてその社員へ何らかの対処をとることは困難です。しかし、就業中にも協調性が不足していることで、会社内の職場秩序、業務の円滑を欠くような事象が生じている場合には、その就業中の事象をもって、当人に注意をなすなどの処置を行

うこととなります。就業中の協調性を改善するための注意は業務命令ですから、何度も注意を行ったにもかかわらず、改めないような場合は、今度は業務命令違反の問題となり、上記2で述べたことがあてはまります。

また、懲戒の問題ではなく、職務適格性の欠如による普通解雇を有効とした事案として、たとえば、自己の理論が正しいと固執し、くり返しの会社の指示・命令にも従う態度を示さず上司と衝突した者に対する解雇（東京地決昭和53・8・25労判309号速報カード17頁・日金貿易事件）、あるいは、同僚との協調性を欠き、日常の言動により公証人との間の信頼関係を破壊した公証人役場の書記に対する解雇（東京地判昭和55・9・30労判350号速報カード9頁・墨田公証人役場事件）等があるので、職務適格性からも問題とすることは可能です。

ただ、就業中には全く問題がなく、ただ単に会社行事には参加しないだけ、といったような場合は、会社として何らかの対応をなすことは困難でしょう。

【弁護士からのアドバイス】

　会社が主催する行事にはいろいろなものがあると思いますが、会社が主催する以上は、事前に対象となる社員に対し、日時・場所のみならず、行事の目的および内容、そして、参加が自由か否かを連絡すべきです。そして、強制参加の行事の場合は、出欠を確認し、欠席の場合はその理由も確認しておくべきでしょう。このような手続は、それほど面倒なことではないと思います。

　会社が以上のような事前の手続を行ったにもかかわらず、強制参加の行事に社員が無断欠席した場合には、社内秩序および社内規律の維持の観点から、相応の処分を科すことも許されるものと思われます。

（岡芹健夫）

〔第2章〕 Ⅴ 人事・懲戒をめぐる対応

37 始末書を提出しない社員に対してそれを理由にしてさらに処分をすることができるか

社員が始末書を提出しないことを理由として、会社はさらに懲戒処分を科すことができるか。

A

1 始末書の意義

　　　ほとんどの会社においては、職場内において何らかの問題が発生した場合に、その問題の原因とおぼしき社員等に対して始末書の提出を求めることがほぼ日常的に行われています。また懲戒処分のうち、譴責処分等とあわせて始末書の提出を求めるということもしばしばみられます。

　これら始末書は、①問題の発生原因等を調査する目的で当該問題にかかわりがあったと認められる社員に対して、その知りうる事実関係の報告を求める文書、②問題の発生原因等について事実を報告するとともに反省や謝罪の情を記載することを求めるもの、③問題に対する懲戒処分を行う手続の一環として本人に対して弁解の機会を与えた際に本人が弁解内容を記載して提出するもの、に分類することができます。

2 業務命令としての始末書の提出

　上記①は職場における問題発生の原因等を究明し、もって職場の秩序回復や問題再発の防止を目的とするものであり、社員が知り得た事実関係を客観的に会社に報告することを求める文書です。このような「顛末書」はその文書の性質上、会社は業務命令として社員に提出を求めることが可能であり、正当な理由もなく社員が提出を拒否したような場合は、それを理由とした懲戒処分が可能だと解されます。

3 懲戒処分としての始末書の提出

　上記②は反省の情や謝罪の意思を記載内容として含む文書であり、文書の性質上個人の内面に深く及ぶものですから、会社がこれを業務命令として提

108

出することを強制することはできないものと解されます。また、就業規則において懲戒処分の一環として譴責処分等と並んで始末書の提出が規定されている等、就業規則に基づく懲戒処分として始末書の提出を命じる場合も、やはり同様に反省の情や謝罪の意思といった個人の内面にまで立ち入って会社が強制的に提出させることはできないと解されます。

4　始末書不提出を理由とするさらなる懲戒処分の是非

　上記②の意味での始末書は提出を強制できるものではありませんので、提出を拒否したことを理由としてさらに懲戒処分を科するということはできないものと解されます。

　この点、裁判例（高松高判昭和46・2・25労民22巻1号87頁・丸住製紙懲戒解雇事件）も、懲戒処分としての始末書の提出はあくまでも処分であって業務命令ではなく、一方労働者は使用者から身分的・人格的支配を受けるものではないので、謝罪を強制する始末書は個人意思尊重の理念から強要することはできず始末書不提出を理由にさらに重い懲戒処分を科すことはできないと判示しています。

　ただし、当該問題社員が同様の問題を引き続き惹起した場合に、前回の懲戒処分の際に始末書を提出せず、したがって反省の情がみられないという点を情状の面で斟酌して、次の懲戒処分の量刑に反映させるということは可能だろうと思われます。

5　弁解の機会としての始末書

　社員に対して懲戒処分を科する手続においては、必ず本人に弁明・弁解の機会を与えて、本人の言い分を十分に聴取することを保障する必要があり、本人の言い分を十分聞かずに行った懲戒処分は違法であると判断されることとなります。この弁解手続の中で本人から釈明文書が提出されることがありますが、上記③の文書はこれに該当します。これは本人の言い分（言い訳）が記載されている文書ですから、たとえ事実と異なる内容が記載されていても会社としては書き直しを強制したり、不受理扱いをしたりせずに本人の言い分をじっくり聞いた証拠として受け取っておくべきものです。また、弁解

〔第2章〕　Ⅴ　人事・懲戒をめぐる対応

手続の中で、会社が本人の言い分を聞く目的で文書による釈明を求めたのに対して本人が拒否して語らないというような場合には無理に提出を強制せず、本人に弁解の機会を与えたけれども本人が釈明を拒否したという事実を記録しておくにとどめるべきでしょう。

　これら弁解の機会における文書内容の反真実性や文書不提出を理由とした懲戒処分等は行うべきではありません。

【弁護士からのアドバイス】

　休暇を取得する際の電話のかけ方が悪いというような理由で執拗に反省文の提出を求めた事案で、裁判例（東京地八王子支判平成2・2・1労判558号68頁・東芝府中工場事件）は、指揮監督権の範囲を逸脱し違法性を帯びると判断しました。あまり軽微な事由で安易に始末書、反省文の提出を強制すると違法との判断を受けることとなりますので注意する必要があります。

（山本幸夫・帯刀康一）

VI

配置転換・出向・転籍をめぐる対応

38 会社が行った人事異動命令の無効を主張し命令に従わない社員にどのように対応すべきか

会社が行った人事異動命令に対して、「無効だから従う必要がない」と主張し、人事異動命令に従わない社員がいるが、人事異動命令が無効となってしまうことがあるのか。あるとすれば、どのような場合か。

A

1 人事異動命令の有効要件

家族との別居を余儀なくされるとの理由から、神戸営業所から名古屋営業所への異動命令を拒否した社員に対する懲戒解雇処分の有効性が争われた東亜ペイント事件において、判例（最判昭和61・7・14労判477号6頁）は「当該転勤命令につき業務上の必要性が存在しない場合又は業務上の必要性が存在する場合であっても、当該転勤命令が他の不当な動機・目的をもってなされたものであるとき若しくは労働者に対し通常甘受すべき程度を著しく超える不利益を負わせるものであるとき等、特段の事情の存する場合でない限りは、当該転勤命令は権利の濫用になるものではないというべきである」と判示しました。

ここから、一般的に会社は原則として社員に対する人事異動権を有しているが、特段の事情がある場合には、その人事異動権の行使が権利の濫用として例外的に無効になることがあるという基本的な構造を読み取ることができます。

111

〔第2章〕 Ⅵ 配置転換・出向・転籍をめぐる対応

2 判例から読み取れる判断要素

それでは人事異動命令が権利濫用として無効にならないために考慮すべきファクターを検討してみましょう。

(1) 就業規則や労働協約等の規程類において、あらかじめ異動命令の根拠となりうる条項が明確に定められていること

上記東亜ペイント事件は、会社の労働協約および就業規則に、会社は業務上の都合により従業員に転勤を命ずることができる旨の定めがあることを根拠に会社の人事異動命令権を認めています。人事異動命令は、会社と社員との間における労働契約内容のうち、職種や勤務地など重要な労働条件の一部を変更する性質のものですから、本来会社の一方的な命令によって行うことはできないと解されるべきところ、異動命令のありうることがあらかじめ就業規則等に明記されていることによって、異動命令のありうることについても労働契約内容の一部を構成するに至るという理論に基づくものであると思われます。もとより、あらかじめ就業規則に明記してあればどのような命令でも可能となるということではなく、通常、人事異動に関しては合理的な制度であるので、規定があれば認められるという考え方に立脚しているものと推測されます。

(2) 会社が各地に複数の事業所を有しており、実際にその間の人事異動が行われていること

これは重要なファクターではありませんが、これまで異動が全くなかった事業所間で突如異動命令が出されたりすると、下記(4)の業務上の必要性がないのではないかとか、不当な目的があるのではないかといったファクターを検討するときの補助的判断材料として使われる可能性があると思われます。

(3) 当該社員について、職種限定特約や勤務地限定特約が存在しないこと

これらの特殊な合意が認定されるような場合には、業務上の必要性が認められる異動命令であっても無効と判断されることとなります。

(4) 異動命令につき、業務上の必要性があること

このファクターに関しては、労働力の適性配置、業務の能率増進、労働者

の能力開発、勤務意欲の高揚、職場での業務運営の効率化といったことが認められるような場合は、業務上の必要性があるという判断になります。

　異動による就労環境の変化に伴い、特殊技能に携わる社員の研鑽の機会が奪われる等という観点から異動の是非が争われるという事例も多々ありますので、そうしたケースではより強い業務上の必要性が求められるものと解されます。

(5)　当該異動命令が不当な動機・目的の下になされたものでないこと

　不当な動機・目的があるとされる場合としてたとえば、問題社員への懲罰目的であったり、内部通報に対する報復的措置であったり、問題社員の厄介払い目的であったり、退職勧奨目的の一環として行われていたり、あるいは退職勧奨に応じない社員に対する嫌がらせ目的であったりなどといったケースが考えられます。

　また、特定の事業所に労働組合の組合員ばかりを集めるような結果となる人事異動も、不当労働行為意思が推測されたりして、無効となる可能性があるでしょう。

　たとえ客観的には業務上の必要性が認められる異動命令であっても、上記のような不当な動機・目的ありと判断されると、当該異動命令の適法性は維持できなくなりますので注意が必要です。

(6)　労働者に対して通常甘受すべき程度を著しく超える不利益を負わせるものではないこと

　この点に関しては、家族との別居を余儀なくされるいわゆる単身赴任のケースが問題となりますが、単なる単身赴任を伴う異動命令の場合には通常甘受すべき程度の範囲内というのが社会的コンセンサスとなっているようです。しかし、家族に要介護者がいる、重度の疾病の子がいる等というようなケースでは、業務上の必要性の程度と当該社員およびその家族が被る損害とを実質的な観点から慎重に利益考量した判断が求められるというべきでしょう。なお、育児・介護休業法26条は、事業主の配慮義務を規定しています。

　また異動の結果、通勤時間が異常に長くなる場合も、社員に対する著しい不利益であると判断される場合もありますので注意が必要です。

〔第2章〕 Ⅵ 配置転換・出向・転籍をめぐる対応

【弁護士からのアドバイス】

　職種限定契約や勤務地限定契約をめぐる判例は数多くみられるところであり、本書では39で別途設問を設けています。これらの問題についてはそちらをご参照ください。　　　　　（山本幸夫・米倉圭一郎・小池啓介）

39 会社からの配転命令に、職種や勤務地の限定があったとして従わない社員に対して、どう対応するか

　東京本社で事務職についている社員に対し、大阪支社での営業職への配置転換を命じたところ、自分は入社の際に職種や勤務地が限定されており、配転命令に従う義務はないと主張してきた。会社としてはそのような限定をして雇用契約を締結した認識はないが、会社はこのような社員を解雇できるか。

A

1 職種限定契約

　入社の際に雇用契約書その他の書面でもって社員が従事すべき職種を特定のものに限定する趣旨が取り決められている場合においては、それは労働契約の重要な内容を構成します。したがって、会社側から一方的に職種の変更を伴うような配置転換や異動命令を出すことはできず、社員がこれに従わなかったからといって、それを理由に懲戒解雇処分等を行っても無効であると判断されることとなります。

2 権利濫用法理による職種変更の無効

　上記のように書面で明確に職種を限定しているわけではなくとも、黙示の意思表示で職種が限定されると解釈されるケースがあります。たとえば、その職種が専門技能を必要とする場合で、それが当該労働契約において中核的なものであるととらえられるような場合です。

特に、会社が医師や弁護士、公認会計士その他専門技能を要する職種に関して採用した場合には、別段取決めがなくても、通常はその専門分野と関係する業務に従事することが業務内容であると考えるのが普通ですから、会社のほうから一方的にその専門分野と関係する業務以外の仕事をするように命じることはできないと解されます。

また、採用の際には特別な技能はなくとも、採用後に特別な訓練や養成等を経て、技能や熟練の技を修得し、長年（20年や30年）にわたってその業務に従事してきたというような場合にも、それまでの熟練を無駄にしてしまうような配置転換や異動命令には合理性が欠けると判断されることがあります。

裁判例（東京地決昭和51・7・23労判257号23頁・日本テレビ放送網事件）は、アナウンサー専門試験に合格し、採用後約17年間アナウンサー職に従事してきた等の事情を考慮して、本人の同意なしにこれを番組・広告内容の考査等を業務とする部署へ配置転換する内容の命令は無効であると判示しました。これはアナウンサーという職種の特殊性と採用後の技能や熟練の修得、および約17年間も同一業務に従事してきたという、上記の2つの要素をあわせて考慮して判断したものといえましょう。

しかし、判旨は採用時の契約からアナウンサー職に限定されていたという認定の判断材料の1つとして、採用後約17年間もアナウンサー職のみに従事してきた事情をあげていますが、これは奇妙な論理であって、採用後の事情は採用時の契約内容の判断材料ではなくて、当該配置転換命令が合理性を欠いて権利濫用となるか否かの判断材料と位置付けられるべきでしょう。

たとえば、採用後長年にわたって同一業務に従事してきたが、当該業務の遂行には外回り等体力を要すると解されるところ、当該社員は長年の勤務および年齢等の事情により体力的な衰えを否定できないというような場合、より適した職種への変更が認められるべきでしょう。

また、ゴルフ場のキャディについて、キャディが一般職と異なる就業規則の適用を受けてきたこと、キャディ職の研修を受けながら長期間勤務を継続してきたこと、キャディ職の他職種への配転は例外的であったことを理由として、キャディ職の職種限定を認めた裁判例（宇都宮地決平成18・12・28労判

〔第2章〕 Ⅵ 配置転換・出向・転籍をめぐる対応

932号14頁・東武スポーツ〔宮の森カントリー倶楽部・配転〕事件）もあります。

　職種や勤務地の限定の有無についてのトラブルを回避するためには、ある程度専門的技能を要するような職種の採用時においては、将来の職種変更がありうるのか否かあらかじめ明確にしておくべきでしょう。

3　勤務地限定契約

　入社の際に、当該社員の勤務地を特定の場所あるいは地域に限定する趣旨が明確になされている場合には、それは労働契約における重要な要素を構成すると解されます。よって、会社側が一方的に勤務地の変更を余儀なくするような転勤を命じることはできず、社員がこれに従わないことを理由とした懲戒解雇等の処分は無効となると解されます。

4　勤務地を限定する趣旨が推定される場合

　当事者間における意思が明確でない場合でも、たとえば次のような場合には勤務地が限定されているものと一般に推定されるものと解されます。

① 現地採用で、それまで特に現地採用者に関しては社内的に転勤の例が存在しなかったような場合

② 家庭の主婦がパートタイム労働者として勤務する等、当該労働者の生活の本拠が固定されていることが前提となっている場合

③ 採用の際に、本人から家庭の事情から転勤は難しいという趣旨の話が出ていたような場合

【弁護士からのアドバイス】

　上記のとおり、配転命令を拒否した場合の解雇の可否は、勤務地や職種を限定した雇用契約になっているか否かによるところです。勤務地や職種を限定した雇用契約であるか否かの判断においては、雇用契約書の記載が重要ですが、その他にも採用に至る経緯や当該労働者のキャリア等、雇用契約書以外の事情により判断されることもあります。

　なお、特約により職種や勤務地が限定されている場合であっても、リストラや事業所廃止等に伴う大幅な事業再編が必要な場合には、やむ

なく配置転換、異動、転勤を命じざるを得ない場合があり得ます。そうしたときには、社員個々の同意を取り付けるのが理想ですが、どうしても全員の同意が得られないときには、必要性と合理性の点に関する説明を十分行ったか否かが重要な判断材料となりますので、説明が不十分であった等と批判されないように注意する必要があります。

(山本幸夫・米倉圭一郎・秋月良子)

40 傷病で休職をしていた社員から軽易な作業へ配置転換を条件に復職の申出があったが、どのように対応すべきか

メンタルヘルス（私傷病）により傷病休職していた社員がおり、今月末で就業規則所定の休職期間が満了し退職となるところだった。ところが、その社員より「軽易な作業であれば現時点でも従事可能。短期間、軽易な作業に従事した後は、通常業務に戻ることも可能である」旨の診断書が提出され、復職を申し出てきた。会社としてはこれを受けて復職させなければならないのか。

また、休職期間満了が迫った社員が、「休職前に従事していた現場での業務は無理だが、事務職の業務は可能」との診断書を持参して、復職を申し出てきた。この場合は、会社としては復職させなければならないのか。

1 傷病休職期間満了時に、通常の業務には復帰できないが、軽易な作業には復帰できる場合

傷病休職からの復職は、休職期間満了時までに、休職前の業務を普通に遂行できるようになっていることを要するのが原則です。したがって、本設問の社員のように、休職期間満了時までに、通常の業務（何をもって「通常の業務」と解するかは、下記2参照）ではなく軽易な業務にしか従事できないの

117

〔第2章〕 Ⅵ 配置転換・出向・転籍をめぐる対応

であれば、上記の原則に基づけば、復職は認められないこととなり、休職期間満了による退職もしくは解雇、という扱いを会社より行うこととなります。

しかし、傷病休職の期間満了として退職もしくは解雇することは、いうまでもなく社員を失職させることとなるため、会社の復職を認めないという措置について、裁判例は、若干、謙抑的な配慮を行うことを求めています。たとえば、東京地判昭和59・1・27労判423号23頁・エール・フランス事件は、復職を求めてきた従業員に対して、会社が復職を容認し得ない旨を主張する場合にあっては、「単に傷病が完治していないこと、あるいは従前の職務を従前どおりに行えないことを主張立証すれば足りるのではなく、治癒の程度が不完全なために労務の提供が不完全であり、かつ、その程度が、今後の完治の見込みや、復職が予定される職場の諸般の事情等を考慮して、解雇を正当視しうるほどのもの」であることを要するとし、さらに、労働者を他の課員の協力を得て当初の間は従来従事していた業務よりも肉体的疲労の少ない業務のみを行わせながら徐々に通常勤務に服させていくことも十分に考慮すべきであるとも説示しています。つまりは、復職当初は軽作業に就かせつつ短期間で通常業務に復帰できるような見込みがある場合には、休職期間満了時において通常の職務を遂行できないような回復状態であっても、復職を拒否してはならない、ということです。

なお、この場合、いったいどれくらいの期間で通常業務に復帰できる見込みであれば復職を認めなければならないのか、という疑問が出てくるでしょうが、私見をいえば、一般的な会社の試用期間の例（多くの場合は3カ月）を参考にするのが妥当ではないか、と思われます。

2 傷病休職期間満了時に、休職前の業務に従事できないが、別種の業務であれば復帰できる場合

前述のとおり傷病休職からの復職は、休職前の業務を普通に遂行できるようになっていることを要するのが原則です。したがって、原則論をいえば、当該社員が職種・業務を特定していない社員である場合でも、休職前の業務である現場業務を普通に遂行できないというのであれば、復職は認められな

い、ということとなります。

　しかし、当該社員が職種・業務を特定していない社員である場合、やはり上記1で述べたような、謙抑的な配慮を要するとされています。たとえば、最判平成10・4・9労判736号15頁・片山組事件は、通常の正社員（期間の定めがない社員）のように、職種や業務内容を特定せずに労働契約が締結されている場合は、特定の業務について労務の提供が十全にはできなくとも、その能力、経験、地位、当該会社の規模、業種、当該会社における労働者の配置・異動の実情および難易等に照らして当該労働者が配置される現実的可能性があると認められる他の業務について労務の提供をすることができるのであれば、その他の業務への配置を検討・実施すべきである、と説示しています。簡単にいえば、休職していた当該社員のキャリア、能力等からして、他の職務にも配転されることがその会社の中において現実的である場合、具体的には、当該社員と同様なキャリア、能力等を有している者が事務職にも配転されている例が、それまで会社にあったような場合には、会社としては、当該社員が休職前の業務に復帰できないことをもって復職を認めない、といった対応はできないこととなります。

　なお付言しますと、上記片山組事件の判決も、復職を申し出ている社員のために、新たに業務をつくって与えたり、キャリアの長い社員の休職復帰のために、キャリアのごく浅い社員にあてがうような仕事を与えたりしてまで、その社員を復職させることを求めているわけではないことは留意しておくべきと考えます。

3　当該社員が職種・業務を特定している社員である場合

　上記2では、当該社員の職種・業務が限定されていない場合でしたが、当該社員の職種・業務が契約上限定されている場合は、結論からいえば、上記2のような配慮は不要であり、契約上限定されている職種・業務を普通に遂行できなければ、復職は認められません。ただし、このような職種・業務が契約上特定されている社員であっても、たとえば就業規則上、職種・業務の変更が予定されていたり、実態として、社員一般において契約上特定された業務以外の業務も行わせているような例があるような場合には、上記2のよ

うに、休職前に就いていた業務以外に就業可能な業務があれば、そうした業務への復職を認める必要が出てくると解されるケースもありますので（大阪高判平成14・6・19労判839号47頁・カントラ事件）、注意が必要です。

【弁護士からのアドバイス】

傷病休職からの復職申出を会社が拒否して、その社員が退職や解雇に至ることについて、近時の裁判例では、慎重な配慮を要求しています。しかし、最近、増加しているメンタルヘルスの不調者については、そもそも、軽易な作業から通常業務に復帰できる「見込み」がどのあたりにあるのか、あるいは、どのような業務であれば普通に遂行できるのか、といった判断自体が、必ずしも明瞭ではないという問題があります。その判断には、専門医（精神科医）の判断が必須ですが、その判断を受けての対応についても、法律家のアドバイスが必須と思われます。

（岡芹健夫）

41 能力不足で社内に就業場所を用意できない社員に対して、関連会社への無期出向命令を出すことができるか

定型的な仕事しかできず、能力不足等の問題からこれまで再三にわたり配属先で戦力にならないとの判断がなされ、もはや社内に就業場所を用意できない社員について、雇用を維持するために関係会社に出向を命じようと思う。出向先から復帰させることは予定していませんが、このように復帰を予定しない出向を命じることができるか。

1 出向命令権の要件

出向とは、たとえば、①子会社・関連会社への経営・技術

指導、②従業員の能力開発・キャリア形成、③雇用調整、④中高年齢者の処遇などの目的のために、労働者が自己の雇用先の企業に在籍したまま、他の企業の事業所において相当長期間にわたって当該他企業の業務に従事することをいいます。つまり、出向は雇用先（出向元企業）において従業員としての地位を保持したまま、他企業（出向先企業）においてその労務に従事させる人事異動です。

そして、出向は、それにより労務提供の相手方が変更されるので、たとえ密接な関連会社との間に日常的に行われる出向でも、就業規則・労働協約上の根拠規定や採用の際における同意などの明示の根拠のない限りは出向命令権が労働契約の内容になっているということは難しく、出向を命ずることはできないでしょう。

また、就業規則・労働協約や入社の際等において出向命令権の包括的規定ないし同意があれば制限なく出向を命令することができるかというと、出向労働者と出向元企業との間の基本的労働関係が維持されているとはいえ、勤務先の変更に伴い賃金・労働条件、キャリア、雇用などの面で不利益が生じうるので、この点に対する配慮が必要です。すなわち、上記のような包括的規定ないし同意によって出向を命じるには、密接な関連会社間の日常的な出向であって、出向先での賃金、労働条件等が出向規程等によって労働者に配慮して整備され、当該職場で労働者が通常の人事異動の手段として受容している、あるいは受容できるものであることを要するものと解されます（菅野691頁以下）。

そして、出向命令においても、配転と同様に権利の濫用とならないことが必要です。

その権利濫用性を判断するにあたって、出向の場合、労務提供の相手方の変更を生ぜしめるので、この点において著しい不利益を生ぜしめないかどうかが問題となり、具体的には出向命令の業務上の必要性と出向者の労働条件上および生活上の不利益とが比較衡量されることになります。

2　復帰が予定されない出向

さて、本設問のように出向元への復帰を予定していないことにより期間を

〔第2章〕 Ⅵ 配置転換・出向・転籍をめぐる対応

定めずに出向を命令することが認められるかですが、出向は上記のとおり出向元企業において従業員としての地位を保持したまま、出向先企業においてその労務に従事させる人事異動であって、出向元への復帰が当然に想定されている人事措置です。したがって、復帰を予定されない出向は、たとえば整理解雇の回避などそれを肯首せしめる企業経営上の事情が認められない限り、権利濫用になりうるものと考えられます（菅野694頁）。

　本設問のように、本人の能力の問題等から本人の能力やスキルに見合った仕事、ポジションが会社内になく、雇用を維持するためにやむなく関連会社に出向してもらうほかないという、いわば解雇回避のための措置であるといえるような場合であれば、期間を限定できない出向も首肯できるのではないかと考えます。

【弁護士からのアドバイス】

　復帰を予定していない出向は、一般的な意味での出向ではありません。したがって、そのような特殊な出向を命じなければならない本人および企業経営上の事情は、事前かつ厳密に検討しておく必要があります。

　また、社員にもそのような事情を十分説明し、理解を求める努力をすべきでしょう。

（三上安雄）

---

42 出向社員が出向先の企業機密を漏えいした場合に出向元はどのような措置をとるべきか

出向社員が出向先会社の機密を漏えいしていたことが判明した。このことにより被害を被った出向先会社は出向社員に対してどのような措置がとれるのか。

42 出向社員が出向先の企業機密を漏えいした場合に出向元はどのような措置をとるべきか

1 はじめに

41で説明したとおり、出向とは、自己の雇用先の企業に在籍のまま、他の企業の事業所において相当長期間にわたって当該他企業の業務に従事することをいいます（菅野690頁参照）。この出向社員と、出向元、出向先の三者間の法律関係をどうとらえるか（つまり出向の法的性質）については、学説上争いがあり、当該出向社員と出向元企業との間に労働契約関係が存続し、出向先企業との関係では、その労働契約関係のうち、労務給付請求権、労務指揮権が譲渡され、部分的労働契約関係が成立している、すなわち、当該労働者と出向元企業、出向先企業との間で二重の労働契約関係が成立していると解するのが通説とされています。

2 在職中における出向先での守秘義務・競業避止義務の存否

一般に、出向先会社における就業規則、あるいは出向にあたり出向先会社と出向社員との間の特約等に基づき、出向社員が出向先会社に対して守秘義務を負っていることが明確であれば、出向社員が出向先会社の秘密を漏えいしたことに対し、当該守秘義務違反を理由に、出向先会社の就業規則に基づき、懲戒処分が可能でしょうし、また、出向先会社が被った損害について出向社員に対して損害賠償請求を行うことも可能と考えられます。

では、上記のように出向社員が出向先会社に対して守秘義務を負っていることが出向先会社の規則・特約もなく明確でない場合、出向先会社は出向社員に対してどのような措置がとれるのでしょうか。少なくとも、就業規則において規程がなく出向社員に対して守秘義務違反を問えないような場合、出向先会社は出向社員を懲戒することはできません。そこで、出向社員が出向先会社の秘密を漏えいしたことにより出向先会社が被った損害について、何とか出向社員に対して損害賠償請求を行うことができないか問題になります。

多くの企業では、出向元の就業規則において、在職中に企業の秘密を外部に漏らさない旨の守秘義務条項および在職中許可なく他の会社の役員もしくは使用人とならないことや会社の利益に反する業務に従事しない旨の競業避

123

〔第2章〕 Ⅵ　配置転換・出向・転籍をめぐる対応

止義務が規定されています。このような場合、出向社員は、はたしてこのような守秘義務および競業避止義務を出向先との関係でも負担するのでしょうか。

　この点に関し、参考となる裁判例として、東京地判平成23・6・15労判1034号29頁・カナッツコミュニティ事件があります。これは、出向中の社員（被告）が、その在職中、①出向先会社である原告の業務に関する情報を守秘義務に反して持ち出した、②競業避止義務に反し、競業会社である被告会社の取締役に就任して同社の営業を行ったとして、被告に対し、労働契約上の債務不履行ないし不法行為に基づき、また、被告会社に対し、使用者責任（不法行為）に基づき、連帯して損害賠償を求めた、という事案です。

　裁判所は、結論として、被告の原告に対する守秘義務違反、競業避止義務違反を認め、損害賠償請求の一部を認容しました。社員が出向先の就業規則に基づき守秘義務および競業避止義務を負うとしてもそれは出向先ではなくあくまで出向元に対して負うものであるとの被告の主張に対し、裁判所は、出向元会社の就業規則の規程は、当該規程が仮になくとも労働契約上の付随義務として負担すべき内容の義務（守秘義務および競業避止義務）を定めたものと解される規程内容であることに鑑みると、被告は本件就業規則が定める内容の守秘義務および競業避止義務を出向先である原告との関係においても負担していたというべきであるとして、出向先との関係でも守秘義務および競業避止義務を負担すると判断しています。

　このような裁判所の判断については、上記1でご説明した、出向により、当該出向社員と出向元企業との間には労働契約関係が存続しつつ、その労働契約関係のうち労務給付請求権、労務指揮権が出向先に譲渡され、出向社員と出向先との間で部分的労働契約関係が成立するという、通説の考え方からすると、就業規則における規定の有無を問わず労働契約上の付随義務（契約当事者間の信義誠実の原則〔民1条2項、労契3条4項〕から導かれる義務）として負担すべき守秘義務および競業避止義務は、理論上、出向による労働契約の一部譲渡により出向先との間でも負うことになると考えられることから、至極妥当な結論であると解されます。

　したがって、本設問においても、出向先会社が、出向先会社の機密を漏え

124

いしていた出向社員に対し、守秘義務違反を理由として損害賠償請求をすることが認められる可能性が十分にあると思われます。

【弁護士からのアドバイス】

　企業における機密情報の管理において、まずもって重要なことはその漏えいを防ぐことです。それゆえ、重要な情報であればあるほどその情報にアクセスできる社員や関係者はより限定する必要があるでしょう。なお、社員が負う守秘義務の対象は、不正競争防止法にいう「営業秘密」の範囲（非公知性、有用性、秘密管理性という要件の下に限定された情報）とは異なり、競業他社にとって容易に取得できない情報である等、営業上重要な情報にあれば、その対象になりうると考えられます。つまり、不正競争防止法の対象として保護されるべき「営業秘密」の該当性（特に秘密管理性の有無、程度）の問題と、労働契約上の付随義務として認められる守秘義務の対象となる情報の該当性とは分けて考えるべきだと思われます。

（三上安雄）

---

43 出向社員が出向先で非違行為を行った場合の懲戒権はどうなるか

> 出向社員が出向先企業において非違行為を行った場合、懲戒処分を行う主体は出向先企業か、出向元企業か。

A

1 出向とは

　42と同様、本設問のような場合にも社員は二重の雇用契約関係の中におかれることとなるため、懲戒処分の主体はいずれの企業なのか問題となってきます。

125

〔第2章〕 Ⅵ 配置転換・出向・転籍をめぐる対応

2 行政通達の基準

この点、行政通達（昭和61年6月6日基発333号）は「在籍出向の出向労働者については、出向元及び出向先の双方とそれぞれ労働契約関係があるので、出向元及び出向先に対しては、それぞれ労働契約関係が存する限度で労働基準法等の適用がある。すなわち、出向元、出向先及び出向労働者三者間の取決めによって定められた権限と責任に応じて出向元の使用者又は出向先の使用者が出向労働者について労働基準法等における使用者としての責任を負うものである」としています。

要するに、出向にあたっては両企業間において出向協定書が締結されるのが通常であり、その中で基本的な事項につき取決めがなされますので、その取決めに従って、たとえば出向先企業が賃金を支払うという取決めであれば、賃金関係については出向先企業が労働基準法上の使用者としての権限と責任を負うことになります。

3 出向協定書に定めがない場合

特に出向協定書において明確な定めを欠くようなケースにおいては、賃金、労働時間、休日等の基本的労働条件に関する点については、出向先企業が労働基準法上の使用者として、その権限と責任を負うものと解されます。これらは現実に出向先企業の職場における労務の提供に関して問題となるものであり、現に当該労務の提供を受ける出向先企業がその使用者としての地位にふさわしいのが一般だからです。

出向労働者が出向先企業の職場において非違行為を行った場合についても、懲戒権は職場の規律維持・回復のために行われるものであることに鑑みるときは、現に出向先企業の職場の維持・回復が第1の目的となる関係で、懲戒処分の主体は出向先企業であると解されます。

4 出向元企業の懲戒権の有無

問題は、出向社員の非違行為によって出向先企業の秩序が害されるとともに、出向元企業の信用や名誉が毀損されたと評価しうるようなケースにおい

126

て、出向先企業における懲戒処分とは別個に出向元企業による懲戒処分を行うことが可能か否かです。いわゆる二重処分禁止の法理との関係で問題となります。社員の側からすれば、1度の非違行為に対して出向先企業と出向元企業とそれぞれ1回ずつ、計2度の懲戒処分を受けることは不当であるとも考えられます。

　裁判例（東京地判平成4・12・25労判650号87頁・勧業不動産販売・勧業不動産事件）は、出向元企業において独自の損害が発生したと認められるような場合においては、出向先企業・出向元企業はそれぞれ異なる別個独立の損害に対して懲戒処分を科すのであるから二重処分禁止の原則には抵触しない旨判示しました。

　しかし、グループ関連企業内での出向の場合など、企業間のつながりが強いようなケースにおいては別個独立の損害が存在しないと判断されるおそれもあるので注意が必要であり、懲戒処分の必要が生じた場合には、出向先企業と出向元企業との間で、どちらがどのように処分するのかについて話合いによる調整を行うことが大事だと思われます。

5　懲戒解雇をするときの措置

　出向社員が懲戒解雇に相当するような重大な非違行為を行った場合には、出向先企業としてはもはやこれ以上当該出向社員との間における雇用契約関係を継続することはできませんので、当該出向社員との間の雇用契約関係の根拠となっている出向元企業との間の出向協定を破棄・解約して当該出向社員を出向元企業へ戻すこととなります。出向元企業はそれを受けて、当該社員を懲戒解雇するか否か判断することとなると思われます。

【弁護士からのアドバイス】

　海外にある出向先企業の担当者に対して退職する旨の意思表示を行った社員が帰国後出向元企業に出社しなかったため、出向元企業においてこれを無断欠勤として懲戒解雇したという事案において、裁判例（東京地判平成16・7・12労判890号93頁・マップ・インターナショナル事件）は、有効な退職の意思表示の存在を認め、出向元企業の行った懲戒解雇は無

［第2章〕 Ⅵ 配置転換・出向・転籍をめぐる対応

効であるとして、自己都合退職金の支払いを命じました。

　こうしたトラブルを避けるためにも、あらかじめ出向協定書において退職届の提出先等についても明確に取り決めておくべきだと思います。

（山本幸夫・帯刀康一）

44 事業所を分社化して転籍を進めているが、説得しても転籍に応じない社員を解雇することができるか

この度、当社では、ある事業所を分社化するので、その事業所で働いている社員には、分社化する新会社へ転籍してもらいたいと思っているが、1人だけ転籍に応じてくれない社員がいる。この社員は、当社に残っても適当な業務がない。今後も当社は説得に努めるが、それでもあくまで転籍に応じてくれない場合、解雇してもよいか。

A

1 転籍と出向

　本設問にある転籍とは、現在在籍している企業より他の企業に籍を移して、他の企業の業務に従事することをいいます。これは、現在在籍している会社との労働契約を終了させて、新たに他の会社との労働契約を成立させることを意味します。41で説明した出向と似た概念ですが、現在在籍している会社との労働契約が終了するかどうかが両者の違いとなります。

2 転籍命令と労働者の同意

　会社がその社員に転籍を命じることができるか、との問題については、裁判例としては、ほぼ共通に、当該労働者の同意を要するとされています（最判昭和48・4・12民集109号53頁・日立製作所横浜工場事件）。その際、労働者の

128

同意としては、原則としては、就業規則による入社時の包括的な同意によることはできず（東京地決平成4・1・31判時1416号130頁・三和機材事件）、転籍の際の個別具体的な同意（転籍先企業の明示が必要）が必要と解されています。ただし、入社の際の就業規則による包括的な合意による転籍命令を認めた裁判例として、千葉地判昭和56・5・25労判372号49頁・日立精機事件もありますが、これは、採用の際に問題となった当該企業への転籍がありうることが説明され、当人も同意し、当該転籍が実質的な一部門への社内配転と同様に実施され長年にわたって異議を述べる者もいなかったというかなり特殊な事案であり、一般化して考えるわけにはいかないと思われます。

　以上は、事業所や工場を分社化する場合も同様で、会社としては、社員に対して一方的に転籍を命じることはできませんし、転籍を拒否したことをもって解雇することはできないとされています（神戸地姫路支判平成2・6・25労判565号35頁・日新工機事件等）。

3　会社分割法による場合

　以上のように、転籍には当該社員の個別の同意を要するのが原則ですが、本設問にいう、事業所や工場の分社化において、会社法上の会社分割による規定（会757条以下）に沿った形で会社分割がなされる場合には、分社化される事業所や工場の営業に主として従事している社員の労働契約は、会社分割によって分社化された会社に法律上当然に承継されることとなります（会社分割に伴う労働契約の承継等に関する法律3条）。つまり、当該社員は、労働契約が分社化された会社に承継されること（転籍になること）に異議を唱えることができないこととなります。

　ここにいう、「主として従事する」社員とは一体どのような社員をいうのかとの点については、問題となることもありますが、承継される業務に専ら従事している場合は、「主として従事する」社員に該当し、また、他に従事している業務がある場合でも、承継される業務に最も長い時間従事しているのであれば「主として従事する」社員に該当する場合が多いとされています（以上は、「会社分割に伴う労働契約の承継等に関する法律の施行について」平成12年12月27日労働省発地81号・労発248号労働省官房長・労政局長通達第4第2項

〔第2章〕 Ⅵ 配置転換・出向・転籍をめぐる対応

(1)ロで示されていますが、もちろん、例外もあり得ます。以上の点については、民事法研究会刊『会社分割の理論・実務と書式〔第6版〕』参照)。

　なお、会社分割では、分割計画書の作成、労働者との協議等、踏まねばならない手続が詳細に規定されていますが、その詳細については、前掲書342頁以下を読まれることをおすすめします。

【弁護士からのアドバイス】

　結局、事業所や工場を分社化する場合にも、社員をその分社化した会社へ転籍させるには、原則として社員の個別同意が必要であって、転籍を拒否する社員に対しても、会社としては転籍拒否を理由とする解雇はできません。その例外が、会社法上の会社分割により、事業所や工場を分社化する場合であり、分社化される営業に「主として従事」している社員は、当然に転籍することとなります。ただし、実施にあたっては、慎重な判断と手続が必要で、軽々には行わず、専門家への相談、チェックが必要と思われます。

（岡芹健夫）

VII

有期雇用契約をめぐる対応

45 能力が低い有期契約社員からの無期転換の申出を拒否することができるか。また、無期転換後の業務内容の変更は可能か

> 平成25年4月1日から期間1年の契約を締結し、その後も更新しているパートタイム社員（クーリング期間〔空白期間〕はないものとする）が、6年目にあたる平成30年4月1日からの期間1年の契約中に、平成31年4月1日から無期契約に転換したいと申し込んできた。しかし、能力が低いので、無期転換の申込みを拒否したい。またパート就業規則には異動の定めはないが、仮に無期転換に応じなければならないとしても現在の業務に適性がないので業務内容の変更を行いたい。無期転換を拒否したり、無期転換後の業務内容の変更を行うことはできるか。

A

1 無期転換の申込みの拒否

　　　無期契約への転換とは、同一の使用者との間で締結された2以上の有期労働契約の契約期間を通算した期間が5年（労働契約法18条が施行された平成25年4月1日以降の契約で）を超える労働者が、当該使用者に対し、期間の定めのない労働契約の締結の申込みをしたときは、使用者は当該申込みを承諾したものとみなすという法制度です（労契18条1項）。この点、2つの有期労働契約の間に一定の空白期間（クーリング期間）がある場合には、空白期間前の有期労働契約は通算期間には含まれません（労契18条

〔第2章〕 Ⅶ　有期雇用契約をめぐる対応

2項）。本設問では、平成25年4月1日以降の契約期間を通算した期間が5年を超えており、クーリング期間もないので、無期転換の申込みを拒否できません。このことは、能力不足等の事情があるからといって異なりません。

　仮に能力不足等の事情があり雇用し続けることが難しいのであれば、そのつど、指導・注意を行い、それでも改まらない場合に契約期間を通算した期間が5年を超える前に雇止めや解雇を検討すべきだったといえます。

2　無期転換後の業務内容の変更

(1)　「別段の定め」とは

　無期転換後の労働条件は、原則として「現に締結している有期労働契約の内容である労働条件（契約期間を除く。）と同一の労働条件」と定められています（労契18条1項）。もっとも、「当該労働条件（契約期間を除く。）について別段の定めがある部分を除く」（同条項カッコ書）とされ、無期転換後の労働条件について、「別段の定め」がなされていれば、そのとおりに変更することは可能です。この点に関し、厚生労働省労働基準局長の通達（「労働契約法の施行について」平成24年8月10日基発0810第2号）では、「この『別段の定め』は、労働協約、就業規則及び個々の労働契約（無期労働契約への転換に当たり従前の労働契約から労働条件を変更することについての有期契約労働者と使用者との間の個別の合意）をいうものであること」とされています。

　そのため、無期労働契約への転換にあたっての個別の合意により、あるいは、就業規則や労働協約で無期労働契約に転換した後の労働条件（業務内容の変更）について定めることにより、業務内容の変更を行うことも不可能ではありません。

(2)　個別の合意による労働条件の変更

　個別の合意により無期転換後の労働条件を変更する場合の注意点として、就業規則や労働協約で変更したい労働条件について定めていないか、定めている場合、合意しようとしている内容が就業規則や労働協約の基準を下回っていないか（業務内容の変更を行いたい場合、業務内容や就業場所の限定をしていないか）を確認しておく必要があります。

(3) 就業規則による労働条件の変更

就業規則により労働条件を変更する場合、無期転換申込権の取得と、無期労働契約に転換した労働者に適用される就業規則の整備の先後により以下の場合分けができます。

(ア) 転換後の就業規則を整備した後に、有期契約労働者が無期労働契約への転換申込権を取得した場合

この場合、就業規則が整備された後に転換申込みと承諾みなしにより新たに無期労働契約が締結されたことになるので、就業規則の不利益変更の問題は生じず、労働契約の成立に際しての就業規則の労働契約規律効（労契7条）に従って、就業規則の周知とそこに規定された労働条件の合理性が認められれば、就業規則で定められた労働条件を適用できることになるでしょう（菅野320頁）。無期転換した場合に定年等により退職するまで業務内容を変更できないというのは柔軟性に欠け現実的ではないため、業務内容の変更を定めること自体は、原則としては合理性が認められやすいのではないかと思われます。

(イ) 無期転換申込権を行使して無期労働契約が成立した後に就業規則を整備した場合

この場合、たとえ就労の始期（当該有期労働契約の満了日の翌日。本設問では平成31年4月1日）の前であっても、すでに承継されている有期契約中の労働条件の変更を行ったことになるので、就業規則の変更による労働条件の変更に関する諸規定（労契9条、10条）によるべきことになります。

無期契約に転換した労働者に変更内容をよく説明してその合意を得たのであれば、就業規則変更による労働条件変更の合意がある場合として、労働条件の変更が成就します（同9条）。しかし、変更の合意を得ることなく新設の就業規則の規定を適用する場合には、就業規則規定の合理的変更による労働契約規律効（同10条）の類推適用（就業規則の規定の「新設」であり「変更」ではないので、直接適用ではない）によって無期転換後の労働条件を規律することになるでしょう（菅野320頁）。

配転の合理性は、賃金の改善、昇進・昇格制度の改善などとセットで判断され、就業規則改定の際に将来無期契約に転換する可能性のある有期契約労

〔第2章〕 Ⅶ　有期雇用契約をめぐる対応

働者の意見を聴取したかどうかも問題となるとされている（同320頁）こと
から、本設問でも、異動の定めがないことにより、現在の賃金が決まってい
るのだとしたら、異動を定めることにより相応の賃金増額を伴うかがポイン
トになりうるでしょう。

　また、前記通達が「無期労働契約への転換に当たり、職務の内容などが変
更されないにもかかわらず、無期転換後における労働条件を従前よりも低下
させることは、無期転換を円滑に進める観点から望ましいものではないこ
と」として、労働条件低下により無期転換申込みを阻害しないよう求めてい
る点も参考になり、たとえば無期転換後に賃金増額も伴わずに正社員と同様
の全国転勤を定めることは通常難しいと思われます。

(ｳ)　無期転換申込権は取得したがいまだ行使していない段階で就業規則を整備した場合

　この場合、無期転換申込権を取得した以上、いつでもそれを行使すること
により従来の労働条件を承継しつつ無期労働契約に転換できる状態なのであ
るから、無期転換権を行使した後の就業規則整備の場合（前述(ｲ)）に近づけ
た判断が妥当でしょう（菅野320頁）。

(4)　労働協約による労働条件の変更

　労働組合と使用者の労働協約により労働条件を変更する場合、当該労働者
が当該労働組合に所属しているかどうかなどにより場合分けができます。

(ｱ)　当該労働者が当該労働組合に所属している場合

　組合員に不利益変更となる場合であっても、近時の裁判例は不利益変更の
効力を原則として肯定し、特段の不合理性がある場合に組合員を拘束する規
範的効力を否定する立場をとっていると理解できます（最判平成9・3・27
労判713号27頁・朝日火災海上保険〔石堂・本訴〕事件）。この特段の不合理性
の判断にあたってさらに、組合内の意見集約・調整プロセスの公正さの観点
から吟味し、一部組合員に特に不利益な協約については、内容に著しい不合
理性がないかどうかの判断を付け加えるべきとされています（菅野879頁）。

　本設問でも、無期転換の対象となる有期契約労働者の意見を聴取すること
なく労働組合が会社と無期転換者の異動に関する労働協約を締結したような
場合、内容に著しい不合理性があれば、無期転換者を拘束しないことになる

134

でしょう。

(イ)　当該労働者が当該労働組合に所属していない場合

この場合、原則として非組合員に労働協約の組合員を拘束する規範的効力は及びませんが、1つの工場・事業場に常時使用される同種の労働者の4分の3以上の数の労働者が1つの労働協約の適用を受けるに至った場合、労働協約は「同種の労働者」の非組合員である当該労働者にも及ぶことになります（労組17条）。

無期転換者に労働協約が及ぶか（無期転換者が「同種の労働者」にあたるか）は、協約当事者組合の組織対象範囲ないしは協約適用範囲を基本として定めるべきである（菅野889頁）でしょう。たとえば、企業別組合が正社員のみを組織対象としてきたような状況では、非正規労働者は正社員と「同種の労働者」とはいえないと考えられます。

【弁護士からのアドバイス】

以上のように、ひとたび勤続が5年を超えてしまうと期間満了による雇止めができなくなるので、①勤続が5年を超える前から契約更新時に業務内容を定期的に見直しないし変更する運用としておく、②能力が低いなど問題がある社員に対しては実際に業務内容を変更しておく、注意・指導をする、クーリング期間を挟んで無期転換を避ける、雇止めをするなどの対応をとっておくことが適切と考えます。

また、無期転換後、定年退職に至るまで同一の業務に従事することが現実的ではない場合には、無期転換者に適用する就業規則等において、地域限定を付すなど正社員とは異なるルールとしつつ（そうしないと、同一労働同一賃金の観点から、正社員と同様の基本給、手当等の支給を求められるおそれもあります）、業務内容や就業場所の変更などを定めておくことは検討に値するでしょう（ただし、2の(3)の(イ)で述べたとおり就業規則の不利益変更と同様のプロセスが必要となり得るので、実際に規定する際には弁護士にご相談ください）。

（村田浩一）

〔第2章〕 Ⅶ　有期雇用契約をめぐる対応

46　有期契約から無期契約へと転換権を行使した社員が、就業規則に従わない場合にどう対応すべきか

> 当社では労働契約法18条により無期転換した社員用の就業規則を
> 作成しており、その就業規則では、勤務時間はフルタイムで、配
> 転条項もある。これまでパートタイムで勤務していた社員がこの
> たび無期転換権を行使したのだが、フルタイムや他店舗で働くこ
> とはできないと言って、応じてもらえない。このような場合、会
> 社は無期転換しなくても問題ないか。

A

1　問題の所在

　　　　　　45で述べたとおり、無期転換した場合の労働条件について
は、労働契約法18条で、「当該申込みに係る期間の定めのない労働契約の内
容である労働条件は、現に締結している有期労働契約の内容である労働条件
（契約期間を除く。）と同一の労働条件（当該労働条件（契約期間を除く。）につ
いて別段の定めがある部分を除く。）とする」とされています。この「別段の
定め」としては、就業規則、労働協約、個別の労働契約が考えられます。

　上記規定によれば、本設問のように、無期転換した社員に適用される就業
規則をあらかじめ定めておいて、その中で勤務時間がフルタイムになること
や配転があることについて規定しておけば、無期転換した社員の労働条件は
当該就業規則に基づくことになるはずです。

　しかし、当該パートタイム社員の立場に立って考えてみると、このような
変更は労働条件の不利益変更にあたるようにも思えます。

　そこで、無期契約社員用の就業規則の適用により、これまでパートタイ
ム・配転なしだった労働条件がフルタイム・配転ありになることが労働条件
の不利益変更の問題になるのかどうか、言い換えると就業規則の不利益変更
に関する規定である労働契約法10条が適用される場面なのかどうかが問題に
なるところです。もし労働契約法10条が適用されるということになれば、①
労働者の受ける不利益の程度、②労働条件の変更の必要性、③変更後の就業

136

規則の内容の相当性、④労働組合等との交渉の状況、⑤その他の就業規則の変更にかかる事情といった考慮要素に照らして、当該不利益変更は合理的なものでなければなりません。

2　労働条件の不利益変更か、労働条件の設定か

　無期転換が、労働者による新たな無期労働契約の締結の申込みの意思表示と、それに対する使用者の承諾の意思表示の合致によって、新たな無期労働契約が成立するものであることからすれば、無期転換時に無期契約社員用の就業規則が適用されることは、労働契約締結時の労働条件の設定の問題であって、労働条件の不利益変更の問題ではないと考えられます。その場合、無期契約社員に適用される就業規則の内容が有効かどうかは、労働契約法10条の問題ではなく、同法7条の問題となります。すなわち、当該労働条件が合理的であり、労働者に周知されていれば、有効となります（労働契約法7条にいう合理性の内容・程度について議論はありますが、労働契約法10条にいう合理性よりは緩やかに判断されると解せられます）。

　そして、無期社員に新たな役割・責任を期待し、それとの関係でフルタイム・配転ありにする必要があるいうことであれば、基本的に当該労働条件に合理性はあると考えます（もっとも、パートタイムからフルタイムにする以上、その分賃金を上乗せする必要はあるでしょう）。その場合、有期契約社員は、従前の労働条件のまま有期で働き続けるか、フルタイム・配転ありの労働条件の下で無期化するかを選択することになります。

3　今後の裁判例の行方をにらんだ対応

　もっとも、今後裁判所がどのような判断をするかは不透明であり、労働契約法10条が直接ないし類推的に適用されることもあり得ます。行政通達（基発0318第2号平成24年8月10日）上も、「就業規則により別段の定めをする場合においては、法第18条の規定が、法第7条から第10条までに定められている就業規則法理を変更することになるものではないこと」と記載されており、労働契約法10条の適用を排除していません。労働契約法10条が適用される場合、当該パートタイム有期契約社員が無期転換権を行使した時点で無期

〔第２章〕 Ⅶ　有期雇用契約をめぐる対応

契約は成立していることになり、問題となっている労働条件に関しては、労働契約法10条にのっとって無期社員用の就業規則が適用されるかどうか判断されることになります。そのため、使用者としては、無期転換した社員の労働条件の設定については、労働契約法10条の考慮要素を踏まえて検討しておくのが望ましいでしょう。

【弁護士からのアドバイス】

　本設問では、まず無期転換するとフルタイムになるとのことですが、上述したようにパートタイム社員がフルタイムになる場合、労働時間が増える分賃金を上乗せする必要は当然あるでしょう。また、新たに配転の可能性が生じる点についても、たとえば、賃金の上乗せ、昇給等で配慮するのが望ましいところです。

（渡辺雪彦）

47 有期契約を更新して３年間勤めた契約社員に対し、勤務態度に問題があるとして雇止めをする場合、当該社員から「雇用継続への合理的期待がある」と主張されないためにはどうすべきか

　パフォーマンスが悪く、周囲の社員からの評判もよくなかった契約社員を雇止めしたところ、当該元社員から、「会社に３年間勤めて今回も契約が更新されるだろうという雇用継続への合理的期待が生じており、今回の雇止めは解雇である。私は解雇されるようなことはしていない」などと非難されている。当該元社員のいう雇用継続への合理的期待とはどのような場合に生じるのか。３年間勤務すると雇用継続への合理的期待が生じるのか。もし雇用継続への合理的期待がある場合、どうすれば雇止めできるのか。

138

[47] 有期契約を更新して3年間勤めた契約社員に対し、勤務態度に問題があるとして雇止めをする場合……

1 「雇用継続への合理的期待」とは

まず、当該元社員の主張する「雇用継続への合理的期待」とは、労働契約法19条2号に規定されている「当該労働者において当該有期労働契約の契約期間の満了時に当該有期労働契約が更新されるものと期待することについて合理的な理由があるものであると認められること」を指しているものと思われます。

そして、当該元社員に、この雇用継続への合理的期待が存在すると認められる場合には、会社が当該元社員を雇止めすることについて、「客観的に合理的な理由」および「社会通念上相当」であることが認められなければ、当該雇止めは制限され、会社と当該元社員との雇用契約は同一の労働条件で更新されることになります（同条柱書）。

したがって、第1段階として雇用継続への合理的期待の有無が判断され、当該期待が存在すると認められる場合に、第2段階として雇止めの客観的合理的理由および社会通念上の相当性について判断されることとなり、そのいずれかを欠く場合には雇止めが制限されます。そのため、雇用継続への合理的期待は、雇止めの適法性の審理の第1段階にあたるものという位置付けになります。

2 雇用継続への合理的期待の考慮要素

次に、この雇用継続への合理的期待はどのような場合に発生するかという点が問題となります。

この点については、これまでの裁判例の傾向からすると、当該雇用の臨時性・常用性（たとえば、雇用の目的が特定の業務のために臨時に雇い入れたものであるか）、更新の回数、雇用の通算期間、契約期間の管理状況（たとえば、更新時に更新手続を行っているか）、雇用継続への期待をもたせる使用者の言動や制度の有無（たとえば、使用者から労働者に対して次回の契約を必ず更新するなどの示唆をすること）などの考慮要素を総合考慮して判断されるものと考えられています（菅野330頁）。

〔第2章〕 Ⅶ　有期雇用契約をめぐる対応

3　3年間勤務すると雇用継続への合理的期待が発生するか

　雇用継続への合理的期待の有無は、上記のように、さまざまな要素が考慮されるため、単純に当該元社員が主張するような「雇用契約が3年間継続していた」というその一事実のみをもって雇用継続への合理的期待が発生していると判断されるものではありません。

　ただし、雇用契約が3年間継続していたという事情は、雇用継続への合理的期待の有無を判断する際に、合理的期待を肯定する一要素となります。

4　もし雇用継続への合理的期待がある場合、どうすれば雇止めできるのか。

　上記2の考慮要素により判断し、雇用継続への合理的期待が認められる場合には、雇止めの効力が審査されることとなります。そして、当該雇止めについて、客観的合理的理由および社会通念上の相当性がなければ、雇止めは無効となります（労契19条柱書）。

　ただし、上記を反対解釈すれば、仮に雇用継続への合理的期待がある場合であっても、雇止めについて客観的合理的理由および社会通念上の相当性を基礎付ける事情の双方を主張できれば、雇止めは適法となるということです。

　そこで、上記客観的合理的理由および社会通念上の相当性についてどのような事情があればよいのかが問題となります。

　この点、客観的合理的理由および社会通念上の相当性という文言は、労働契約法16条の解雇権濫用法理（「解雇は客観的に合理的な理由を欠き、社会通念上相当であると認められない場合は、その権利を濫用したものとして、無効とする」）と同様の文言となっていますが、判例（最判昭和61・12・4労判486号6頁・日立メディコ事件）は、有期契約労働者の場合には、正社員の雇用保障の程度とはおのずと差があることを指摘しているところです。

　そのため、雇用継続への合理的期待が生じている場合には、解雇と同程度の客観的合理的理由および社会通念上の相当性に該当する事情まではなくても、それに近い事情があれば、雇止めが有効になるものと考えられます。

140

本設問の元社員においては、パフォーマンスが低いとのことですので、会社が、当該元社員に対して、継続的に（書面で）注意・指導を繰り返し行っていたこと、その注意・指導にもかかわらず、当該元社員のパフォーマンスが向上していないことを立証できる場合には、雇止めが有効となる可能性があります。

【弁護士からのアドバイス】

雇止めにおいては、労働契約法19条1号および2号の事由に該当する場合には、客観的合理的理由および社会通念上の相当性がなければ雇止めが制限され、同一の労働条件で更新されたものとみなされることになります。

本設問で問題となった雇用継続への合理的期待（同条2号）を発生させないためにとれる手段としては、更新回数の上限を契約時に設けることが考えられます。

判例（大阪地決昭和62・9・11労判504号25頁・北陽電機事件等）においても、更新回数の上限を契約時に就業規則および雇用契約書において定めておくことにより、原則として雇用継続への合理的期待は否定されると判示されています。

ただし、その運用において、更新の上限に達した有期契約労働者の更新を行ったことがある場合や使用者が更新を期待させる言動をした場合には、例外として、雇用継続への合理的期待が発生する可能性があります。そのため、更新上限を設ける場合には、その運用を厳格に行う必要があることに留意する必要がありますし、不用意に更新を期待させるような言動をしないよう注意する必要もあります。

なお、契約後の更新時に、使用者から次回は更新しないことを一方的に伝えるような場合では、すでに有期契約労働者に雇用継続への合理的期待が発生している状態であれば、雇用継続への合理的期待を消滅させることはできません。

そのような場合には、有期契約労働者が不更新条項に同意するなど、雇用継続への合理的期待を放棄する必要があります。この放棄において

〔第2章〕 Ⅶ　有期雇用契約をめぐる対応

は、労働者の放棄の意思表示の有効性が認められるようにするため、放棄の意思が明確になるように書面化すること、労働者に放棄の意味を説明すること、放棄を求める合理的理由が必要となります。

　また、雇止めを行う際には、雇用継続への合理的期待が認められる場合にも備え、雇止めの客観的合理的理由および社会通念上の相当性を基礎付ける事実およびその根拠等を主張立証できるよう準備したうえで行うことが望ましいことになります。

（菅原裕人）

48 正社員と契約社員とで手当等の賃金を区別したいが、労働契約法20条に違反すると主張されないためにはどう対処すべきか

正社員と契約社員で労働条件が異なるため、住宅手当や通勤手当などの賃金において区別したいが、この区別が労働契約法20条に違反すると主張されないためにはどうすればよいか。

A

1　雇用形態にかかわらない公正な待遇の確保

　　　　　雇用形態によって支給される賃金額や手当の種類に差がある場合、同一労働同一賃金の原則に反しないかが問題となります。

　この問題は、現行法では労働契約法20条の問題であり、これまで複数の下級審裁判例が出され、平成30年6月1日には2件の最高裁判決が下されました。そして、平成30年7月6日に公布された「働き方改革を推進するための関係法律の整備に関する法律」では、正社員と非正社員との待遇差を解消するために、労働契約法20条を廃止し、パートタイム労働法8条および9条において同趣旨の規定が整備される予定となっています。

　このように、同一労働同一賃金の問題に関するルールは、現在、変化の過程にありますが、2020年4月1日から新しく施行されるパートタイム労働法8条および9条においても、労働契約法20条およびその解釈にかかる裁判例

142

の理解は無視できないものであると思われますので、以下では、現行労働契約法20条に基づいて本設問を検討していきます。

2　現行法制度下の公正な待遇の確保

(1)　労働契約法20条の趣旨・意義

　労働契約法20条は、いわゆる均衡待遇を定める趣旨であり、同一の使用者と労働契約を締結している労働者の中で、期間の定めの有無によって労働条件に不合理な相違を設けることを禁止するものです。同条は、当該相違の不合理性の判断にあたっては、①労働者の業務の内容および当該業務に伴う責任の程度（以下、「職務の内容等」といいます）、②当該職務の内容および配置の変更の範囲、③その他の事情を考慮して判断されるべきことを定めています。

　そして、同条の主張・立証責任については、「不合理と認められるものであってはならない」（「合理的なものでなければならない」とは規定されていない）という規定の仕方に照らして、労働者側で、相違する労働条件が不合理であることを基礎付ける具体的な事実を主張立証する責任があり、使用者側では、当該相違が不合理でないことを基礎付ける具体的な事実を主張立証する責任があります（平成24年8月10日基発0810第2号、平成27年3月18日基発0318第2号、最判平成30・6・1労判1179号20頁・ハマキョウレックス事件）。

(2)　不合理性判断のための三要素の意味

(ｱ)　職務の内容等

　「職務の内容等」とは、労働者が従事している業務の内容および当該業務に伴う責任の程度を指すものとされ、たとえば、正社員と契約社員の担当業務が「売店販売業務」として同じであっても、正社員が複数の売店を統括し、その管理業務等を行うエリアマネージャー業務に従事する（およびそれに伴う責任を負う）のに対し、契約社員は売店販売業務のみを行うといった場合が考えられます（東京地判平成28・7・26労判1154号5頁・メトロコマース事件）。

(ｲ)　当該職務の内容および配置の変更の範囲

　次に、「当該職務の内容および配置の変更の範囲」とは、今後の見込みも

〔第2章〕 Ⅶ 有期雇用契約をめぐる対応

含め、転勤、昇進といった人事異動や本人の役割の変化等（配置の変更を伴わない職務の内容の変更を含む）の有無や範囲を指すものとされ（前掲通達）、たとえば、当該企業において、正社員には、契約社員にはない、等級役職制度が設けられて教育訓練制度とともに運用されていたり、業務の必要に応じた配置転換、職種転換または出向が命じられたりしているような場合が考えられます（前掲ハマキョウレックス事件）。

　(ウ)　「その他の事情」とは

　最後に、「その他の事情」については、合理的な労使の慣行などの諸事情が想定されるものであることとされ（前掲通達）、定年後再雇用者（有期契約労働者）と正社員との間の賃金差について争われた最判平成30・6・1労判1179号34頁・長澤運輸事件においては、上記(ア)および(イ)に関連する事情に限定せず、定年後再雇用されたという事情（定年前後での賃金体系の相違や定年後再雇用者が一定の年齢に達することで老齢厚生年金を受給しうる立場にあることといった事情）も「その他の事情」として考慮されています。

　このほかにも、所定労働時間の長さや残業義務の有無、職業経験・能力、企業の業績等への貢献度といった事情も考慮されると考えられます（平成28年12月20日厚労省「同一労働同一賃金ガイドライン案」）。

　(3)　**不合理性の判断方法**

　労働契約法20条の不合理性の判断手法については、個々の労働条件ごとに判断するべきとされています（前掲長澤運輸事件）。したがって、たとえば、賃金についていえば、賃金額全体ではなく、個々の手当ごとに不合理性の判断が行われることとなります。

3　賃金に関する相違の不合理性

(1)　基本給

　労働者の職業経験・能力に応じて支給する賃金制度や労働者の業績・成果に応じて支給する賃金制度を採用している場合には、その職業経験・能力や業績・成果に応じた部分には同一の支給をしなければならず、職業経験・能力や業績・成果に一定の違いがあれば、その相違に応じた支給をしなければなりません（前掲ガイドライン案）。

144

(2) 各種手当

(ア) 賞 与

賞与が会社の業績等への貢献に応じて支給される場合には、その貢献に応じた支給がなされなければなりません（前掲ガイドライン案）。

(イ) 役職手当

役職の内容やその責任の範囲・程度に対して手当を支給しようとする場合には、その相違に応じた支給がなされなければなりません（前掲ガイドライン案）。

(ウ) 精皆勤手当

精皆勤手当を設けている場合には、出勤を確保する必要性に関して、雇用形態による相違は見出しがたいと考えられますので、同一の支給がなされなければなりません（前掲ハマキョウレックス事件、前掲ガイドライン案）。

(エ) 時間外労働・深夜・休日手当

時間外労働・深夜・休日手当は、まさに労働したことに対する対価ですので、割増率を異にすることはできず、同一としなければなりません（前掲メトロコマース事件）。福利厚生の観点は、（別の福利厚生に関する手当として行われる場合は別として）正社員と非正社員とで区別する理由にはならないということです。

(オ) 通勤手当

通勤手当は、労働者が通勤のために要した交通費等の全額または一部を塡補する性質のものであり、その性質上、職務の内容や職務の内容および変更の範囲とは無関係に支給されるものと理解されますので、同一の支給がなされなければなりません（前掲ハマキョウレックス事件、前掲ガイドライン案）。

(カ) 住宅手当

住宅手当は、正社員には転居を伴う配置転換が予定され、住宅コストが増大（たとえば、転勤に備えて住宅の購入を控え、賃貸住宅に住み続けることによる経済的負担等の増大）が見込まれること、また、長期雇用を前提とした正社員への住宅費用の援助や福利厚生を手厚くすることにより有為な人材の獲得・定着を図るという趣旨からすると、正社員に対してのみ支給するとしても不合理な相違とはいえないと考えられます（もちろん、適正な金額であるこ

〔第2章〕 Ⅶ　有期雇用契約をめぐる対応

とが前提となります）。

㈭　単身赴任手当

　単身赴任手当が設けられている場合は、同一の支給がなされなければなりません（前掲ガイドライン）。これは、同手当が家族が別々に生活することによって生活コストが上昇することに配慮したものであり、雇用形態による相違は見出しがたいからであると考えられます。

㈮　地域手当

　地域手当については、当該地域採用のパートタイム労働者や契約社員などにはそれぞれの地域の物価等を織り込んで基本給を設定しているような場合もあるため、そのような場合には正社員のような地域手当が支給されなくても不合理とはいえませんが、全国一律に基本給が設定されているような場合に支給の有無およびその額に相違を設けると不合理な相違とされると考えられます（前掲ガイドライン）。

【弁護士からのアドバイス】

　すでに解説したとおり、労働契約法20条の不合理性の判断においては、正社員に支給されている手当について、当該手当を支給している趣旨を再確認し、有期契約労働者に対して支給されていない、および支給されているとしても金額に差異がある手当については、その支給の有無・差異が生じる理由について一定の理由が存するか否かを検討して、必要に応じ給与制度の変更といった措置をとっておくことが肝要です。その際、いまだ案の段階ではありますが、ガイドライン案の趣旨を参考にするとよいでしょう。

（宇井一貴）

146

VIII

安全・衛生をめぐる対応

49 定期健診で高血圧症と診断されたにもかかわらず喫煙や飲酒を続け脳血管疾患を発症した場合、労災認定されるか

当社の社員が、脳血管疾患を発症した。この社員は、以前より飲酒、喫煙をしており、定期健康診断では高血圧との診断を受けていた。このような場合にも労災が認定されるのか。

A

1 労災と因果関係

労災と認定されるためには、負傷または疾病と業務との間に相当因果関係があることが必要とされています（最判平成 9 ・ 4 ・25労判722号13頁・大館労基署長〔四戸電気工事店〕事件）。

そして、業務と疾病等の発症との間の相当因果関係（業務起因性）の存否は、当該疾病が業務に内在する危険の現実化として発症したと認められるかどうかによって判断することとされています（最判平成 8 ・ 3 ・ 5 労判689号16頁・地公災基金愛知県支部長〔瑞鳳小学校教員〕事件）。具体的には、①当該業務に危険が内在していると認められるか、②当該疾病が、当該業務に内在する危険の現実化として発症したと認められるか、判断時の知見をもとに判断されます（したがって、発症時は業務と関係がないと思われていた知見が、後の科学の進歩により、業務に起因すると判断されるおそれもあります）。

なお、発症当初は業務と無関係であっても、発症後も業務に従事せざるを得ず、結果として治療を受ける機会を逸した場合には、業務に内在する危険

〔第2章〕 Ⅷ　安全・衛生をめぐる対応

が現実化したものと考えられています（上記地公災基金愛知県支部長〔瑞鳳小学校教員〕事件）。

2　脳・心臓疾患と因果関係

また、脳・心臓疾患は、基礎的病態が、長い年月の生活の営みの中で形成され、それが徐々に進行し、増悪するといった自然経過をたどり発症に至るものとされていますが、業務により明らかな過重負荷が加わった結果、自然経過を超えて著しく増悪し発症に至った場合、業務がその発症の相対的に有力な原因であると判断し、労災と認定されます。なお、業務の量的過重性の判断においては、当該労働者と同程度の年齢・健康等を有し、基礎疾患を有していても通常の業務を支障なく遂行することができる程度の健康状態にある者が基準とされています（最判平成12・7・17労判785号6頁・横浜南労基署長〔東京海上横浜支店〕事件、東京高判平成22・10・13労判1018号42頁・国・中央労基署長〔リクルート〕事件）。

3　喫煙・飲酒

社員が日常的に喫煙や飲酒をしていた場合や高血圧症を有していた場合には、当該事実は脳血管疾患と業務との相当因果関係を判断する際のリスクファクターとして考慮されます（参考として最判平成8・1・23労判687号18頁・昭和郵便局事件、東京高判平成20・5・22労判968号58頁・松本労基署長〔セイコーエプソン〕事件）。

4　会社の責任

社員の脳血管疾患の発症に関して、それが業務に起因するものであり、かつ、会社が安全配慮義務（労契5条）を怠っていたことにより発症したものと認定された場合、会社は民事上の損害賠償責任を追及されるおそれがあります。

社員に高血圧症等の既往症があったり、喫煙や飲酒をしていた場合には、業務に起因するリスクと既往症や喫煙・飲酒のリスクのいずれが主として発症に寄与したのかにより、業務起因性が判断されることになります。

148

また、安全配慮義務違反の判断においても、既往症により過重な業務をさせることを医師に禁止されていたにもかかわらず、特段の配慮をせずにそのまま業務に就かせて発症に至ったような場合は、安全配慮義務違反が認められるおそれが高まります。

なお、仮に業務起因性および安全配慮義務違反が認められた場合でも、喫煙や飲酒といった事情もまた発症に寄与したとして減額の対象となる可能性があります。たとえば、毎日約20本ないし30本の喫煙をしていた社員がくも膜下出血で死亡した事件では、社員の喫煙本数を「通常でも多いほう」と評価し、社員の喫煙習慣が本件発症に20％程度の寄与をしたと認め、損害額が20％減額されました（福岡高判平成21・1・30判時2054号88頁・ハヤシ〔くも膜下出血死〕事件）。

【弁護士からのアドバイス】

会社は、社員に対し1年に1回定期健康診断を受けさせる義務を負い（労働安全衛生規則44条）、定期健康診断の結果を入手することができます。確実に健康診断を受診させ、異常が確認された社員については、早期の治療を促すことで、社員の健康を確保することができますし、結果として労災を防止し、社内における人材を活かすことにつながります。

また、異常が確認されたにもかかわらず、治療に行っていないような社員については、異常の程度にもよりますが、素人目にも体調がよくない状況が確認できるような場合は、個別に医師の受診を促し、それでも受診をしない場合は、業務命令として受診を命じることが必要でしょう。業務命令によっても受診をしないような場合は、医師の診断により就業しても問題ないと確認できるまで就業禁止措置をとるなど、そのまま放置しないようにしてください。

（米倉圭一郎・高亮）

〔第2章〕 Ⅷ 安全・衛生をめぐる対応

50 夜遅くまで個人的趣味の社内サークルに参加していた社員が虚血性心疾患で亡くなった場合、どう対応するか

当社の社員が、虚血性心疾患を発症し亡くなった。遺族は、夜遅くまで会社に居残っており、業務が過重だったと言っているが、実際には、社員は社内のサークル活動に参加していたにすぎず、本来業務に従事していたわけではない。この場合に、サークル活動も含めて業務の過重性を考慮すべきか。

A 1 虚血性心疾患と労働災害

虚血性心疾患に該当する具体的な病名は労働基準法施行規則別表1の2第8号に規定されており、具体的には心筋梗塞、狭心症、心停止（心臓性突然死を含む）、解離性大動脈瘤などがこれにあたります。また、業務起因性の認定にあたっては、①発症直前から前日までの間において、異常な出来事に遭遇したか、②発症近接時に短期間の過重労働があったか、③発症前の長期間にわたり過重労働があったか、によって判断されます（厚生労働省「脳血管疾患及び虚血性心疾患等（負傷に起因するものを除く。）の認定基準について」平成13年12月12日基発1063号）。

本設問のサークル活動が労働時間としての性質を有する場合には、サークル活動も含めて業務の過重性を考慮して、労働災害の該当性を上記認定基準によって検討することになります。

2 労働時間と評価される時間

一般に、労働時間とは、使用者の指揮命令下におかれている時間のことをいい、使用者の明示または黙示の指示により労働者が業務に従事する時間は労働時間にあたると解されています（平成29年1月20日厚生労働省「労働時間の適正な把握のために使用者が講ずべき措置に関するガイドライン」、最判平成12・3・9労判778号11頁・三菱重工業長崎造船所〔一次訴訟・会社側上告〕事

150

件)。そして、本設問のサークル活動のような所定労働時間外の本来業務とは別の活動が、業務に関連する時間であると評価されるかどうかは、「労働者が使用者の実施する時間外の教育に参加することについて、就業規則上の制裁等の不利益取扱いによる出席の強制がなく自由参加のものであれば、時間外労働にはならない」(昭和26年1月20日基収2875号、平成11年3月31日基発168号) とされています。一方で、「参加することが業務上義務づけられている研修・教育訓練の受講や、使用者の指示により業務に必要な学習等を行っていた時間」は、労働時間とされています (前掲「労働時間の適正な把握のために使用者が講ずべき措置に関するガイドライン」)。

3 サークル活動と業務性

社内のサークル活動は、通常、所定労働時間外に行われていますが、社員が業務上の問題点を話し合ったり、改善策を検討したりするものであれば、業務に関連する時間と考えられ、労働時間と評価される場合があります。

たとえば、サークル活動について、上司が審査し、賞金や研修助成金、一部の時間の残業代が支払われ、一定の頻度で行うことやサークルリーダーはサークル活動状況を自己評価することが会社から求められ、また、サークル活動の日誌の確認が業務として実施されていたという事情の下で、サークル活動にかかわる作業は、「労災認定の業務起因性を判断する際には、使用者の支配下における業務である」と判示された例があります (名古屋地判平成19・11・30労判951号11頁・国・豊田労基署長〔トヨタ自動車〕事件)。

したがって、本設問では、社員はサークル活動に参加していたとのことですが、サークル活動の内容によっては、労災認定の業務起因性の判断時に業務と評価される可能性はあります。

4 サークル活動の過重性

また、虚血性心疾患が業務上の疾病に該当するか否かを判断する場合、労働時間数の判断のほか、労働の質も負荷要因として考慮されます (前掲・国・豊田労基署長〔トヨタ自動車〕事件)。

認定基準では、業務の過重性の具体的な評価にあたって、労働時間、不規

〔第2章〕 Ⅷ　安全・衛生をめぐる対応

則な勤務、拘束時間の長い勤務、出張の多い業務、交替制勤務・深夜勤務、作業環境（高温・低温環境、騒音、時差）、精神的緊張を伴う業務が負荷要因として掲げられています。したがって、サークル活動が業務と評価される場合、その過重性が問題となる可能性があります。

　たとえば、労働時間と判断されたサークル活動が長時間にわたる場合には、拘束時間の長い勤務として、サークル活動中に危険な実験を行う場合には、作業環境や精神的緊張を伴う業務として、負荷要因と判断される可能性があります。

5　サークル活動を行う場合

　サークル活動は本来自主的に行われるべきものですし、労働時間と判断されないようにするという点でも、サークル活動を強制したり、不参加をもって不利益に評価したりすることは控えるべきです。また、サークル活動を社内で行う場合には、所定労働時間外に行う、サークル活動の後に業務に戻らない、社内の休憩室で行ったりするなど、労働時間と区別するための対策をとることが肝要です。

【弁護士からのアドバイス】

　労働災害を防ぐためには、心身の休息をとることが一番です。

　自主的なサークル活動は奨励しても問題ありませんが、長時間のサークル活動は心身の負担となりますので、社員には控えるように働きかけたほうがよいでしょう。

（米倉圭一郎・大村剛史）

---

51 下請会社の社員が作業中の事故で死亡した場合に元請会社の責任はどうなるか。元請会社に安全配慮義務違反が認められた場合の対応はどうすべきか

> 下請工事会社の社員が、作業中の事故で亡くなった。遺族は元請けである当社に対して損害賠償を請求してきているが、応じなければならないのか。また、会社に安全配慮義務違反が認められた場合、取締役にも責任があるのか。

A 1 下請会社社員に対する元請会社の責任

　　　　作業中の事故といったような労働災害により損害を被った場合には、労働者は使用者に対して不法行為もしくは安全配慮義務違反（債務不履行）に基づき損害賠償を請求することが考えられますが、本設問の労働者は下請会社の社員であり、元請会社とは雇用契約を締結していないため、直接の使用者である下請会社が損害賠償責任を負うだけでなく、さらに元請会社が使用者としてこれらの責任を負うか否かが問題となります。

　この点につき裁判例は、「……注文者（筆者注：元請）、請負人（筆者注：下請）間の請負契約を媒介として事実上、注文者から、作業につき、場所、設備、器具類の提供を受け、且つ注文者から直接指揮監督を受け、請負人が組織的、外形的に注文者の一部門の如き密接な関係を有し、請負人の工事実施については両者が共同してその安全管理に当り^{（ママ）}、請負人の労働者の安全確保のためには、注文者の協力並びに指揮監督が不可欠と考えられ、実質上請負人の被用者たる労働者と注文者との間に、使用者、被使用者の関係と同視し^{（ママ）}できるような経済的、社会的関係が認められる場合」には、元請会社も安全配慮義務を負うものと判示しています（福岡高判昭和51・7・14民集34巻7号906頁・鹿島建設事件）。

　また、別の判例では、「上告人（筆者注：元請）の下請企業の労働者が上告人の神戸造船所で労務の提供をするに当たっては、いわゆる社外工として、上告人の管理する設備、工具等を用い、事実上上告人の指揮、監督を受けて

〔第2章〕 Ⅷ 安全・衛生をめぐる対応

稼働し、その作業内容も上告人の従業員であるいわゆる本工とほとんど同じであったというのであり、このような事実関係の下においては、上告人は、下請企業の労働者との間に特別な社会的接触の関係に入ったもの」として、安全配慮義務を負うものと判示しています（最判平成3・4・11労判590号14頁・三菱重工業神戸造船所事件）。

つまり、①元請会社からの作業場所、設備、器具類の提供、②元請会社の直接の指揮監督、③元請会社社員との業務内容の同一性などの事情に鑑み、元請会社と下請会社の社員の間に密接な関係があると判断される場合には、元請会社が当該社員に対し安全配慮義務を負うものと考えられますので、本設問についてもこのような事情があれば、元請会社に損害賠償責任が発生する可能性が高いと思われます。

他方、元請会社の社員が作業現場に行かず、また具体的な作業指示も行わず、契約上は元請会社が注文者から請け負っているものの、実態は単に注文者に下請会社を紹介したにとどまるような場合には、元請会社には安全配慮義務が発生せず、損害賠償責任も負わないと判断される可能性もあるものと思われますが、いずれにせよ雇用契約を締結していないからといって、直ちに、元請会社が責任を負わないということにはなりませんので、注意が必要です。

なお、元請会社が安全配慮義務を負うとしても下請会社にも損害賠償責任が発生し、元請会社の損害賠償責任との関係では、両者は連帯して責任を負うことになりますので、下請会社との請負契約においては、双方が負う労働者の安全管理に対する責任内容を明確にするなど、双方が責任をもって労働者の安全管理を行うようにしておくべきかと思います。

2 取締役の責任

作業中の事故について、会社に安全配慮義務違反が認められる場合の取締役の責任については、代表取締役につき日常的に業務の指揮・監督を行っていたことおよび会社に代わって事業を監督すべき地位にあったことを理由に代理監督者としての責任を認めた裁判例（長野地上田支判昭和61・3・7労判476号51頁・立科生コン・今井舘商店事件）や、代表取締役につき作業の指揮・

監督をしていた者として会社に安全配慮義務を尽くさせる必要があったことを理由に不法行為責任を認めた裁判例（横浜地小田原支判平成6・9・27労判681号81頁・三六木工事件）があります。

また、長時間労働による心不全の事案ですが、取締役は会社に対する善管注意義務として、会社が安全配慮義務に反しないよう注意する義務を負うとし、取締役らが労働者の生命や健康を損なわないような体制の構築や長時間労働を是正する方策をとらなかったことについて任務懈怠を認定し、会社法429条1項に基づく責任（役員等の第三者に対する損害賠償責任）および不法行為責任を認めた裁判例（大阪高判平成23・5・25労判1033号24頁・大庄ほか事件）もあります。

上記のとおり、発生した労働災害と取締役自身の業務の関連性によっては、取締役の責任を問われることになりますが、取締役の注意義務は直接取締役が担当している業務に限らず、会社の業務全体に及びうるものと思われますので、注意が必要です。

【弁護士からのアドバイス】

　元請会社および取締役の責任が認められるか否かについては、具体的事情によるところでありますが、会社にとっては厳しい判断をされるケースも多いと思います。まずは何より労働災害が発生しないよう、日頃から下請会社の従業員を含め安全・健康管理の体制を万全にしておきましょう。

（秋月良子）

〔第2章〕　Ⅸ　その他の問題への対応

Ⅸ

その他の問題への対応

52 業務委託先の社員に委託元の社員が直接仕事の指示をすると労働者派遣法に違反するか。この場合、委託元は委託先の社員を直接雇用しなければならないか

> 当社（Y社）はA社に物品の製造について業務委託をしていたが、A社の社員Xから、「Xに対する仕事の指示をY社の社員が行うのは違法な派遣にあたるから、Y社はXを直接雇用しなければならない」との要求があった。当社はXを雇用しなければならないのか。

A

1　いわゆる偽装請負と直接雇用の問題性

　　　設問のY社とA社は請負契約を締結しているにすぎません。またXはA社の社員ですから、形式的にはXはY社と雇用契約関係にありません。

　Y社がXを直接に指揮監督していたり、その採用や賃金決定を行ったりするのであれば、本来Y社とA社、X間で労働者派遣契約が締結されていなければなりません。本設問のように請負契約を締結していたのは労働者派遣を偽装するもの（いわゆる偽装請負）であって違法であり、その実態に鑑みて、XとY社との間に直接の雇用契約関係が認められるのではないかという問題が生じます。

156

2 松下プラズマディスプレイ（パスコ）事件

　この問題について、大阪高判平成20・4・25労判960号5頁・松下プラズマディスプレイ（パスコ）事件は、請負の形で行われた当該事案の派遣は労働者派遣法に適合しないため、職業安定法44条が禁止する労働者供給に該当し、公序良俗（民90条）に反するものとして無効とし、派遣先と派遣労働者間には黙示の労働契約が成立していたと認定しました。

　しかし、その上告審判決（最判平成21・12・18労判993号5頁・パナソニックプラズマディスプレイ〔パスコ〕事件）は、労働者派遣法に違反していたとしても、同法の取締法規としての性格等に鑑みれば、派遣元と派遣労働者間の雇用契約が無効となるものではなく、特段の事情のない限り、派遣先と派遣労働者間の黙示の雇用契約が成立するものでもないとしました。

　この判例により、直接雇用契約関係の成否の問題は一応の決着をみたといえます。

3 その後の裁判例

　上記最高裁判決後は、違法な労働者派遣であったとしても原則として直接の雇用契約関係は成立せず、派遣先と派遣労働者間の雇用契約を無効と解すべき特段の事情があるかが争点となることになりました。

　裁判例の多くはこの特段の事情を否定し、直接の雇用契約（労働契約）の成立を否定しています（横浜地判平成26・3・25労判1097号5頁・日産自動車ほか〔派遣社員ら雇止め等〕事件）。

　しかし、派遣先企業が派遣労働者の特定やランク決定に関与していた事案について、特段の事情を認め、黙示の雇用契約（労働契約）の成立を認めた裁判例もあります（山口地判平成25・3・13労判1070号6頁・マツダ防府工場事件）。

　このように、事案によっては直接の雇用契約が認められてしまう場合もありますので注意が必要です。

〔第2章〕 Ⅸ　その他の問題への対応

4　労働契約申込みみなし制度（労働者派遣法40条の6）

　平成24年労働者派遣法改正において、労働者派遣法の適用を免れる目的で、請負その他労働者派遣以外の名目で契約を締結し、労働者派遣の役務の提供を受けた場合には、当該偽装請負が開始した時点で、事業主が派遣労働者に対して派遣元と同一の労働条件で労働契約の申込みをしたものとみなす、という制度が新設されました。この規定は平成27年10月1日から施行されています。

　これにより、違法な労働者派遣がなされていた場合、労働者は直接派遣先事業主に対して労働契約の締結を申し入れる（派遣労働者が法律上の申込みを承諾すれば労働契約が成立することになります）ことができることになりました。

　今後は、労働者が偽装請負であると考えた場合、この制度により派遣先へ労働契約成立を申し入れ、派遣先は労働者派遣法の潜脱目的ではない旨を反論する形で争われることになるものと思われます。

【弁護士からのアドバイス】

　労働者派遣法は強行法規ですので、労働者派遣はこれを遵守して行わなければなりません。

　ですから、労働者派遣を行うべき事案（派遣先が労働者を指揮命令することを予定しているときなど）は、請負契約や業務委託契約ではなく、きちんと労働者派遣契約を締結することが重要です。

　また労働者派遣契約を締結している場合でも、派遣先からの指示が労働者の特定や賃金決定などにまで及んでしまうと、上記最高裁判例を踏まえたとしても、特段の事情を認定されることによって直接の雇用関係が認められる可能性がゼロではありません。派遣先企業は、派遣元や派遣労働者への過度の干渉をしないよう注意すべきです。　　　　（大山圭介）

53 仕事の能率が極端に悪く、労働者としての適性がないと考えられる社員に対してどう対応すべきか

> 本来、一定の時期までに行わなければならない業務、達成しなければならない目標があるにもかかわらず、それを放置して、仲のよい他の社員からの依頼に注力してしまい、結果として自分固有の仕事の能率が悪い社員に対して、会社はどのように対処すべきか。

A

1 労働者の基本的義務

　労働者は、労働契約に基づき、労働を行う義務を有しますが、これは、単なる機械的労働義務にとどまらずに、職務に専念し、使用者の指揮命令に従う義務も含みます。すなわち、労働者は労働の内容、遂行方法、場所などに関する使用者の指示に従った労働を誠実に遂行する義務があります（菅野149頁以下）。

　この義務を怠った場合には、労働契約の義務違反となりますし、就業規則に抵触する懲戒事由の条項があれば、懲戒権行使の対象にもなります。また、当該労働者の勤務能力・実績にもかかわってきますから、当該労働者の評価（査定）の材料ともなり得ます。

2 仕事の能率と労働者の適性

　仕事の能率が悪いことは、労働者の適性不適性にかかわり、それが著しい場合には、労働者としての適性なしとして、解雇事由になることがあります（多くの会社では、普通解雇の条項に、「業務に耐えられないこと」といった解雇事由が列挙されていますが、これに該当します）。

　ただし、労働者としての適性欠如を理由とする解雇は、よほどのレベルでなければ認められないのが通常です。たとえば、会社の人事課員として試用期間中の者に対し、賞与の袋詰作業中連続して4回も金額を数え間違えたことなど初歩的な誤りが多いことを理由とする本採用拒否について、本採用拒

〔第2章〕 Ⅸ その他の問題への対応

否を無効とした裁判例もあります（大阪地決昭和52・6・27判タ349号150頁・小太郎漢方製薬事件。そのほかに、能力不足による解雇を無効とした例として東京地決平成11・10・15労判770号34頁・セガ・エンタープライゼズ事件等）。

したがって、本設問の場合、会社としては、まずは普通解雇に至る前に並行して、少なくとも初期段階では、指示違反（業務命令違反）、もしくは当該労働者の評価（査定）でもって対応するのが通常でしょう。

3 指示違反（業務命令違反）

労働関係は、そのつど使用者の業務命令によって具体化される性格がありますが、業務命令は一定・定型なものではありません。したがって、業務命令違反をもって当該社員を追及する場合も、仕事の能率を下げるような他の社員に対する安易な迎合を戒める明確な業務命令を出しておかないと、そのような迎合が、明瞭に使用者の業務命令違反であるとはいえなくなることもあり得ます。

そこで、実務的には、このような安易な迎合をなす社員に対しては、いきなり、指示違反による懲戒権を発動するのではなく、まずは、できるだけ具体的に当人の不適性な迎合を指摘しつつ注意し（それも、記録化の点からはできれば書面や社内メールによるのが適切です）、当人に、どの種、どのレベルの迎合が業務指示違反であるかを会社が明瞭に示しておくことが必要です。また、かかる注意は指導・改善の努力を会社が行ったことにもなり、それでもあえて当人がその姿勢を改善しない場合には、かかる会社の注意に対してもなお従わないとして、注意という業務命令に違反するということになります。何回か注意したにもかかわらず、また、譴責、始末書提出等の軽めの処分をしたにもかかわらず、姿勢を改善しない場合には、業務命令（注意）に対する重ねての違反を理由として、重度の人事措置（最悪の場合解雇）も視野に入れるべきでしょう。

なお、千葉地判平成2・7・27労判566号6頁・タケオ事件は、従業員が提出した調査報告書に対し、上司が5事項に関する7回の再調査を命じたにもかかわらず従わなかった等の理由からなされた解雇が有効とされた事案です。同事案では、上司が再調査が必要な事項を具体的に書面で指示していま

すが、これくらい丁寧な指示を出すことが実務上は適切でしょう。

4　当人の評価（査定）

　仕事の能率が悪いというのは、当然のことながら、社員としての実績が低いということになりますから、会社としては当該社員を低く評価するしかありません。よって、昇給率において平均的社員よりも低くするとか、昇格を平均的社員より遅らせるということになります。ただし、給料をカットするとか、降格するといったような、社員のそれまでの労働条件（仕事の量、質のレベルを変更することなく）を固定的に低下させるような場合には、その根拠（就業規則なり、給与規程なり、等級規定なり）が必要です。そして、そのような根拠規定が存在せず、これを新たに規定化しようとする場合には、新設規定が高度の必要性に基づいた合理的な内容のものであることが必要であるとされています（東京地決平成8・12・11労判711号57頁・アーク証券事件）。

【弁護士からのアドバイス】

　すぐ他の者に迎合してしまう人や能力の低い人は、どんな社会・組織にも必ずいるものです。大事なことは、まず、会社が社員の適性を見抜き、最も効果的な人員配置を行うことです。「適材適所」はいつの時代のどんな組織においても、人事の要です。次に、迎合しがちであることや能力の低さは日常的なことであり、ついつい見逃しがちです。しかし、「塵も積もれば山となる」との格言どおり、日常的な小さなことが積み重なって、いつしか大きな問題に発展してしまうこともあります。

　したがって、上司や周囲の者がとかく迎合したりすることや能力の低さに気づいたら、その場で直ちに指摘すべきです。このとき肝心なことは、まずは指摘にとどめ、叱責は避けたほうがよいということです。迎合や能力の低さというものは、ほとんどの場合意識して行っているものではありませんので、叱責すると反発を招く可能性があります。同じことを何度注意しても改まらない場合に初めて叱責すべきでしょう。

（岡芹健夫）

〔第2章〕 Ⅸ　その他の問題への対応

54 繁忙期に、業務に支障がでるほどの長期有給休暇を申請する社員に対して、どう対応するべきか

会社の繁忙期に長期間連続して有給休暇の申請をする社員に対して、会社は有給休暇を取得する日を変更するよう求めることができるか。

A 1　時季変更権

　　　　有給休暇は使用者の承認を待たずに労働者からの請求によって直ちに効力が発生する権利ですので、会社は労働者の請求する時期に有給休暇を付与しなければなりません。例外的にその請求が「事業の正常な運営を妨げる場合」には、会社は時季変更権（労基39条5項ただし書）を行使して、事業運営上差し支えのない日に有給休暇の取得時期を変更させることができます。

　この使用者による時季変更権は、労働者が指定した日について客観的にみて、事業の正常な運営を妨げると認められる場合に限り、労働義務の不消滅という法律効果を生じさせるものですから、客観的にみて事業の正常な運営を妨げるという状況にない場合には、仮に時季変更権を行使しても当該日についての労働義務不消滅の効果は生じず、当日勤務をしなかった労働者には、有給休暇を取得したものとして賃金請求権が存在すると解されることとなります。

　また、使用者には状況に応じてできる限り労働者の請求どおりに有給休暇を付与すべき配慮義務があると判例上解釈されていますので（最判昭和62・7・10労判499号19頁・弘前電報電話局事件等）、たとえば使用者において代替要員を調整しようとすればできたのにそれをせず、当日必要な人員を欠くような結果に陥ってしまったとしても、有給休暇取得の正当性は失われないと考えられます。

162

2 「事業の正常な運営を妨げる場合」とは

　時季変更権行使の要件である「事業の正常な運営を妨げる場合」について判例（最判昭和57・3・18労判381号20頁・電電公社此花局事件）は、「当該労働者の所属する事業場を基準として、事業の規模・内容、当該労働者の担当する作業の内容、性質、作業の繁閑、代行者の配置の難易、労働慣行等諸般の事情を考慮して客観的に判断すべきである」という基準を掲げています。判例は、かなり実質的な判断を行うよう要請しているものといえるでしょう。

　一般的には、従業員の大勢いる会社では代替要員の手筈は容易なので時季変更権の行使は難しく、従業員数の少ない会社では代替要員の手筈が困難なので時季変更権の行使は広く認められやすいとも考えられますが、一概にそうともいえません。有給休暇を請求する社員の担当する作業の性質が特殊技能を要するとか、少数精鋭の秘密プロジェクトの一員だとか、繁忙期で猫の手も借りたいくらいだというような場合には、たとえ従業員が大勢いてもやはり時季変更権の行使は実質的な状況判断に基づいて認められると解されます。

　意外と重要なのは、当該職場における従来からの慣行です。急に職場慣行と異なる扱いをしようとすると現場は混乱しますので注意が必要です。

3 長期の有給休暇申請と会社の裁量権の有無

　報道記者が24日間連続した有給休暇を申請したのに対して、会社が後半の12日間について時季変更権を行使した事案において判例（最判平成4・6・23労判613号6頁・時事通信社事件）は、長期休暇の実現には使用者の業務計画や他の労働者の休暇申請などとの調整の必要が生じ、しかも使用者はこの調整について休暇期間中の業務量、代替勤務者確保の可能性、他の労働者の休暇申請の状況などに関する蓋然性に基づいて判断せざるを得ないので、会社が行った時季変更権の行使は適法であると判断しました。

　長期の有給休暇申請においては、使用者は他の労働者の休暇申請等との調整や業務計画全体からの検討などを必要とするので、そうした調整のためのある程度の裁量権があると解されます。したがって会社は、長期の有給休暇

〔第2章〕 Ⅸ　その他の問題への対応

申請がなされた場合には長期申請の分割行使などを申請者との間で協議し、まとまらない場合には、長期申請分のうちの一部分について時季変更権を行使するという段取りを踏むべきものと考えられます。

【弁護士からのアドバイス】

　あらかじめ有給休暇の取得に関する計画表を作成しておいて、労使ともに計画的に有給休暇を消化していくというのも1つのあり方ですが、計画に従って社員に有給休暇を確実に消化させるためには、計画年休制度（労基39条6項）にのっとって、労使協定を締結して行う必要があります。

　ちなみに、歩合給制の場合には有給休暇取得分だけ給与額が減るのはやむを得ませんが、賞与査定や昇給昇格に関して有給休暇を欠勤として扱うなどの不利益扱いは違法となると解されています。判例の中には、精皆勤手当に関しては有給休暇取得を欠勤として扱って手当額を減額しても有給休暇の取得を抑制し、労働基準法が労働者に有給休暇の権利を保障した趣旨を実質的に失わせるものとまでは認められないとして違法とはいえないとしたもの（最判平成5・6・25労判636号11頁・沼津交通事件）もあります。この判例は、減額の程度、年休取得に対する事実上の抑止力の強弱等から年休保障の趣旨を実質的に失わせるものと認められる場合でなければ無効とならないと解していますが、このような判断方法そのものについて年休制度に無理解であるとして学説上批判も多く、仮に判例の考え方に立っても実質的な判断が求められ、どの程度の減額が許されるか等不明確であることから、やはり精皆勤手当においても有給休暇取得を欠勤とするなどの不利益扱いはするべきではないと考えたほうがよいでしょう。

　なお、時季変更権は会社の繁忙期がある特定の時期に限られるものであれば認められる可能性はありますが、必要な人員が慢性的に不足していて時期にかかわらず有給休暇を取得することができない状態となると、そもそも時季変更権の問題ではなくなりますので、ご注意ください。

（山本幸夫・秋月良子）

55 就業時間中、社員が会社所有車で重大な人身事故を起こした場合にどのような対応をすべきか。会社加入の損害保険金が支払われた場合の保険料の値上がり分の負担をどうするか。損害保険に加入していなかった場合はどうか

業務中に社有車を運転して、重大な人身事故を引き起こした社員がいるが、この社員を懲戒することができるか。できるとした場合、どの程度の懲戒が可能か。また、交通事故の相手方に対して会社が加入していた損害保険から賠償金が支払われたが、その損害保険料の値上がり分を事故を起こした社員に対して請求できるか。社有車の自損事故について損害保険に加入していなかった場合、事故を起こした社員に賠償金を請求することができるか。

A

1 業務中の社有車運転と人身事故

　　業務上の社有車運転による人身事故は、いわゆる業務上の交通事犯ですが、これも会社の従業員として会社の体面、社会的評価を低下せしめる行為ですから、懲戒の対象となり得ます。ただし、就業規則にその旨の根拠規定（例：会社の体面、信用を傷つけたとき等）が必要となります。

　問題はその程度ですが、これは、会社の業務、当人の職務、人身事故の経緯等によって当然ながら結論が異なってきます。たとえば、自動車の運転を職務とする者が酒気帯び運転中、死亡事故を起こしたような場合には、懲戒解雇が有効とされるでしょう（バス会社のバス運転手が、勤務時間外に酒気帯び運転により死亡事故を起こし懲戒解雇とされた事案で、これを有効とした判例として、東京地決昭和61・3・7労経速1251号15頁・京王帝都電鉄事件）。

　なお、以前は、飲酒運転による死亡事故を起こし、業務上過失致死罪として執行猶予付き禁固刑に処せられた社員に対する解雇は無効とされた裁判例（福岡地小倉支判昭和48・3・29判時719号95頁・住友セメント禁錮刑解雇事件）もありましたが、近時、社会的に飲酒運転は厳罰化の方向にあり、複数の自

165

〔第2章〕 Ⅸ その他の問題への対応

治体において、飲酒運転あるいは飲酒運転による人身事故は免職という規則
も新設されています。上記のバス会社のような事例でなくとも、飲酒運転な
り、無免許運転、スピード違反のような、事故は起きていなくとも、運転の
段階で当人の非違が明らかな場合には、重度の処分をもって臨むのが近時の
傾向のように思われます（ただし、酒気帯び運転をした教員への懲戒免職処分
につき、重きに失するとして無効としたものに福岡高判平成18・11・9労判956号
69頁・熊本県教委〔教員・懲戒免職処分〕事件等もあり、実際の解雇に際して
は、事案に鑑みての判断が必要になります）。そのような事情がなく、単に運転
中の過失によるような場合には、解雇までは難しいのではないかと思われま
す。

2 損害保険の値上がり分についての社員への請求

社有車で人身事故が生じた際に、会社で保険に加入していればその保険よ
り人身事故の被害者に保険金が支払われますが、その場合、人身事故以後、
会社が保険会社に支払うべき保険料は上昇するのが通常です。そこで本設問
のように、この上昇分を当該社員に請求することができるのか、が問題とな
ります。

確かに、当該社員の人身事故がなければ保険料の値上がりはなく、会社は
人身事故によって余分な保険料を支払う羽目になったともいえます。しか
し、諸裁判例（最判昭和51・7・8判時827号52頁・茨石事件、名古屋地判昭和
59・2・24労判439号85頁・富隆運送事件）をみるに、保険に加入することで危
険、損害の分散を図ることは会社の責任であることを前提とした説示をなし
ており、それからすれば、保険加入・人身事故による保険料の値上がりは、
会社がその事業を展開するのに社会通念上負うべき責任と解される可能性が
高いといえます。したがって、少なくとも損害保険料の値上がり分全額を当
該社員に請求することは困難と思われます。

3 社有車の自損事故について損害保険に加入していなかった
場合

この問題は、上記1・2と異なり、社有車運転中にその社有車が自損した

場合です。この場合、民法上の原則論でいえば、ある人が自らの過失により他人の財産を損傷した場合にはその損害を賠償しなければなりません（民709条、不法行為による損害賠償義務）から、当該社員は会社に対して損害賠償の責任を負うようにも思われます。しかし、会社と労働者といった労働契約関係にある場合は、この原則が修正されることが多々あります。

　本設問に近い裁判例としては名古屋地判昭和62・7・27労判505号66頁・大隈鐵工所事件があります。これは、労働者の深夜作業中の居眠りが原因で会社の工作機械が損傷したため、会社から当該労働者に工作機械損傷分の損害賠償が請求された事案ですが、会社が機械保険に加入するなどの損害軽減措置を講じていなかったことが考慮されて、会社の請求は損害額の4分の1の範囲で認められるにとどまりました。

　したがって、本設問の場合の会社の請求も、おおむね、これに近い範囲でのみ認められることが多いと思われます。

【弁護士からのアドバイス】

　社有車運転中の人身事故については、これは事実上、当該社員のみならず会社も、人身事故の被害者に対して責任を負う場合がほとんどですから（民715条、自賠3条）、人身事故を想定した保険に加入しないわけにはいきません。こと自動車の運転ですから、運転中の事故も十分に考えられるというほかなく、保険に加入していない場合には、裁判例では会社がそのリスクの多くを負うべきとの理解に立っていますので、そのことを念頭におく必要があります。

（岡芹健夫）

〔第2章〕 Ⅸ　その他の問題への対応

56 個人的な事情により他の社員と比べて勤怠状況がよくない社員には、どう対応すればよいか

> 同居している親の介護のため勤怠状況が芳しくない社員がいる。会社としては社員側の事情は理解しているものの他の社員との関係で放置すべきではないと思っているが、当該社員とどのようにコミュニケーションをとればよいか。

A

1　育児・介護休業法

　　　　本設問の事例のような、社員の親族等の介護に関しては育児・介護休業法において定められていますので、この法律および会社における就業規則に従って対処することになります。

　現在の育児・介護休業法においては、介護関係の制度として、①介護休業、②介護休暇、③所定外労働の制限、④時間外労働の制限、⑤深夜業の制限、⑥所定労働時間の短縮措置等が定められています。

2　育児・介護休業法における諸制度の内容

　育児・介護休業法において保護される介護の対象となる家族は、配偶者、父母および子、配偶者の父母、祖父母、兄弟姉妹および孫です（育児・介護休業2条4号、育児・介護休業法施行規則3条。以下、「対象家族」といいます）。

⑴　介護休業

　対象家族を介護する労働者は、当該家族が要介護状態にあることを明らかにし、かつ休業開始日および終了予定日を明らかにして事業主に対し申出を行ったうえで（育児・介護休業11条3項）、要介護者1人につき3回、通算93日を限度として休業することができます（育児・介護休業11条2項）。なお、申し出た日から介護休業開始予定日までが2週間足らずである場合には、2週間経過日まで開始日を繰り下げて指定することができます（育児・介護休業12条3項）。

168

⑵　介護休暇

対象家族を介護する社員は、1年度に5日（対象家族が2人以上の場合は10日）を限度に介護休暇を取得することができます（育児・介護休業16条の5）。

会社は、業務の繁忙等を理由にこの休暇取得の申出を拒否することはできません（育児・介護休業16条の6第1項）。

⑶　所定外労働の制限

対象家族を介護する労働者は、申し出ることにより、事業の正常な運営に支障がある場合を除き、所定労働時間を超えて労働しなくてよいこととなります（育児・介護休業16条の9、16条の8第1項）。これは、取得できる期間や回数について上限はありません。

⑷　時間外労働の制限

対象家族を介護する労働者は、申し出ることにより、事業の正常な運営に支障がある場合を除き、1カ月に24時間、1年に150時間を超える時間外労働を行わなくてよいことになります（育児・介護休業18条1項、17条1項）。これは、取得できる期間や回数について上限はありません。

⑸　深夜業の制限

対象家族を介護する労働者は、申し出ることにより、事業の正常な運営に支障がある場合を除き、深夜時間帯（午後10時から翌日の午前5時まで）に業務を行わなくてよいことになります（育児・介護休業20条1項、19条1項）。これは、取得できる期間や回数について上限はありません。

⑹　所定労働時間の短縮措置等

対象家族を介護する労働者は、申し出ることにより、所定労働時間の短縮措置を受けることができます（育児・介護休業23条3項）。また、使用者側は、所定労働時間の短縮措置ではなく、時差出勤を認める方法をとることもできます（育児・介護休業法施行規則74条3項2号）。なお、これらについては使用者は、利用開始日から連続した3年以上の間に、2回以上の利用ができる措置としなければなりません（育児・介護休業23条3項）。

3　事情聴取とその後の措置

このように、介護についてはさまざまな制度がありますので、会社側から

〔第2章〕 Ⅸ　その他の問題への対応

当該社員に状況を確認し、一定期間まとまった休みが必要であれば介護休業、突発的なものであれば介護休暇、長期的に労働時間を調整する必要があれば時間外労働の制限や所定労働時間の短縮措置等を申請するよう、話をするべきと思われます。

　なお、このような介護休業、あるいは勤務時間を短縮する措置を講じた場合、その休業ないし短縮時間分は無給となるのが原則ですが、会社が就業規則等において有給と定めることは何ら差し支えありませんし、就業規則に有給とする旨の定めがあるならば有給として扱わねばなりません。

【弁護士からのアドバイス】

　介護休業や育児休業をめぐる問題は、今後の少子高齢社会において、また、女性の社会進出が進むにつれて増加していくものと思われます。したがって、自社の就業規則において育児・介護休業についてどのように定めているか、また実際に社員が介護休業等を取得したいと申し出た場合にどのように対応すべきかをそれぞれ検討し、必要に応じて自社の就業規則を整備しておくことが有益と思われます。

（大山圭介・秋月良子）

---

57 勤務時間終了後に兼職・兼業を行っている場合、あるいは事前に許可を求めてきた場合にどう対応するか

> 勤務時間終了後、会社に無断でアルバイトをしている社員に対して、会社はどのように対処すべきか。また、社員が事前にアルバイトをすることについて会社に許可を求めてきた場合、どう対処すべきか。

170

A

1 労働者の服務規律

　　労働者は、あらかじめ労働契約あるいは就業規則によって定められた就業時間において、労務提供の義務を負います。ですから、就業時間以外の時間をどのように使うかは原則として自由です。

　しかし、労働契約には組織的労働性、すなわち労働契約によって多数の労働者を雇い入れ、事業目的のために有機的に組織づけ、その労働力を相乗的に活用するという側面があり、そのためには労働者の取扱いや規律（服務規律）が就業規則等で設定されることが必要となります（菅野187頁）。その服務規律の一環として、労働者は従業員としての地位・身分に基づく規律に服する義務を負うのが一般で、具体的には通常、本設問で問題となっている兼職・兼業の規制のほかに、秘密保持義務、信用の保持（会社の名誉・信用を毀損してはならない）といったものがこれに含まれると解されています。

　実務上も、ほとんどの会社において、就業規則などでこのような義務の遵守を具体的に規定しています。

2 兼職・兼業の禁止

　会社は服務規律の一環として、労働者の兼職・兼業につき規制を行うことができますが、これも全く無制限のものではなく、ほとんどの会社は、兼職・兼業を許可制としています。裁判例をみるに、会社の職場秩序に影響せず、かつ、会社に対する労務の提供に大きな障害にならない程度・態様の兼職は禁止されるにあたらないとしており、裏を返せば、兼職・兼業によって会社の企業秩序を乱し、あるいは労働者の労務提供が困難になるといった場合には、懲戒事由として考慮されることとなります（福岡地決昭和56・9・17労判374号速報カード19頁・国際タクシー事件、東京地判平成13・6・5労経速1779号3頁・十和田運輸事件）。

　具体例をもう少しみていきますと、労務提供に支障をきたす程度の長時間、たとえば就業時間終了後である午後6時から午前零時までキャバレーの会計係として勤務したような場合の兼職（東京地決昭和57・11・19労判397号30頁・小川建設事件）は、兼職禁止にあたるとしています。また、自身で設

〔第2章〕 IX その他の問題への対応

立した会社の代表取締役となりながら、これを秘して競業会社に雇用された場合（東京地判平成3・4・8労判590号45頁・東京メデカルサービス・大幸商事事件）も同様に、兼職の禁止に該当するとしています。

他方、タクシー運転手が、就業時間前の毎朝約2時間、新聞配達に従事したことは、タクシー会社の企業秩序に影響を及ぼしたり、労務提供に格別の支障を生じせしめるものではないとして、兼職の禁止に該当しないとしています（上記国際タクシー事件）。また、年間1～2回のアルバイトについて、業務上の具体的支障がなく、兼職禁止による解雇は無効としたものもあります（上記十和田運輸事件）。なお、やや異色なものとして、印刷会社の写植工が業務欠勤中に競業会社に勤務したことにより懲戒解雇となった事案について、その当人は常勤としての仕事をしたのではなく、会社を欠勤している間に競業会社に遊びに行き、その際、同社の仕事を手伝った程度であること、同人は会社において機密事項を扱う立場ではなかったことに鑑みるに、懲戒解雇事由としての兼職禁止には該当しないとしたものもあります（東京地判昭和59・2・28労判429号速報カード29頁・東版事件）。

上記東版事件などは、外形上は競業会社での勤務という点で、兼職禁止に該当すると思われるところですが、同人の立場（機密事項を扱うことはない）を考慮し、結論を逆にしたものと思われます。

会社もこのような具体例を念頭に、会社の秩序、当該労働者の労務の提供という見地より対処を考えることとなると思われます。

【弁護士からのアドバイス】

結局のところ、本文にあげた裁判例からもわかるように、本設問のような兼職・兼業の禁止の有効性については、企業職場秩序への影響、労務提供への障害につき、相当綿密に（東版事件では当人の業務、地位にも言及されています）検討しなければなりません。ですから、兼職・兼業の禁止（不許可）を理由に懲戒を行う場合には、慎重な判断が必要でしょう。比較的共通するファクターをあげれば、兼職・兼業の従事時間はどれほどか、兼職・兼業についた先の当該社員の立場（たとえば競業会社の取締役など）はどのようなものか、当該社員は会社においてどのよ

うな地位にあったのか、というような点を総合的に勘案することとなると思われます。付言すれば、近年、労働者の副業や兼職を広く認めるべきとする意見が強くなってきており、現時点では、まだ、労働契約法に規定されるには至っておりませんが、就業規則における兼業を禁止する規定を無効とすべきではないかとの議論もあります。厚生労働省も平成30年1月に「副業・兼業の促進に関するガイドライン」を策定していますので、副業・兼業を希望する社員への対応は、同ガイドラインを参考として検討することが望ましいでしょう。

(岡芹健夫)

58 職務上の発明について特許権を主張し対価の支払いを請求してきた社員に対し、どう対応すべきか

会社が開発・生産・販売している商品について、自分が1人で発明したもの（職務発明）であるとして、その知的財産権（特許権）を主張する社員に対してどう対応したらよいか。

A

1 特許権と職務発明

本設問ではいわゆる職務発明が問題となります。職務発明とは、特許法35条1項によると、①従業者等が行った発明で、②その性質上当該使用者等の業務範囲に属するもので、かつ、③その発明するに至った行為がその使用者等における従業者等の現在または過去の職務に属するものをいいます。このような職務発明にあたる場合、職務発明を行った当該従業者等に特許を受ける権利が原始的に帰属しますが、その従業者等が特許を受けたとき、使用者等はその特許権について通常使用権を有します（同条同項）。また契約、勤務規則その他の定めにより、あらかじめ使用者等に特許を受ける権利もしくは特許権を承継させ、または使用者等のために専用実施権を設定することができます（同条2項）が、この場合、従業者等は相当の利益（金銭その他の経済上の利益）を受ける権利を有します（同条4項）。

173

〔第2章〕 Ⅸ その他の問題への対応

では、いかなる場合に職務発明になるのでしょうか。

以下、職務発明の要件についてご説明します。

(1) 従業者等が行った発明であること

ここにいう「従業者等」とは、特許法特有の要件で、特許法35条1項に明示されているように、従業者に加え、法人の役員、公務員も含まれます。そして、この「従業者」の中には、正社員はもちろんのこと、契約社員、パート社員、嘱託社員などの非正規社員も含まれます。

(2) 性質上当該使用者等の業務範囲に属するものであること

この業務範囲については、かつては、定款の目的と関連づけて解釈する説と、定款の目的とは関係なく解釈する説に分かれていました。しかし、現在では、「使用者が現に行っている、あるいは将来行うことが具体的に予定されている全業務を指す」という解釈が広く支持されています。

(3) 従業者等の現在または過去の職務に属するものであること

発明に至る行為が職務に属する必要がありますが、使用者から具体的に指示されたものだけに限られません。

たとえ自発的に研究テーマをみつけて発明を完成させた場合であっても、その従業者の本来の職務内容から客観的にみて、そのような発明を試みてそれを完成するように努力することが使用者との関係で一般的に予定されており、かつ、その発明の完成を容易にするため、使用者が従業者に対し、便宜を供与しその研究開発を援助するなど、使用者が発明完成に寄与しているような場合も含まれます（大阪地判平成6・4・28判時1542号115頁・象印マホービン事件）。

なお、過去の職務とは、同一企業内での過去の職務をいい、退職後の発明はこれにあたらないと考えられています。

2 職務発明における「相当の対価」とは

以上のような要件に照らし、職務発明にあたる場合には、契約、勤務規則その他の定めにより、あらかじめ使用者に特許を受ける権利もしくは特許権を承継させ、または使用者のために専用実施権を設定することができます（特許35条2項）。したがって、この場合、従業者は相当の利益を受ける権利

174

を有しますが（同条4項）、上記契約あるいは勤務規則により特許権を受ける権利あるいは特許権そのものが使用者に承継された場合には、自己に特許権があることを主張することはできないでしょう。また、使用者に専用実施権が設定されるとした場合においても、自己に特許権があるとして使用者の専用的実施について異議を申し述べることはできないでしょう。

問題は、この場合の相当の対価です。

かつて相当の対価をめぐる紛争が頻発しました。この背景には、社内規定等で定める報奨金を支払えばそれで足りるという取扱いが長年にわたり多くの企業で行われてきた中で、発明者に対する報奨金額が発明により企業が受けた利益等に比べて極めて少額であるなど発明者の納得を得るものではなかった等の問題があったと思われます。そして、この相当の対価性をめぐる裁判例の先駆けとなったのが最判平成15・4・22労判846号5頁・オリンパス光学工業事件です。

この事件で最高裁判所は、報奨金などを受けた場合であっても特許法35条4項（平成16年改正前の規定）の規定に従って定められる対価の額に満たないときは、同条3項の規定に基づき、その不足額に相当する対価の支払いを求めることができると判断しました。この最高裁判所の判断が先駆けとなり、それ以降も青色発光ダイオード事件、味の素事件などさまざまな事件が続いたことは皆さんご承知のとおりです。

この点、使用者が相当の対価を支払っていると判断しても、後に裁判所から相当でないと判断されるおそれがあるということになると、予見可能性が著しく害されるなどの理由により、むしろ裁判所は「契約、勤務規則その他の定め」の合理的判断、すなわち対価決定に至る手続に着目した審査をすべきであるとの考えから、平成16年に特許法が改正されました。また、支払われるべき相当の対価について、留学の機会やストックオプションの付与等経済上の利益付与であっても使用者の従業者等への義務が履行されたものとすべきとして平成27年の特許法改正では、支払われるべきものを「相当の金銭その他の経済上の利益」（このことを「相当の利益」という）としました。また、同法35条5項は、「契約、勤務規則その他の定めにおいて<u>相当の利益について定める場合には、相当の利益の内容を決定するための基準の策定に際</u>

〔第 2 章〕 Ⅸ　その他の問題への対応

して使用者等と従業者等との間で行われる協議の状況、策定された当該基準
の開示の状況、相当の利益の内容の決定について行われる従業者等からの意
見の聴取の状況等を考慮して、その定めたところにより相当の利益を与える
ことが不合理であると認められるものであってはならない」（注：下線部筆
者）とされ、使用者・従業者の間の合意、ルールを尊重しようというものに
なりました。

【弁護士からのアドバイス】

　多くの会社では、この職務発明における相当の対価について就業規則
等で定めている例が多いと思いますが、特許法改正により、その規定に
よる対価の支払いに合理性が認められるか否かは、それを定めるプロセ
スにおいて十分に社員との間で協議し、説明し、理解を求めたかがどう
かにかかっているといえましょう。単に会社側の論理だけで作成し社員
に押しつけるというもので合理性が認められるなどと安易に考えてはい
けません。

（三上安雄）

59　会社の情報を漏えいした社員にどう対応するか

社員が、会社の内部情報をマスコミに通報した。公益通報者保護
法が適用されるのはどういう場合か。内部情報が残業代の未払い
の場合とセクハラの場合とで違いはあるか。また、通報が虚偽だ
った場合、通報者を懲戒解雇できるか。

A　1　はじめに

　　　　　会社としては、当該通報による業務妨害、名誉毀損等で会
社に損害が発生した場合には、当該通報をした社員に対し何らかの処分や損
害賠償請求等をするということが考えられます。
　この点、公益通報者保護法が、公益通報を理由とする解雇を無効とし（同

176

3条)、降格・減給その他不利益な取扱いも禁止している（同5条）ことから、公益通報者保護法が適用される「公益通報」とはどのような場合をいうのかが問題になります。また、公益通報者保護法が適用されない場合、どのような規律に服するのかということも問題になるところです。

2　公益通報者保護法の規定

「公益通報」とは、労働者が、不正の目的ではなく、その労務提供先等について「通報対象事実」が生じまたは生じようとする旨を、「通報先」に通報することとされています（公益通報者保護2条1項）。

そして、上記「通報対象事実」とは、国民の生命、身体、財産その他の利益の保護にかかわる法律として公益通報者保護法が別表に掲げるものに規定する罪の犯罪行為の事実ないしはそれら法律の規定に基づく処分の理由となる事実をいいます（同2条3項）。対象となっている法律は平成30年6月15日時点で467本あり、たとえば、刑法、食品衛生法、金融商品取引法、大気汚染防止法、廃棄物の処理及び清掃に関する法律、個人情報の保護に関する法律などがあります。

そして、公益通報者保護法は「通報先」ごとに異なる保護要件を設定しており、①事業者内部（内部通報）であれば、通報対象事実が生じ、または生じようとしていると思料する場合、②通報対象事実について処分または勧告等をする権限を有する行政機関であれば、通報対象事実が生じ、または生じようとしていると信じるに足りる相当の理由がある場合、③事業者外部（通報対象事実の発生またはこれによる被害の拡大を防止するために必要であると認められる者）であれば、上記②の要件に加え、外部通報の相当性として、㋐①②の通報では解雇その他の不利益取扱いがなされるおそれがあること、㋑内部通報では証拠隠滅のおそれがあること、㋒会社から公益通報をしないことを正当な理由なく要求されたこと、㋓内部通報後20日以内に調査を行う旨の通知がないこと、㋔個人の生命・身体に危害が発生する急迫した危険があると信じるに足りる相当な理由があることのいずれかの要件を満たす必要があります（同3条）。なお、上記「信じるに足りる相当の理由がある場合」とは、通報内容を裏付けると思われる内部資料等の証拠を有するような場合

177

をいいます。

そして、上記①～③の要件を満たした公益通報を行った者の保護として、公益通報者保護法は、公益通報をしたことを理由とする解雇や労働者派遣契約の解除は無効となると規定し（同3条、4条）、降格・減給などの不利益な取扱いも禁止しています（同5条）。この不利益な取扱いには、懲戒処分のほか、懲戒処分に該当しない訓告、厳重注意、自宅待機命令、不利益な配置の変更、昇給・昇格など給与上の差別的取扱い、退職の強要なども含まれるとされています。

3　公益通報者保護法の適用を受けない場合の規制

仮に公益通報者保護法の適用を受けない場合でも、労働契約法その他の法令による保護（同6条）や、裁判例上形成された一般法理の保護は受けるので注意が必要です。

たとえば、最近の裁判例をみますと、東京高判平成23・8・31労判1035号42頁・オリンパス事件では、裁判所は、取引先企業からの従業員の引抜きに関し社内コンプライアンス室に内部通報した社員に対する配転命令を無効と判断しましたが、その際、最判昭和61・7・14労判477号6頁・東亜ペイント事件で示された配転命令権の権限濫用に関する判断枠組みに沿って配転の効力を判断しています。

また、東京地判平成23・1・28労判1029号59頁・学校法人田中千代学園事件では、裁判所は、理事長による役員報酬規程等の制定経緯等の内部情報を週刊誌に内部告発した職員の懲戒解雇を有効と判断しましたが、懲戒権の権利濫用（労契15条）について、①告発内容の真実性ないし真実相当性、②目的の公益性、③手段・態様の相当性などを総合考慮して判断しています（同旨の裁判例として、大阪地堺支判平成15・6・18労判855号22頁・大阪いずみ市民生協事件等）。なお、同事件で裁判所は、公益通報者保護法の適用の有無に関し、通報対象事実該当性、真実相当性をいずれも否定したことに加え、学園に対する裏付け取材を行わない週刊誌の発行元を「その者に対し当該通報対象事実を通報することがその発生又はこれによる被害の拡大を防止するために必要であると認められる者」にあたらないとし、同法の適用を否定して

います。

4　本設問の考え方

　本設問では、社員がマスコミに通報しており会社に与える影響は大きいと思われますが、マスコミへの通報も、公益通報者保護法の「通報先」（上記2③事業者外部）になり得ます。

　本設問の通報対象となった事実が残業代の未払いの場合、労働基準法上役員・社員等の横領であれば、労働基準法で罰則の対象とされているため、公益通報者保護法2条3項に定める通報対象事実に該当し、その他の要件も満たしていれば同法の適用を受け、解雇その他不利益な取扱いは禁止されます。他方、通報対象事実がセクハラの場合は、強制性交等罪（刑177条～180条）や強制わいせつ罪（刑176条）のような刑事罰の対象となる行為であれば公益通報者保護法2条3項に定める通報対象事実に該当しますが、男女雇用機会均等法に違反するレベルのセクハラであれば、同法では罰則の対象とはされておらず、公益通報者保護法のいう通報対象事実にはあたりません。

　もっとも、公益通報者保護法の通報対象事実に該当しないとしても、通報者に対する処分の態様に応じて労働契約法の適用や裁判例上の一般法理に照らし、その効力が判断されることは上述したとおりです。

　会社の対応としては、本設問のような内部通報が行われた場合、まず、通報の対象となっている事実はどのようなものか、通報された事実の内容は真実なのか、通報者が真実と信じた理由・根拠は何か、通報者に不正の目的はないか、通報に至るまでの経緯や通報の方法はどのようなものであったか等を調査して公益通報者保護法の適用を受けるか否かを確認したうえで、同法の適用がない場合、次に、たとえば、懲戒処分をするのであれば、あわせて処分の相当性や弁明手続の付与等懲戒処分一般に要求される事項にも注意する必要があります。

　通報内容が虚偽であった場合、さらに解明すべきポイントとしては、内容が虚偽である点につき本人は認識していたのか、本人は真実のつもりで告発したが客観的には虚偽であったか否かです。虚偽であると認識しつつ虚偽の内容の告発を行ったのであれば懲戒解雇が相当でしょう。

179

〔第2章〕 Ⅸ その他の問題への対応

　もし本人が真実のつもりであったというのであれば、どのような資料や調査内容をもとに当該社員が真実と誤信したのか、どのような意図・目的・経緯で告発行為に及んだのか、日頃の当該社員の言動や勤務態度、問題発覚後の反省の情の有無、告発内容の重大性、それによって会社の信用や名誉がいかなる被害を被った等のファクターを慎重に吟味して懲戒処分内容を決めることになると思われます。

　いい加減な資料に基づき、会社にとって重大な問題を惹起するような通報を行ったような場合には、懲戒解雇も避けられないところです。一方、誤信した事情に同情の余地があり、正義心や会社のためを思って通報に及んだ事案で本人に反省の情がみられるような場合には、会社の被った損害の程度に応じて、降格、減給、譴責といった処分を検討することとなると思われます。

【弁護士からのアドバイス】

　マスコミに通報されてしまうと会社への影響が大きいことから、会社としては、内部規程等でまずは会社に内部通報するように命じておくことが考えられますが、このような規程はかえって外部通報の保護要件の1つである、事業者から行政に通報しないことを正当な理由なく求められた場合（公益通報保護3条3号ハ）にあたってしまう可能性があるため、得策ではありません。

　もっとも、そのように会社への内部通報の義務付けまではしなくても、会社の内部通報制度を整備しておくこと自体は、事実上外部への通報を抑止する効果が期待できます。

（渡辺雪彦）

第3章

雇用契約終了時・終了後の問題

〔第3章〕 雇用契約終了時・終了後の問題

60 社員が行方不明となり、その後全く連絡がとれない場合、どう対応すべきか

社員が行方不明になり、連絡がとれない場合、会社は当該社員との雇用契約関係を解消する前に、どのような手続をするべきか。

A

1 無断欠勤による懲戒解雇の可否

まず、日頃の本人の言動や、職場の同僚や家族等の話から、本人にもはや勤務を続ける意思がなく、そのため会社に来ないことが明らかであるような場合には、それら状況証拠の積み重ねから無断欠勤であると判断して懲戒解雇することも可能であると解されます。

しかし、無断欠勤のようにみえても実は病気やけが、何かの事件に巻き込まれる等の事情から会社に連絡がとれなくなっているという可能性もありますので、その判断は慎重に行う必要があります。

次に、懲戒解雇通知書の送付先ですが、本人が不在であると会社届出先住居に送っても返送されてきてしまいますので、実家等親族がいる所へ送付することが考えられます。この場合、いきなり解雇通知書を送付するのは混乱の原因となりかねないので、事前に家族の方とよく事情について相談しておくべきだと思います。

また、法律上、親族に対する解雇通知書の送付をもって解雇の意思表示が到達したといえるのか、という問題があります。

そこで、万全を期すのであれば、当該社員の住居を管轄する簡易裁判所において、解雇の意思表示の送達について公示送達（民98条）の手続を踏んでおくべきでしょう。

2 退職の意思表示と解釈できるか

では、事実上当該社員が欠勤を続けていることをもって、当該社員には勤務を続ける意思がないと判断し、退職（自己都合退職）として処理することは可能でしょうか。日頃の本人の言動や職場の同僚、家族等の話から退職の

182

意思を推測できるかということが問題となりますが、退職の意思というのは継続した雇用契約関係を終了する旨の意思表示ですので、その存否は厳格に解釈される必要があり、日頃、会社を辞めたいというようなことを口にしていたとしても軽々に退職の意思ありと判断することはできません。よって、原則として退職扱いとすることはできないと思われます。

　ただし、本人の机やロッカー等の私物類がきれいに片づけられている等、明らかに退職の意思の存在を強く推測させる特殊事情がみられる場合には、同僚や部下に対して別れのあいさつをしていた等、行方不明となる直前の言動と相まって、会社を退職する意思の存在を認定することが全くできないわけではないと思います。

3　無断欠勤とも退職の意思ありとも認定できない場合

　仕事をしたくなくてズル休みしているのか、会社を辞める意思でどこかへ行ってしまったのか、あるいは病気やけがや何かの事件に巻き込まれて連絡不通状態におかれているのか、状況がわからない場合に会社としてはどう対処すべきでしょうか。

　この場合、本人を無断欠勤により懲戒解雇するには、最終的には、上記1の公示送達の手続をとることになります。

　しかし、公示送達の手続をとっていたとしても、事件等に巻き込まれて連絡しようにもできなかったというような事情が後に判明した場合は、本人を会社に復帰させることも検討しなければならない、ということもありますので、家族らとの間で、そうした点も含めてよく話合いをし、情報交換を密にしておく必要があります。

　なお、公示送達の手続をとる際には、裁判所に本人が行方不明になっていることを明らかにする必要があることからしても、本人の家族らとの密な情報交換は肝要といえるでしょう。

【弁護士からのアドバイス】

　社員が行方不明になった場合の対応で、重要なことは、何よりも本人が行方不明となった原因および本人の行方について、会社としてできう

〔第3章〕 雇用契約終了時・終了後の問題

る調査を尽くすということです。その場合、会社としてできうる調査の中には、当然に、本人の家族らに連絡し、本人が行方不明となった原因、警察署への家出人捜索願いの届出の有無・届出の必要性等について情報交換を行うことが含まれます。

　そして、後日、行方不明となっていた本人が現れた場合に、本人と会社との間で無用のトラブルとなることを可及的に回避するためにも、本人と近しい家族らと情報交換を密にしておくことが有用であると考えます。

（山本幸夫・帯刀康一）

61 懲戒解雇処分をする前に、社員から退職届が提出された場合、どう対応するか

> 懲戒解雇しようとしていた社員から退職届が提出された場合、受理しないことができるか。また、就業規則では1カ月前に退職を申し出なければならないとされていることから、1カ月間は退職の効力が発生しないとすることはできるか。

A

1　合意退職の申入れと辞職の意思表示

　　　　社員から退職届が提出された場合、それは、①労働者による、使用者との合意による雇用契約の解消を求める合意退職の申込みの意思表示である場合と、②労働者が一方的に労働契約を終了させる辞職の意思表示である場合とがあります。

2　辞職と民法627条

　このうち②の辞職の意思表示については、民法627条に規定があります。すなわち、雇用の期間を定めなかったときは、雇用契約は原則として解約申入れ時から2週間を経過することによって終了するとしています（民627条1項）。したがって、たとえば、時間給のパートタイム社員は、2週間前に

184

解約申入れをすることによって辞職できます。

　ただし、期間によって報酬を定めた場合には、当期の前半に申し入れた場合に限り、次期以後について解約申入れをすることができるとされています（民627条2項）。たとえば、月給制で、当月末日締め翌月末日払いの企業の場合は、労働者は当月の15日までに解約申入れをしなければ、翌月末日またはその中途での退職をすることができません。

　さらに、6カ月以上の期間によって報酬を定めた場合には、3カ月前に解約申入れをしなければならないとされています（民627条3項）。年俸制を定めた場合はこれにあたります。

　この辞職の規定は、労働者の辞職の自由を保障するもので、強行法規と考えられます。使用者はこれを就業規則などで制限することは基本的にできません。逆に、労働者の辞職の意思表示に対して民法627条よりも短い期間で退職を認めることは差し支えありません。

3　懲戒解雇と辞職の意思表示

　本設問のように、懲戒解雇をしようとしていた社員から退職届が提出された場合、合意退職の申入れととらえるならばこれを受理しない（承諾しない）という扱いが可能です。しかし、社員がどうしても退職したいという意思をもっている場合は、辞職の意思表示であるととらえざるを得ませんので、民法627条に定める猶予期間後に退職の効力が生じてしまいます。ですから、懲戒解雇をするならば、その猶予期間内に検討し結論を出す必要があります。

4　就業規則で1カ月の申入期間を定めることの可否

　本設問のように、就業規則で1カ月程度前に辞職の意思表示をしなければならないと定める企業は多いと思われます。しかし、民法627条に定める期間以上に長い申入期間を定めたとしてもその効力は疑問で、就業規則の規定にかかわらず民法627条による辞職が認められる可能性は高いと考えられます。

　ですから、就業規則の申入期間の定めは、あくまで合意退職の申入れを制

〔第3章〕 雇用契約終了時・終了後の問題

限する規定と解し、社員からの辞職の意思表示を制限することはできないと考えておくべきでしょう。

【弁護士からのアドバイス】

　民法627条は、平成29年の債権法改正においても基本的に維持されています（同2項および同3項が、使用者からの解約申入れにのみ適用される旨に改正されましたが、実務への影響はありません）。よって、実務的な扱いは改正後もこれまでと変わりありません。

　上記のように、使用者は労働者の辞職を就業規則で制限できないのですが、すべての場合に2週間前に退職の効力が生じるわけではありません。民法627条2項（当期の前半に次期以降の解約の意思表示が必要）や同条3項（3カ月前の申入れが必要）は実務上見落とされがちですので、ご注意ください。

（大山圭介）

---

62 退職届を提出した後、翻意して撤回を申し出てきた場合、退職させるにはどう対応すべきか

> 社員が退職届を出し、受理したが、後になって退職届の撤回を申し出てきた場合、会社は応じなければならないか。

Ａ

1　退職届の法的効果

　　労働者からの退職届の提出は、辞職の意思表示である場合と、合意退職の申込みの意思表示である場合があるとされていますが、それぞれ効果が異なります。

　まず、前者の辞職の意思表示である場合は、民法627条1項により、原則として退職届を提出してから2週間を経過したときに、退職の効果が発生することになります（月給者の場合は、民法627条2項により、当期の前半になされた退職の意思表示は次期の初日が退職の効果発生日となります）。

他方、後者の使用者との合意による雇用契約の解消を求める合意退職の申込みであった場合は、使用者が承諾の意思表示をして初めて、退職の効果が発生することになります。

　この点、多くの裁判例は、労働者からの退職届の提出の法的性質について、原則として、合意退職の申込みの趣旨であるとしています。たとえば、大阪地判平成10・7・17労判750号79頁・株式会社大通事件は、「労働者による退職又は辞職の表明は、使用者の態度如何にかかわらず確定的に雇用契約を終了させる旨の意思が客観的に明らかな場合に限り、辞職の意思表示と解すべきであって、そうでない場合には、雇用契約の合意解約の申込みと解すべきである」と判示しています。

2　退職届の撤回の可否

　退職届の提出が一方的な辞職の意思表示か、合意退職の申込みかの違いは、退職届の撤回の可否という点に大きくかかわります。なお、撤回とは、法的にはいったん行った意思表示について、将来に向かってその意思表示の効果を消滅させることをいいますので、これを前提に以下回答します。

　すなわち、退職届の提出を辞職の意思表示と解すると、辞職は労働者からの一方的な解約の意思表示なので、使用者の同意や承諾は必要とされず、辞職の意思表示が使用者に到達してしまえば、以後は撤回することはできません。

　他方、多くの裁判例のように、退職届の提出を労働者からの合意退職の申込みの意思表示であると解すると、合意退職の申込みに対する使用者からの承諾の意思表示があるまでは、労働者は使用者に対し不測の損害を与えるなど信義に反すると認められる特段の事情がない限り、申込みを撤回することが可能となります（大阪地判平成9・8・29労判725号40頁・学校法人白頭学院事件等）。

　本設問のケースがどちらにあたるかは具体的な意思表示の内容によりますが、仮に退職届の提出を合意退職の申込みの意思表示と解する場合には、退職届の撤回の可否は、撤回の前に使用者の承諾の意思表示がされたかによることになります。

〔第3章〕 雇用契約終了時・終了後の問題

　この点について、最高裁判所は、従業員が人事部長に提出した退職願を翌日の始業前に撤回した事案において（最判昭和62・9・18労判504号6頁・大隈鐵工所事件）、原審が、入社にあたっては採用面接における複数の面接委員とのやりとりの結果を総合して採用が決定されるところ、退職願の承認については組織上の一定の手続を経ず人事部長が退職願を受理したことをもって雇用契約の解約申入れに対する承諾があったものとは認められないと判断したのに対して、人事部長に退職承認についての利害得失を判断させ、単独でこれを決定する権限を与えるとすることも、経験則上何ら不合理なことではないとしました。また、同社の退職願の決裁欄の記載上、人事部長の決裁をもって最終のものとしていることが明らかであることから、人事部長が退職願を受理したことで、従業員の雇用契約の解約申込みに対する使用者の即時承諾の意思表示がされたといえ、これによって雇用契約の合意解約は成立したと解するのが当然と判断しました。

　すなわち、この最高裁判所の判断からすると、労働者からの合意退職の申込みに対して承諾する権限を有する者が誰であるかは会社ごとに判断され、同じ役職でも、ある会社では承諾権限があり、他の会社では承諾権限がないということもあり得ます。

　したがって、本設問においても、退職届の提出を受けたのが、承諾権限のある者であり、かつ承諾の意思表示をしていれば、その時点で合意退職が成立し、退職届の撤回はできませんので、会社として撤回に応じる必要はありません。他方、退職届の提出を受けたのが承諾権限のない者であった場合、または、承諾権限のある者が退職届の提出を受けたものの承諾の意思表示をしていない場合には、社員からの合意退職の申込みに対する会社からの承諾の意思表示がなく、合意退職は成立していないので、退職届を撤回することが可能となります。

【弁護士からのアドバイス】

　実際に、退職届の撤回が問題になるのは、問題社員に対する退職勧奨が奏功して同社員が退職届をいったんは提出したにもかかわらず退職届の撤回を申し出てきたケースなど、会社として、退職してほしいと考え

ていた社員から退職届が提出された場合であると思われます。

　後から退職届の撤回をされないようにするためには、退職届が提出された段階で、承諾権者がこれを受理し、承諾した旨を書面で社員に通知することが重要です。すぐに退職届受理通知書を出すことができるように、承諾権者が誰であるかについても、職務権限規程等であらかじめ明確にしておくとよいでしょう。

（山根美奈）

63　退職届を提出した社員について、在職中の懲戒解雇事由が発覚した場合、退職金の不支給または一部を減額することができるか

退職届を提出した社員について、退職届受理後に在職中の懲戒解雇事由が発覚した場合、あらためて懲戒解雇をして、退職金の不支給または一部の減額をすることができるか。

A

1　退職届提出の法的効力

　本設問の退職届が辞職の意思表示として出されたものなのか、合意退職の申込みとして出されたものなのかは不明ですが、多くの裁判例は、退職届について、原則として、合意退職の申込みの趣旨であると述べており（大阪地判平成10・7・17労判750号79頁・株式会社大通事件）、その場合、相手方である使用者における承諾権者が退職届を承諾した時点で合意退職が成立することになります（62参照）。本設問でも、承諾権者が退職届を受理し、承諾の意思表示をしていれば、退職の効果が生じ、労働契約は終了しているものと考えられます。

　他方、仮に、退職届が辞職の意思表示の趣旨であった場合でも、期間の定めのない雇用契約は、解約申入れ時から2週間が経過することによって終了しますから（民627条1項）、退職届を提出してから2週間後に退職の効果が生じることになります。

189

〔第3章〕 雇用契約終了時・終了後の問題

2 労働契約終了後の懲戒解雇の可否

懲戒解雇は、懲戒処分として行われる解雇であり、解雇の一種ですが、そもそも解雇とは使用者による労働契約の解約であり、労働契約が存在することが前提となります。裏を返せば、懲戒解雇の意思表示を行う時点ですでに労働契約が存在しない状態であれば、懲戒解雇を行うことは不可能ということになります。本件退職届が一方的な辞職の意思表示であれば、退職届の提出から2週間が経過していれば、労働契約は終了しているので、その後に発覚した懲戒解雇事由に基づいて懲戒解雇を行うことはできないことになりますし、合意退職の申入れの意思表示であれば、使用者がこれを承諾済みの場合には、合意した退職日をもって従業員は退職となり、労働契約が存在しないこととなりますので、それ以降は懲戒解雇を行うことができません。

この点、裁判例においても、たとえば、机の引き出しに退職届があることを部下に知らせた後退出し、その後発見された退職届が電話口で読み上げられ、上司が、その内容を知ったというケースで退職届の受領権限を有する上司が内容を知った時点で、辞職の意思表示は会社に到達したとして、退職の効果が発生したことを前提に、その後行われた懲戒解雇は、退職金請求の取得に消長をきたすものとはいえないと判断したものがあります（東京地判平成11・4・19労判768号62頁・東京ゼネラル〔退職金〕事件）。

3 退職金の取扱い

本設問では直接問われているところではないですが、退職後に懲戒解雇事由が発覚した場合に、退職金を不支給ないし減額とすることができるかという点も問題となり得ます。

退職金不支給または減額の可否については、本来的には退職金の不支給ないしは減額を正当化するような事由（非違行為の存在等）の有無が問題になるもので、懲戒解雇を実際に実施したか否かとは無関係であり、実際に懲戒解雇を行っていなくとも退職金の不支給ないしは減額を正当化するような事由があれば退職金を不支給ないし減額とすることは可能なはずです。しかし、会社によっては、退職金規程において、たとえば懲戒解雇処分となった

190

ことが退職金の不支給ないし減額事由とされていることがあります。このような定めがある会社では、懲戒解雇事由があるにもかかわらず、懲戒解雇前に退職の効力が発生してしまった場合には、懲戒解雇を実際に行っていない以上、退職金の不支給ないし減額事由に該当せず、それらの処分を行うことができなくなります。

　そこで、そのような場合に、退職金の支払いを避けるために、退職金規程には、退職金の全部または一部不支給の事由として、「在職中に懲戒解雇に相当する事由が存在したこと」という規定をおいておくことが望ましいといえます。

【弁護士からのアドバイス】

　懲戒解雇を検討している社員から退職届が提出された場合は、承諾を留保することで、合意退職の即時成立は避けられます。もっとも、承諾を留保したとしても、従業員が一方的な辞職の意思表示であると主張した場合、民法627条1項により原則として退職届の提出から2週間で退職の効力が生じてしまうので、2週間以内に懲戒解雇を行えるように、早急に調査、決定を進める必要があります。

（山根美奈）

64　退職にあたり担当業務の引継ぎをしない社員に対し、どのような処分をすることができるか

> 退職にあたって担当業務等に関する引継ぎをしない社員に対して、会社は懲戒処分、退職金減額、損害賠償請求などすることができるか。

A

1　会社がとりうる手段

　期間の定めのない雇用契約における自己都合退職に関しては、2週間前までに会社に申し出れば退職の効力が生じる旨を民法627条1

〔第3章〕 雇用契約終了時・終了後の問題

項が規定しています。また、当該社員の給与体系が月給制の場合には、当月の15日までに申出があれば、その月の末日に退職の効力が生じ、当月の16日以降に申出があれば、翌月の末日に退職の効力が生じる旨を民法627条2項が規定しています（給与計算期間が1日〜末日までの場合）。

したがって、会社が退職届を提出した社員に関し、仮にその申出を拒否したとしても、上記期間の経過により、当該社員の退職の効力は生じてしまうことになります。

そこで、会社としては、退職にあたって担当業務等に関する引継ぎをしない社員に対して、退職日の繰下げや労働契約上の誠実義務等に基づき会社が指定する者に内容の引継ぎを行うよう要請することになります。

2　懲戒処分の有効性

本設問のような場合、会社としては、懲戒解雇等の懲戒処分をもって対抗したいと考えると思いますが、そのような対応をすることは可能でしょうか。

このような場合、解雇以外の比較的軽い懲戒処分を実施することに関しては、検討の余地があるかもしれませんが、懲戒解雇処分が法的に有効になることはまずないでしょう。退職に関して引継ぎをしなかったことをもって当該社員の功労等が一切減殺されてしまうということにはなり得ないと考えられるからです。また、退職直前に、上記の理由のみをもって会社側からいたずらに紛争を招くような行為は慎むべきでしょう。

現在では、就業規則に「第○条（解雇または退職の際の業務引継ぎ）　従業員が解雇されまたは退職した場合は、会社が指定する日までに、会社が指定した者に完全に業務の引き継ぎをしなければならない」という内容の規定を設けている会社が多いと思います。そこで、会社は、その規定に基づき、社員に対して引継ぎを要請し、指示違反については、懲戒処分の対象になる旨を警告することになります。それでも、最終的に、当該社員が全く引継ぎを行わないということであれば、比較的軽い懲戒処分を実施することになるでしょう。

3 退職金減額の余地

懲戒解雇した場合や懲戒解雇事由が存在する場合に退職金を不支給・減額とする旨の規定が退職金規程等に定められているケースは少なくありません。ただし、裁判例では、当該規定を適用できるのは、「従業員にその功労を抹消又は減殺するほどの信義に反する行為があった場合に限られる」と解されています（東京地判平成14・11・5労判844号58頁・東芝〔退職金残金請求〕事件）。

単に引継ぎを行わなかっただけであれば、そもそも懲戒解雇事由に該当しないと考えられますし、勤続の功労を抹消または減殺するとは評価されないのが通常でしょう。ただし、悪質なケースであれば勤続の功労を抹消または減殺すると評価され、退職金が減額される余地もあるでしょう。

たとえば、前掲・東芝事件では、引継ぎを行わなかったのみならず、管理職として企業秩序の維持・確保を図るべき立場にあったにもかかわらず突然職場を放棄し約1カ月無断欠勤を続け、その後合意退職した者について、50％の退職金減額が有効と判断されています。また、大阪高判昭和58・4・12労判413号72頁・大宝タクシー事件では、「退職願を提出した日より7乗務（14日間）正常に通常勤務しなかった者には退職金を支給しない」との覚書（労働協約）の有効性を認めたうえで、就業規則と同覚書に基づき約30％の退職金減額が有効と判断されています。

ただ、このような業務放棄に近いような事例でも退職金の半分以下の減額が有効と判断されるにとどまっていることから考えると、単に引継ぎを行わなかっただけではやはり勤続の功労を抹消または減殺するとは評価しにくいでしょう。

4 損害賠償請求の可否

引継ぎがなされなかった場合に損害賠償請求をすることも考えられなくはないですが、損害賠償の請求にあたっては、実際の損害や、違法行為と損害に因果関係があることを証明することが必要であるところ、損害の立証も、引継ぎがなされなかったことと損害との因果関係の立証も困難だと思いま

〔第3章〕 雇用契約終了時・終了後の問題

す。

　もっとも、東京地判平成4・9・30労判616号10頁・ケイズインターナショナル事件では、労働者（男性）が入社後4日間のみ勤務し約1カ月後に退職し、当該労働者が使用者に200万円を賠償する念書を差し入れた（なお、裁判所は、当該労働者が退職し、使用者に男性がいなくなったことにより月額60万円の収入が入る予定だった契約が解約になったため、使用者は少なくとも1000万円の利益を失ったとも認定した）事案において、裁判所は念書の有効性を認めたうえで労働者が賃金を受け取っていないなど諸般の事情を考慮し、信義則を適用して損害賠償額を約定の200万円のおおよそ3分の1の70万円に限定し、損害賠償義務を認めています。

　このように損害が認定でき、当人の債務不履行等と損害との因果関係も立証できるのであれば、引継ぎがなされなかった事案でも、損害の一部について賠償が認められる余地もあると解されます。

【弁護士からのアドバイス】

　以上のように、担当業務等の引継ぎをしない社員に対する会社の対応としては、あまり実効的な策は取り得ないところとなります。しかも、昨今では、退職届提出時から直ちに年次有給休暇を消化し始め、その完全消化の日を退職日とする社員が目につくようになっています。この場合、年次有給休暇の消化は、労働者の法的権利であり、会社が社員の退職予定日後に、時季指定権を行使することはできないことから、会社としては、何らの対応をとることもできなくなってしまいます。

　このようなことがないように、会社としては、社員に対し、日頃から引継ぎの重要性を説明のうえ、その点を十分に理解させるように努めるといった社員教育を実践しておく必要があると思います。

（根本義尚・村田浩一）

65 退職または解雇後に社宅から立ち退かない場合、あるいは私物を社内に放置している場合、どう対応すべきか

> 社員が退職または解雇された後も社宅から立ち退かず社宅が使用できない場合、また、私物が置きっぱなしで処分に苦慮する場合はどうすべきか。

A 1 社宅から退去しない理由

　　　　本設問のような問題は、社員の単なる怠慢によって、あるいは経済的理由等によって起こっている場合もあれば、退職あるいは解雇されたことに対する抗議的意味合いを含む場合もあります。

　いずれにせよ、会社としては慎重に対処しなければなりません。

2 社宅からの退去を求める通知のタイミング

　会社は、退去を求める社員に対して、期限までに社宅を明け渡すよう文書により事前に通知するべきです。

　この点に関して、社宅の貸与が賃貸借契約と認められる場合、借地借家法が適用され、解約は6カ月前に申し入れる必要があります（同27条1項）。他方、社宅貸与が使用貸借契約にすぎないと認定される場合、借地借家法は適用されず、会社は社内規則等に従い退去を求めることになります。

　社宅貸与が賃貸借契約であるか否かは、社宅使用料等の事情に照らして判断されます。一般的には、社宅使用料が家賃相場と比べて数分の1と低額である場合、賃貸借契約ではないと判断される傾向にあります。

　なお、労働者を即時解雇する場合、直ちに退去を命じるのではなく、引越し準備のため合理的な期限を設けて退去通知を行うことが望ましいといえます。

195

〔第3章〕 雇用契約終了時・終了後の問題

3 社宅から退去しない場合の対処法

会社が退去を通告したにもかかわらず、期限を過ぎてもその社員が社宅を明け渡さない場合、会社としては、家屋明渡しと不法占拠期間の賃料相当額の損害賠償を求める訴訟を提起するか、あるいは、緊急を要する例外的場合には家屋明渡断行の仮処分の申立てを行うこととなります。なお、いきなりこのような強行手段に出るのではなく、「○月○日までに社宅を明け渡してください。さもなくば法的措置を講じます」という旨の文書（相手方への到達を確認するため内容証明郵便と配達証明郵便の併用が適切です）を送付するなど、複数回にわたって警告を発することが実務的には重要といえます。

4 会社から私物を持ち帰らない場合

次に、社員が退職ないし解雇された後にいつまでも私物を持ち帰らない場合は、どうすべきでしょうか。

社員が退職ないし解雇された後も会社にある社員の私物には、その社員の所有権が及んでいます。したがって、原則として会社は社員に無断で私物を処分（廃棄・売却等）することはできません。しかし、会社としても施設を管理する権限があり（施設管理権）、社員が退職ないし解雇後いつまでも会社の机やロッカーを占拠している状態が続くことは会社として好ましくありません。そこで、その私物を社員に任意に引き取ってもらう方法を尽くす必要があります。

まず、社員が退職ないし解雇された後に会社内に私物が残っている場合には、その社員に対し私物が残っている旨、さらにいつまでに引取りに来てほしい旨を文書等で通知すべきです。

もし、その社員から引取りに来たい旨の連絡があれば、日時を指定し、会社の他の社員の立会いの下、私物を持ち帰らせることになります。その際、「私は会社内の私物をすべて引き取りました。会社内に私の私物はほかにありません。万が一、私物が残っていた場合、その所有権は放棄し、会社が処分することに異議はありません」という旨を確認する覚書を交わしておくことができれば万全です。

また、もし社員が私物を自宅へ送ってほしい旨を要望した場合には、私物を社員の自宅に宅急便等で送付することになりますが、その場合の費用は社員の負担で構いません。この場合も、社員から上記内容の文書を郵送等の方法で取り交わすことができれば、その後の無用なトラブルを避けられるでしょう。なお、実務上は、書類を返送してこないケースも多いため、できる限り直接会う機会を確保して上記内容の文書の取り交わしを行うことが望ましいといえます。

では、会社が社員に対して私物を引き取るよう再三にわたり要求したにもかかわらず、社員がいつまでも私物を引取りに来ない場合にはどうすればよいでしょうか。この場合には、いきなり私物を処分するのではなく、まずは文書等で社員に対して警告を発しておくべきといえます（トラブルが多少なりとも予測される場合には内容証明郵便が望ましいといえます）。具体的には、「○月○日までに引取りに来ない場合には貴方の承認があったものとみなして私物を貴方宅に送付する」といった文書をその社員に対して送付するなど、再度の引取り要請と私物撤去の予告をするべきです。

この文書を送付したにもかかわらず社員が何も返答せず、私物を引取りに来ない場合には、会社としては、その社員の自宅へ私物を送付することとなります。

もし、社員があくまでも私物の引取りを拒んだ場合には、会社としては、適法性の観点からは、私物を執行官に保管させるなどの仮処分を実施するか、あるいは会社施設の所有権ないし施設管理権に基づく妨害排除請求の訴訟を提起することとなるでしょう。

なお、このようなトラブルを未然に防止するために、遅くとも当該社員の退職時までに「私の退職後に私物が残っている場合、その所有権は放棄します。会社が処分することに異議はありません」という主旨の書面を提出してもらうことが望ましいといえます。

【弁護士からのアドバイス】

上記の方法はずいぶん迂遠であると思われた方が多いのではないでしょうか。しかし、このような手続をとることなく、たとえば社員に無断

〔第3章〕 雇用契約終了時・終了後の問題

で社宅の鍵を交換するなどして退去を強制することは、わが国の民法の建前である「自力救済の禁止」に反する違法な行為として不法行為（民709条）を構成し（東京地判平成23・11・24労経速2131号16頁・日立製作所事件）、会社が損害賠償責任を負担するリスクが高くなります。そこで、まずは上記のとおり、文書によって再三の警告を繰り返すことが肝要といえます。また、トラブル予防の観点から、入社時等のタイミングで退職時の私物の処分に関する誓約書を提出させることも考えられます。

　なお、本設問に関連して家賃等を取り立てるにあたって、賃貸住宅の鍵を勝手に交換することや居宅内から動産等を持ち出すこと等を禁止する賃貸住宅居住安定化法案（賃借人の居住の安定を確保するための家賃債務保証業の業務適正化及び家賃等の取立て行為の規制等に関する法律案）が、平成23年12月9日に開催された衆議院国土交通委員会において廃案となりましたが、依然として、立法動向に注意が必要な分野であるといえます。

（大山圭介・五十嵐充）

66 部長クラスの社員に対して、退職後も営業秘密を漏らさせないようにするには、どのような方法があるか

> 会社の営業秘密にかかわってきた部長クラスの社員が退職する場合、退職後も営業秘密を漏らさないようにする方法はあるか。

A

1 退職後の情報漏えい防止策の必要性

　経済産業省による「企業における営業秘密管理に関する実態調査」（平成29年3月17日）によれば、営業秘密の漏えいが発生したルートは、全体のうち24.8%（2位）を「中途退職者（正規社員）による漏えい」が占めています。平成24年度の同省による調査では、「中途退職者（正規社

198

員）による漏えい」は50.3%（1位）を占めていたことからすると、減少傾向ではあるものの、依然として、中途退職した正規社員による漏えいは、情報漏えいのルートとして注意を必要とするといえるでしょう。

そして、退職者に対しては、原則として、就業規則の適用はありませんので、退職後の情報漏えいについては、通常の社員とは別の措置をとっておく必要があります。特に、本設問の場合のような「部長クラス」の社員の場合は、日常的に秘密性の高い情報に接していたことが想定されるため、退職後の情報漏えい対策を講じておくことは重要です。

2　アクセス制限

まず、社員が退職することが決まった場合、当該社員が新たに秘密情報を入手する業務上の必要性は低いことが多いため、当該社員が秘密情報にアクセスする権限を停止するなどして、許可制にすることが適切です。

このような措置をとることが、かえって当該社員との信頼関係を傷つけないか心配な場合には、あらかじめ、当該社員に対して、秘密情報の保護という重要な目的に基づいて当該措置を実施することを通知しておくとよいでしょう。

本設問のように部長クラスの社員が退職する場合には、当該社員が最終出社日まで決裁権を有することがむしろ多く、業務上、秘密情報に接する機会に変化がないことが多いのですが、そのような場合でも、持出し可能な記憶媒体へのダウンロード権限や、社外への送信権限など、業務上の必要性が低い権限については、早めに停止しておくことが適切です。

3　情報の返還・消去

社員は、退職後は、会社の情報を保有しておく必要はないはずであり、また、そのような権利もありません。むしろ、入社時や管理職登用時等に提出した誓約書では、退職時に会社の情報を返還する旨を約束している場合もあるでしょう。そのような約束がある場合にはまさにその約束に基づいて、そのような約束がない場合でも雇用契約に基づいて、会社としては、漏えいしては困る情報（つまり、秘密性が高い情報）について、退職する社員に対し、

〔第3章〕 雇用契約終了時・終了後の問題

返還や消去を求めることが可能です（社員に秘密保持義務があることについては、67をご覧ください）。

　そのため、退職することが決まった社員については、これまで業務を遂行してきた結果、手元に残っている情報が記録された媒体（紙ベースの資料、データが入ったUSBメモリや自宅パソコンのハードディスクなど）としてどのようなものがあるかを確認し、その返還や消去を求めることができます。部長クラスの社員に対してこのような作業を行うことについては、当該社員のことを信じていないようで心理的に抵抗があるかもしれませんが、現代のように情報が容易に流通・拡散してしまう時代では、このような対応も必要であると考えます。当該部長に対しては、退職手続の一環として納得してもらえるよう説明を尽くすことも重要です。

4　秘密保持誓約書

　社員は、在職中は雇用契約や就業規則に基づき、会社に対して守秘義務を負っていますが、雇用契約が終了し、就業規則の適用がなくなった後も守秘義務を負うかについては学説上争いがあります（菅野151頁）。そのため、退職した後も社員に守秘義務を負わせる必要がある場合には、当該社員との間で個別に守秘義務契約を締結することが適切です。また、守秘義務契約書を作成することにより、退職者に対して、どの情報を漏らしてはいけないのか、漏らした場合にどうなるのかを明示することになり、心理的に機密情報の漏えいを防止する効果も期待できます。

　ただ、トラブルの末に退職することになったケースや、会社に不満をもって退職するケースでは、退職時に会社の利益を守るための守秘義務契約書を作成してもらえないこともあります。そのため、守秘義務契約書は、まず在職中に作成しておき、退職に際しては社員の手元にある情報を盛り込む趣旨で再度作成することがよいでしょう。

5　退職金規程

　退職金規程を整備しておくことで、退職後の秘密情報漏えいを抑止することも可能になります。たとえば、「退職金を支給した後であっても、退職者

が在職中に懲戒解雇に該当する行為を行っていたことが発覚した場合、また
は、退職後に守秘義務に違反して会社の秘密情報を漏えいした場合には、会
社は退職者に対して退職金相当額の返還を求めることができる」といった規
定を設けておくことにより、社員が退職後に秘密情報を漏えいした場合に
は、いったん支払った退職金の返還を求めることができます。また、この規
定が存在することにより、これから退職しようとする社員に対して、退職後
の秘密情報漏えいを心理的に抑止することにもつながるでしょう。

　ただ、抑止機能を働かせるためには、退職しようとする社員に対し、この
ような規定が存在することを知らしめることが必要です。

6　退職後の動向把握

　社員が退職後にどのような職業に就いているか、ということは、秘密情報
の漏えいの危険度を判断する1つの材料になります。秘密情報の漏えいが心
配な社員については、OB会や、在職時の人脈を活用するなどして、退職後
も接点をもち、転職先や暮らしぶりを把握することができるとよいでしょ
う。

【弁護士からのアドバイス】

　会社の秘密情報にふれる立場の社員は、それなりの能力と経験を備え
た人物であることが多く、転職も容易なケースが多いでしょう。退職し
た社員が秘密情報を持ち出して漏えいするかどうかは、最終的には当該
社員次第ということになりますが、会社としては、事前・事後の方策、
心理的・物理的方策をできる限り講じて、当該社員の良心に訴えかける
ことが必要です。

(小池啓介)

〔第3章〕 雇用契約終了時・終了後の問題

67 秘密保持契約を締結して退職した社員が他社に入社し、当社の営業秘密を利用して仕事をしていると思われる場合、どのような対応をすべきか

退職する際に秘密保持契約を結んだ社員が、退職後他社に入社して、退職前に担当していた取引先とコンタクトをとっている。顧客情報を持ち出したのではないか（顧客情報が保存されている媒体を介して顧客情報を手に入れたか、または、顧客情報自体を頭に入れていた）と思われるが、事後的にどのような対応をとることができるか。

A

1 不正競争防止法の規定

　　　　本設問で問題となっている顧客情報が営業秘密に該当する場合、営業秘密を不正に使用する行為は、不正競争防止法に抵触する可能性があるので、まずは、同法の適用可能性を検討することが本来と考えます。

　もっとも、不正競争防止法は、保護の対象である「営業秘密」について「秘密として管理されている（筆者注：秘密管理性）生産方法、販売方法その他の事業活動に有用な技術上又は営業上の情報であって（筆者注：有用性）、公然と知られていないもの（筆者注：非公知性）」と定義し（不正競争2条6項）、また、不正な使用・開示の態様（不正競争）についても不正取得行為（窃取、詐欺、強迫その他の不正の手段により営業秘密を取得する行為。同条1項4号）の介在を予定している（同条1項4号ないし6号）など、適用範囲は相当程度限られます。

　また、営業秘密を使用する行為に対する差止請求には3年の短期消滅時効等が定められ（不正競争15条、3条1項）、損害賠償についても、差止請求権が上記消滅時効等によって消滅した後に営業秘密を使用する行為によって生じた損害についての賠償を否定する旨が定められているので（不正競争4条ただし書）、短期消滅時効にかからないよう、早期に損害賠償請求をすることや専門家に相談すること、その前提として資料を収集することなどが必要

202

67 秘密保持契約を締結して退職した社員が他社に入社し、当社の営業秘密を利用して仕事をしている……

です。

2 その他の請求根拠

上記の不正競争防止法における「営業秘密」該当性の要件を満たさず、同法が適用できない場合であっても、労働契約関係の終了後について、就業規則の具体的な規定（たとえば、「従業員は、在職中のみならず退職後においても、会社が業務上秘密としている事項について、漏えい・開示・自ら使用してはならない」などと規定することが考えられます）や個別的な特約（たとえば、退職時に秘密保持契約書として、「私は、在職中に従事した貴社（子会社、関係会社を含みます）が秘密としている事項について、退職後においても、これを他に漏えい・開示せず、自ら使用しないことを誓約します」などの条項を含めた誓約書を提出させることが考えられます）によって一定の業務上の秘密の保持が約定されていると認められる場合には、債務不履行（民415条）に基づき損害賠償請求や差止請求をすることが考えられます。

また、上記のような明示の約定がない場合であっても、態様等によっては、不法行為に基づく損害賠償請求を検討することが考えられます（美容室の退職者による顧客カードの持出しについて、不正取得行為は否定したものの、有用性および非公知性を認め、不法行為に基づく損害50万円および弁護士費用10万円の損害賠償を認めた裁判例として、東京高判平成20・11・11労判1000号10頁〔最二小判平成21・12・18労判1000号5頁もこの点は変更せず〕・ことぶき事件）。

3 損害額の立証

使用者としては、上記2のように、労働者がデータの持ち出しをしたことによって、使用者において売上げが減少する損害を被ったと主張し、債務不履行（民415条）または不法行為（同709条）を根拠に売上げ減少分などの損害賠償を請求したいところです。しかし、データの秘密性やその持出しの事実を認めながら、損害や因果関係を否定し、損害賠償を否定した裁判例もあるので（東京地判平成17・9・27労判909号56頁・アイメックス事件等）、損害をどのように構成するかが問題となります。

データを持ち出された企業で前月や前年と比較して売上げが減少し、退職

〔第3章〕 雇用契約終了時・終了後の問題

者が再就職先等で売上げを上げているといえるのであれば、売上げ減少が損害であり、データの持出しと因果関係があると主張することが考えられます。前掲・ことぶき事件では、このような考え方で、退職後4カ月間で約250万円の売上げ減少があり、その5分の1の約50万円が退職者の顧客カードの持出しと因果関係があるとして、同額の損害を認めました。

また、そのようにいえない場合であっても、情報の漏えいにかかる会社の信用低下など、その他の事情を理由として損害賠償を請求する方法も考えられます。東京地判平成19・1・26判タ1274号193頁では、原告の労働者であった者が、在職中、その業務として収集した顧客情報を持ち出し、転職後、同情報に基づいて転職先会社から顧客に対して勧誘文言を含むメールを送信した事案について、情報の持出しによって当該情報の価値が減少したことを理由としてなされた損害賠償請求については、情報の価値を否定し、請求を棄却しましたが、メール受信者から原告に「個人情報の漏えいにあたるのではないか」とのクレームがあったことから、当該不法行為により原告の信用が低下させられたとして150万円の損害を認定しました。

4　本設問の検討

まず、顧客情報に秘密管理性・有用性・非公知性が認められる場合、不正競争防止法を根拠にその不正な使用・開示の差止めや損害賠償を求めることが考えられます。秘密管理性に関して、「マル秘」の記載をすることや、取扱者を限定して管理することがポイントになります。

次に、顧客情報について業務上秘密として保持が約定されていると認められる場合には、債務不履行（民415条）または不法行為（同709条）に基づき損害賠償や差止めを求めることも考えられます。

また、上記のような明示の約定がない場合であっても、態様等によっては、不法行為による損害賠償請求を検討してもよいでしょう。不法行為による損害賠償請求にあたっては、不法行為による業績減少や顧客情報の価値減少を理由とすることが難しい場合でも、会社の信用の低下を理由とすることが考えられます。

204

【弁護士からのアドバイス】

　以上のとおり、情報が持ち出されてしまった後の事後的な対応においては要件および立証のハードルがあるので、要件の秘密管理性を確保する意味でも、また、情報が持ち出されることを防ぐためにも、情報管理が重要となります。情報管理については、経済産業省の「秘密情報の保護ハンドブック～企業価値向上に向けて～」（平成28年2月）の参考資料1「情報漏えい対策一覧」が情報管理の方策について、対象を1．従業員等、2．退職者等、3．取引先、4．外部者に分け、それぞれについて、①接近の制御（たとえば、アクセス権の付与・管理等）、②持出し困難化（たとえば、私物の記録媒体・撮影機器の業務利用・持込みの制限等）、③視認性の確保（たとえば、防犯カメラの設置等）、④秘密情報に対する認識向上（不正行為者の言い逃れの排除）（たとえば、秘密保持契約等の締結等）、⑤信頼関係の維持・向上等（たとえば、情報漏えいの事例や社内処分の周知等）に分けて解説していることが参考になります。

　また、損害額の立証の困難を回避する方策として、退職時の守秘義務誓約書において、あらかじめ、秘密保持契約違反の場合の損害賠償額の予約を定めておくことも考えられます。ただし、在職中は、（実損害のいかんにかかわらず）損害賠償額の予約をすることはできない（労基16条）ので、退職時の誓約書で損害賠償額の予約を定める必要がある点に注意が必要です。また、損害賠償額を合意した場合、実際の損害額が合意した金額を上回った場合に増額請求ができないと解されているため、損害賠償額の設定にも注意が必要です。

（村田浩一）

〔第3章〕 雇用契約終了時・終了後の問題

68 競業避止契約を締結したにもかかわらず、同業他社へ就職した場合、どのような対応をとることができるか

退職時に競業避止契約を結んだにもかかわらず、同業他社に就職した社員に対して、会社は退職金不支給・減額、差止請求、損害賠償請求などをすることができるか。

A

1 競業避止契約の有効性

　　　　　まず、在職中の競業は当然に使用者と利益相反する行為を差し控える義務（信義則上の付随義務）や就業規則による規制を受けます。

　他方、退職後は、職業選択の自由（憲22条1項）の行使として競業行為であってもこれを行うことができるのが原則であるところ、競業避止契約の有効性が問題になります。裁判例では、競業避止契約の有効性について、①使用者の正当な利益の保護を目的とすること、②労働者の退職前の地位、③競業が禁止される業務、期間、地域の範囲、④使用者による代償措置の有無等の諸事情を考慮して、その合意が合理性を欠き、労働者の職業選択の自由を不当に害するものである場合には、公序良俗に反するものとして無効なものになるなどと判断するもの（東京地決平成16・9・22労判882号19頁・トーレラザールコミュニケーションズ〔業務禁止仮処分〕事件等）が多いと思われます。

　上記基準に照らして競業避止契約を無効としている裁判例も多数ある一方、奈良地判昭和45・10・23判時624号78頁・フォセコ・ジャパン・リミテッド事件では、場所的には無制限であり、退職後の制限に対する代償が支給されていないとしながらも、在職中に機密保持手当が支給されていたこと、制限期間が2年間という比較的短期間であること、会社の営業が特殊な分野であるため、競業関係として制限される職種の範囲が比較的狭いことを理由に競業避止特約を有効としました。また、東京地判平成19・4・24労判942号39頁・ヤマダ電機〔競業避止条項違反〕事件判決では、労働者が店舗における販売方法や人事管理のあり方を熟知するなど重要な地位にあること、転

206

職禁止の対象となる同業者の範囲が使用者と同種の家電量販店に限定されると解釈することができること、1年という転職禁止期間は不相当に長いものではないこと、地理的な制限がないが、使用者が全国的に家電量販店チェーンを展開する会社であることからすると、禁止範囲が過度に広範であるということもないことなどを理由に、競業避止条項を有効としました。

以上の裁判例からすると、上記①〜④のすべてを満たさなければ競業避止契約は無効になるというわけではなく、全体のバランスによって競業避止契約の有効性が判断されるものと考えられます。

そのため、競業避止契約を定めるにあたっては、労働者の地位や業務の内容、使用者の規模や業種など具体的な事情も十分に加味し、バランス感のある競業避止契約とすることが肝要です。

2　退職金の不支給・減額の可否

競業行為を行った退職社員に対し、使用者が退職金全額を支払わないという措置をとるケースもあります。退職後に競業行為を行った者について退職金の減額等を行うにあたっては、退職金規程にその旨の明確な条項を規定しておく必要があります。なお、退職金規程の不支給事由に「懲戒解雇された者」と定めているケースがしばしばみられますが、それでは退職後に懲戒事由が発生した場合に適用が難しくなるので、「懲戒解雇された者または在職中の行為で懲戒解雇に相当するものが発見された者」と定めることが適切です。

判例には、会社が営業担当社員に対し退職後の同業他社への就職を一定期間制限し、その退職金規程において、上記制限に反して同業他社に就職した退職社員に支給すべき退職金につき、支給額を一般の自己都合による退職の場合の半額と定めていた事案について、当該会社の退職金が功労報償的な性格を有することを前提に、上記退職金規程の規定は、「制度違反の就職をしたことにより勤務中の功労に対する評価が減殺されて、退職金の権利そのものが一般の自己都合による退職の場合の半額の限度においてしか発生しないこととする趣旨」と判断し、会社の退職社員に対する退職金の半額の返還請求を認容したもの（最判昭和52・8・9労経速958号25頁・三晃社事件）があり

〔第3章〕 雇用契約終了時・終了後の問題

ます。

また、退職金規程の不支給事由に定めていなかった場合でも、競業行為の違法性が強い場合には、退職社員からの退職金支払請求に対し、権利の濫用を理由に会社が支払いを拒否するという方法も考えられます。

3 競業行為の差止請求（またはその仮処分）の可否

使用者としては、退職社員の競業行為がなされる場合、直接的にその中止を求めたいケースもあるかと思います。

差止請求は、退職社員の行為を直接制限するもので、退職社員の職業選択の自由を制限する措置ですが、競業避止契約が有効でありその違反（仮処分の場合は保全の必要性）があれば、一定の期間に限って、差止請求が認められる傾向がみてとれます。裁判例でも、東京地判平成20・11・18労判980号56頁・トータルサービス事件は、競業禁止特約が効力を認められる以上、会社の差止請求は理由があるとし、会社で採用している技術の陳腐化や同技術を会社が独占できるわけではないことを考慮して、判決確定後2年間に限り差止請求を認めました。

また、仮処分については、上記フォセコ・ジャパン・リミテッド事件は、退職社員らが、会社退社後まもなく、会社と競業関係にある新会社の取締役に就任したことについて、制限期間を2年間とする競業避止特約が有効であることおよび保全の必要性があることから、退職社員2名に対する仮差止めを認めました（東京地決平成22・9・30労判1024号86頁・アフラック事件も、契約書上は競業避止義務を退任後2年間と定めていた事案で、1年間に限って同義務を認め、その範囲で仮差止めを認めました）。

4 損害賠償請求の可否

競業避止契約が有効であるとすると、会社としては、競業行為を行った退職社員や、退職社員が就職・設立した競業会社に対し、競業行為によって被った損害賠償を請求したいケースが多いかと思います。競業避止契約違反を理由とする使用者の退職社員に対する損害賠償請求は、競業避止契約違反自体を根拠としても認められ得ますし、不法行為（民709条）を根拠としても

208

認められ得ます。使用者の競業会社に対する損害賠償請求は、不法行為や使用者責任（民715条1項）を根拠として認められる可能性があるかと思います。もっとも、当該競業行為によってどれだけの損害が発生したかという点や、その損害と競業行為との間に法的な因果関係があるかという点の立証は難しい問題になります。

　なお、同業他社への就職ではありませんが、東京地判平成14・8・30労判838号32頁・ダイオーズサービシーズ事件は、退職社員が会社の顧客に対して営業活動を行わないなどとの誓約書を会社に提出したにもかかわらず、同業他社とフランチャイズ契約を締結し、同社のために会社の顧客に対して営業活動を行った事案において、奪取行為により離れた顧客（奪取行為が成功していない場合も含む）との取引行為で得られていた利益（売上高から諸費用を除く）を基本として、平均的な契約継続期間を考慮し、損害賠償を認めた点で参考になります。

【弁護士からのアドバイス】

　実際に競業行為がなされた段階でご相談をいただいても、競業避止契約の有効性に問題があると思われるケースや、退職金規程に不備があるケースなど、ご相談いただいた段階ではすでに対応が難しいケースが多くみられます。秘密を扱う機会が多い重要な地位にあった社員の退職にあたっては、事前に専門家に相談し、当該社員の地位や業務の内容、使用者の事業規模や業種等に応じた適切な競業避止契約を取り交わし、場合によっては代償措置を講じるなどバランス感をもたせ、競業避止契約が有効となりやすい形をつくることが肝要です。

（村田浩一）

〔第3章〕 雇用契約終了時・終了後の問題

69 社員が退職後に大量の元部下を引き抜き競合する別会社を設立した場合、どのような対応をとるべきか

自身の元部下を大量に引き抜き、競合する別会社を立ち上げた退職社員および当該別会社に対して、会社は損害賠償を請求することができるか。

A

1 使用者が検討しうる方策

退職社員が、自身の元部下を大量に引き抜くことや、会社と競合する別会社を立ち上げることは、会社の経営の妨げになりますので、会社としては、厳しい対応を望むことが多いと思われます。

競業避止義務違反を理由とする、競業行為への従事や営業行為の差止請求については68で述べたとおりですが、本設問ではさらに、大量引抜きという態様の悪質性に着目して解説していきます。実務上は、引抜き行為等を行った退職社員に対して損害賠償（民法415条の債務不履行責任に基づくものや、同法709条の不法行為責任に基づくもの）を請求する例や、競業会社に対して損害賠償（同法715条の使用者責任）を請求する例が見受けられます。

2 使用者の権利と労働者の義務

債務不履行責任あるいは不法行為責任を追及するためには、労働者が義務に違反することや使用者の権利を侵害することが必要です。この点に関して、労働者がいったん退職してしまうと、使用者との間の契約関係や権利義務関係がなくなるのが原則です。

もっとも、退職社員と使用者との間で退職後の引抜き禁止義務について合意している場合、引抜き行為は同義務違反となります（なお、引抜き行為が就業規則上の競業避止義務に違反するとした例に、東京地判平成2・4・17労判581号70頁・東京学習協力会事件があります）。

また、裁判例には、引抜き行為が雇用契約上の誠実義務（労働者が使用者

210

に対して、雇用契約に付随する信義則上の義務として負う、就業規則を遵守するなど労働契約上の債務を忠実に履行し、使用者の正当な利益を不当に侵害してはならない義務）に違反すると判断した例（東京地判平成3・2・25労判588号74頁・ラクソン等事件）があります。

3 引抜き行為の違法性の要件

引抜き行為に対し債務不履行責任あるいは不法行為責任を追及するためには、行為の違法性が必要です。これは、労働者の転職の保障と使用者の利益の保護との調整の視点から要求されるといえます。

上記ラクソン等事件は、引抜き行為の違法性について、「単なる転職の勧誘に留まるものは違法とはいえず」、他方、「転職する従業員のその会社に占める地位、会社内部における待遇及び人数、従業員の転職が会社に及ぼす影響、転職の勧誘に用いた方法（退職時期の予告の有無、秘密性、計画性等）等諸般の事情を総合考慮して判断」して社会的相当性を欠く場合は、雇用契約上の誠実義務に違反する旨判示しました。同事件は、幹部従業員が、会社に内密に移籍の計画を立て、一斉かつ大量に従業員を引き抜いた事案であり、雇用契約上の誠実義務に違反したものとして、債務不履行責任ないし不法行為責任が認められました。

4 損害と相当因果関係、損害賠償の範囲

債務不履行責任あるいは不法行為責任を追及するためには、使用者に損害が生じたことと、退職社員の引抜き行為との相当因果関係も必要です。損害賠償を請求する使用者側からすれば、本来であれば、使用者の売上げないし粗利益の減少分や、退職社員の新たな売上げないし粗利益分について損害賠償を請求したいところです。しかし、実際には、使用者が得られたはずの粗利益全額の損害賠償までは認められにくいと思われます。

上記ラクソン等事件では、引抜き行為と損害との相当因果関係も争点となりました。使用者は、退職社員に対し、引抜き前10カ月分の粗利益を基礎とし、そのうち退職社員が引き抜いた他の社員らが売り上げていた割合についての損害賠償を求めました。しかし、同裁判例では、引抜き行為がなくとも

〔第3章〕 雇用契約終了時・終了後の問題

他の社員らが退職社員の退職を契機に使用者を退職するに至った可能性も考慮し、引抜き行為により使用者に生じた損害のうち、相当因果関係にあるのは、期間として1カ月分に限り、そこから退職社員の個人的寄与5割を控除した残余の部分（870万円）とするのが相当と判示し、退職社員と競業会社に対する同額についての損害賠償を認めています。

5　本設問の検討

　自身の部下を大量に引き抜き、競合する別会社を立ち上げた退職社員に対して、会社としては、債務不履行または雇用契約上の誠実義務違反を根拠に損害賠償請求をすることが考えられます。

　引抜き行為に違法性が認められやすい場合としては、引抜き対象者が社員の多数に上る場合や、引抜き対象者に代わる社員の確保に苦慮する場合（上記東京学習協力会事件では、引抜き行為によって進学塾の講師の大半が辞任すれば、これに代わるべき講師の確保に苦慮することになる等の理由から就業規則上の競業避止義務に違反すると判断しました）、上記のように、幹部社員が会社に内密に、一斉に社員を引き抜く場合などが考えられます。

　損害や相当因果関係との関係では、使用者の粗利益のうち、引抜き行為がなければ得られた額（逸失利益）に基づき損害額を算出し、そのうち、期間を区切ることや退職社員の個人的寄与分を控除することによって、損害賠償の範囲が確定されます。

　また、このような場合に退職金を不支給とすることができる就業規則の定めがある場合や、退職金請求が権利の濫用にあたると判断される場合には、退職金を不支給とすることも考えられます（68参照）。

【弁護士からのアドバイス】

　以上のとおり、引抜き行為や会社の情報を利用した営業行為等に対する対応は、検討する事項や収集すべき証拠も多く、訴訟ともなれば手間や時間、費用がかかります（労働事件には、訴額が小さいものが多いため、会社の担当者の労力等を考えると割に合わないケースが多いのが現状です）。とはいえ、引抜き行為等が会社に与える影響は小さくありません

し、将来の類似の行為を抑止する必要性もあります。そのため、上記の
ような、退職社員の地位や引抜き行為の態様に照らして悪質なケースに
ついては、退職社員や競業会社の責任を追及することも検討に値すると
考えられます。 　　　　　　　　　　　　　　　　　　　（村田浩一）

70 競業避止の合意をしていない退職社員が職種が競合する会社を設立し、得意先を奪うなどして会社に損害を与えた場合、どう対応すべきか

当社は、工作機械の製造を業とする会社だが、先日、当社を退職
した社員2名が、競業避止の合意をしていなかったことをよいこ
とに、当社と同種の会社を立ち上げた。それだけならよいのだ
が、その社員のうち営業に従事していた者が担当していた当社の
顧客に営業をかけ、その顧客より受注し、仕事をするようになっ
たとのことである。当社としては、損害賠償の請求を行いたいの
だがどうするべきか。

A　1　競業避止義務違反の検討

　　　　　　まず、退職社員に競業避止義務違反があるといえるか否か
を検討することになりますが、そもそも退職後の社員に競業避止義務はある
のでしょうか。

　裁判例をみると、たとえば退職時に競業禁止に関する誓約書を提出した場
合だけでなく（東京地判平成19・4・24労判942号39頁・ヤマダ電機事件）、合理
的な理由に基づいて退職後の競業禁止を定めた就業規則がある場合に、退職
後の競業禁止を認めた事案はあります（大阪地決平成21・10・23労判1000号50
頁・モリクロ〔競業避止義務・仮処分〕事件）。しかし、このような誓約書や就
業規則がない場合、労働者の職業選択の自由を保護するため、退職後の競業
禁止は当然には認められないと考えられています（名古屋地一宮支判平成20・

〔第3章〕 雇用契約終了時・終了後の問題

8・28労判1005号14頁・サクセスほか〔三佳テック〕事件〔一審判決〕)。

したがって、競業禁止を定めた誓約書等を取り交わしていない本設問において、競業避止義務違反を問うことは難しいといえます。

2　不法行為の検討

本設問のように退職後の競業避止義務が認められない場合でも、退職社員の競業行為が社会通念上自由競争の範囲を逸脱した違法な態様で元使用者の顧客を奪取したとみられるような場合には、その行為は不法行為となることがあります（名古屋高判平成21・3・5労判1005号9頁・サクセスほか〔三佳テック〕事件〔控訴審判決〕)。

その判断に際して、どのような要素が考慮されるのでしょうか。最判平成22・3・25・労判1005号5頁・サクセスほか〔三佳テック〕事件では、退職社員の競業行為が不法行為となるか否かの判断に際して、退職社員の営業手法に着目しています。このケースでは、営業担当であった従業員が退職するにあたって取引先にあいさつした際、取引先の一部に対して退職後、独立した後の受注希望を伝える程度のことはしていたことが認められています。他方で、この従業員が取引先の営業担当であったことに基づく人的関係等を利用することを超えて、元使用者の営業秘密にかかる情報を用いたり、元使用者の信用をおとしめたりするなどの不当な方法で営業活動を行ったとまでは認められないと判断しています。

このことから、元使用者に在籍していた当時の人的関係を利用する程度の営業活動であれば、相当な競業行為として許容され得ると思われます。

また、不法行為成立を肯定した下級審裁判例として、元使用者の顧客情報（名前、学歴、勤務先、連絡先に関するもの）を利用して営業活動をしたもの（東京地判平成19・1・26判タ1274号193頁）、元使用者からの従業員の大量引抜きを伴うもの（東京地判平成19・4・27労判940号25頁・リアルゲート〔エクスプラネット〕事件）、退職社員の設立した会社が元使用者を承継したかのような虚偽の事実を元使用者の得意先に告げたうえ、元使用者の工場を占拠使用したもの（横浜地判昭和59・10・29判タ545号178頁）などがあります。

以上のような要素を総合的に考慮したうえで、退職社員の競業行為が社会

通念上自由競争の範囲を逸脱した違法なものと評価できる場合には、退職社員に対する損害賠償請求が認められることになります。

　なお、上記サクセスほか〔三佳テック〕事件最高裁判決は、退職社員は競業行為を行うことについて元の勤務先に開示する義務を当然に負うものではないと指摘しています。したがって、単に元使用者に対して競業行為を秘密にしていたことは、不法行為成立の重要な考慮要素とはならないといえます。

3　会社の顧客情報を無断で持ち出していた場合

　退職社員が、元使用者の顧客名簿等の情報を不当に持ち出し、それを利用して営業活動を行うことは違法行為である可能性が高いといえます。東京地判平成23・6・15労判1034号29頁・カナッツコミュニティほか事件では、原告の会社を退職後に競合会社を設立し、原告会社在職時に入手した顧客情報を利用して営業活動を行ったことが問題となりました。そして同事件において裁判所は、退職社員が守秘義務に違反して顧客情報を持ち出しており、これを利用した営業活動は、不正に取得した情報を用いた営業活動として違法であると判断しました。

4　本設問の検討

　退職社員が会社の顧客を奪ったことで、直ちに不法行為が成立するわけではありません。別会社における退職社員の営業手法や元使用者と取引先との自由な取引が競業行為によって阻害されたといえるような事情等を総合的に考慮する必要があります。そのうえで、退職社員の競業行為が社会通念上自由競争の範囲を逸脱した違法なものと評価できる場合には、不法行為が成立し、退職社員に対する損害賠償請求も認められることになります。

【弁護士からのアドバイス】

　本設問のような事態の予防策としては、就業規則または労働契約や退職の際に社員に提出させる誓約書等の特約に退職後の競業避止義務を規定しておくことが適当です。

215

[第3章] 雇用契約終了時・終了後の問題

　「企業における営業秘密管理に関する実態調査」（平成29年3月17日独立行政法人情報処理推進機構）において、回答者のうち69.9％の企業においては、秘密情報の管理について、退職者等を特に意識した対策に取り組めていないことが明らかになっており、近年でも、退職者に向けた競業避止対策には大きな進展がみられないというのが実情です。本設問の会社がそうであったように、退職後の競業避止義務を退職者に課すことはまだまだ一般的とはいえない状況にあります。

　しかし、今後は、即戦力を期待した中途採用を重視する企業の採用傾向に伴って、退職者の競業行為に絡む問題がますます重要となることが予想されます。

　退職者による競業行為によって影響を受ける可能性の高い企業にとって、就業規則または労働契約や退職の際に退職社員に提出させる誓約書等の特約に退職後の競業避止義務を規定しておくことが、退職社員による競業問題に対する予防策として重要であることをあらためて意識していただければと思います。
　　　　　　　　　　　　　　　　　　　　　　　　　　　（五十嵐充）

71 退職した社員が、製造した製品や社長の人格を何の根拠もなくインターネットで繰り返し誹謗中傷する記事を発信している場合、どう対応すべきか

> 当社を退職した社員が、何の根拠がないにもかかわらず、当社が製造販売する食品は原材料の産地を偽っている、安全性に問題があるなどという記事や、社長の人格を中傷する記事をブログやSNSで何度も書いていることが、外部からの連絡により判明した。当社はどう対処すればよいか。

1　ブログ・SNSでの誹謗中傷記事の対処法

　ブログやSNSでの誹謗中傷記事を発見した場合、実名で

216

書かれていたならば、誰がその記事を書いたのかの特定は容易です。しかし、実際には誹謗中傷記事は匿名で書かれることが多いので、以下のような手順を踏んで対応することになります。

(1) 情報収集

まず、いかなる情報が掲載されているかを特定し、その URL（アドレス）などを記録します。whois 検索を利用して、ドメイン登録者、サーバー管理者などを調べることも有用です。

ウェブページはプリントアウトする、PrintScreen で画面コピーするなどして証拠化しておきましょう。

(2) 削除請求

サイト管理者等に対して誹謗中傷記事の削除と IP アドレスの開示を請求します。

サイトによってはウェブ上に削除のためのフォームが設けられている場合があり、それを利用することがまず考えられます。

次に、プロバイダ責任制限法ガイドライン等検討協議会が作成した「プロバイダ責任制限法名誉毀損・プライバシー関係ガイドライン」にのっとって削除請求を行うことが考えられます。

さらに、サイト管理者等を相手方として仮処分を行うことによる削除請求を行うことも考えられます。

(3) アクセスプロバイダに対する請求

削除された段階でひと段落ですが、発信者への権利行使のため、開示された IP アドレスに基づいて、アクセスプロバイダに対して、発信者の住所氏名の開示を求めます。

(4) 発信者への請求

発信者の住所・氏名が特定できたら、いよいよ発信者に対して損害賠償請求を行います。場合によっては名誉毀損罪（刑230条）などで刑事告訴を行うことも考えられます。

2 退職金減額の可能性

退職社員の場合、退職金がまだ支給されていない段階で誹謗中傷が判明し

〔第3章〕 雇用契約終了時・終了後の問題

た場合には、退職金規程などの就業規則上の規定に基づいて退職金を減額することが考えられます。

　しかし、通常ブログ等の記事が見つかった段階では、それが実名で書かれたものでない限りは、退職社員が書いたものかどうかが特定できませんので、上記のような発信者の特定のための手続をとらねばならないことになります。

　他方で、退職金の支給時期はたとえば「退職日から3カ月以内」などと期限が定められているのが通常です。ですから、退職金の支給時期までに発信者が特定できない場合には、退職金の減額を見送るという判断を余儀なくされるかもしれません。

【弁護士からのアドバイス】

　退職社員によって誹謗中傷記事が書かれることを予防するために、退職時の誓約書に、たとえば「退職後も会社およびその関係者に対する誹謗中傷その他不利益な言動を行わない」などという条項を挿入しておくことが考えられます。事実上の効果しかない紳士条項ですが、意外に効果はあるように思われます。　　　　　　　　　　　　（大山圭介）

第4章

近年特に注目されている問題

〔第４章〕 Ⅰ　定年後再雇用をめぐる対応

Ⅰ

定年後再雇用をめぐる対応

72　定年後の再雇用者が、「業務が変わらないのに給与を大きく下げるのは労働契約法20条に反する」と主張してきた場合、どう対応すべきか

当社は定年後再雇用者に対して業界相場以上の給与を支給しているが、ある再雇用者から「定年前と同じ業務をしているのに給与が下がるのはおかしい。労働契約法20条に反する」というクレームがあった。業務内容が同じ場合に給与を下げると違法になるのか。

A

1　問題の所在

　　　労働政策研究・研修機構「高年齢社員や有期契約社員の法改正後の活用状況に関する調査」（2013年７月実施）によると、定年到達時の年間給与を100％とした場合、〈表１〉のとおりの数字になっており、定年後再雇用時の給与を定年到達時の給与の70％以下に設定している企業が全体の

〈表１〉 定年到達時の年間給与
　　　　に対する再雇用後の割合

81％以上	15.3%
71～80%	17.0%
61～70%	22.9%
51～60%	21.7%
50%以下	16.1%

〈表２〉　再雇用後の就業先

仕事内容が同じである企業	90.9%
所属部署が同じである企業	93.7%
勤務場所が同じである企業	95.5%
フルタイム勤務である企業	77.4%

220

60.7％を占めています。

　他方、上記調査結果では、再雇用後の就業先が〈表2〉のとおりとなっていることからすると、定年前と同じ仕事をさせていても給与は下げているケースが多いのではないかと思います。

　この点、労働契約法20条は、「有期労働契約を締結している労働者の労働契約の内容である労働条件が、期間の定めがあることにより同一の使用者と期間の定めのない労働契約を締結している労働者の労働契約の内容である労働条件と相違する場合においては、当該労働条件の相違は、労働者の業務の内容及び当該業務に伴う責任の程度（筆者注：以下この条において「職務の内容」といいます）、当該職務の内容及び配置の変更の範囲その他の事情を考慮して、不合理と認められるものであってはならない」として、期間の定めがあることを理由に不合理な労働条件を設定することを禁止しており、この規定は、定年後再雇用（有期）の労働条件についても適用されると解されています。なお、平成30年7月の働き方改革関連法成立により、短時間労働者の雇用管理の改善等に関する法律が「短時間労働者及び有期雇用労働者の雇用管理の改善等に関する法律」に改正され（施行は2020年4月1日、中小企業への適用は2021年4月1日）、期間の定めがあることによる不合理な労働条件の禁止の規定は、労働契約法（20条）からは削除され、上記改正法（8条）の中で規定されることになりました。

　そこで、本設問の再雇用者がいうように、定年前と同じような業務をさせているのに給与を下げているとすれば、同条に違反するのではないかが問題になるところです。

2　不合理性の判断基準

　労働条件の差異が不合理かどうかの判断基準として、労働契約法20条は、上記のとおり、①職務の内容、②当該職務の内容および配置の変更の範囲、③その他の事情という3つの要素をあげています。この③の「その他の事情」の要素としては、定年退職後に有期で再雇用されていること（長期雇用することは通常予定されていないこと、定年退職まで無期雇用で賃金を受給して

〔第4章〕 I 定年後再雇用をめぐる対応

きたこと、一定の要件を満たせば老齢厚生年金の支給を受けることも予定されていること）が考慮されます。また、不利益の程度や、当該労働条件が決められた経緯（組合との団体交渉等）なども、その他の事情として考慮されると思われます（最判平成30・6・1労判1179号34頁・長澤運輸事件）。

有期契約社員と無期契約社員の賃金差の不合理性が問題になった場合、単純に賃金の総額のみで判断されるわけではなく、賃金項目ごとに、その趣旨に鑑みて、不合理性が判断されます。そのため、単純に賃金の総額を比べて、定年後の再雇用者の賃金が定年前よりも何％減っているかを気にすればよいというわけではなく、賃金項目（たとえば、精勤手当、住宅手当等）ごとに、その目的や趣旨に鑑みて、有期と無期で差を設けることに不合理性がないかどうか検証する必要があることには注意が必要です。また、ある賃金項目の有無および内容が、他の賃金項目の有無および内容を踏まえて決定される場合は、そのような事情も不合理性の有無の判断にあたり考慮されます（上記長澤運輸事件）。

3 労働契約法20条違反の効力

有期契約社員と無期契約社員の賃金差が労働契約法20条に違反したとしても、有期契約社員の労働条件が無期契約社員と同一になるわけではありません。労働契約法20条違反が認定された場合は、有期契約社員は不法行為に基づく損害賠償請求をすることができます（上記長澤運輸事件等）。もっとも、契約社員用の就業規則を作成していないような場合は、有期契約社員の労働条件が無期契約社員と同一になる可能性もありますので、有期契約社員用の就業規則が未整備のままとなっている会社は、至急整備をしておく必要があります。

【弁護士からのアドバイス】

本設問の従業員が主張するように、職務の内容（上記①）や当該職務の内容および配置の変更の範囲（上記②）が定年前と同じといえるのか確認する必要がありますが、これがおおむね同じということであれば、賃金項目ごとに、当該賃金の目的・趣旨に鑑みて、有期と無期で差を設

けることに不合理性がないかどうか等検証する必要があります。この点、①「職務の内容」や②「当該職務の内容および配置の変更の範囲」が定年前（無期雇用）と変わらないのに、定年後再雇用（有期雇用）の際の給与が定年前と比べて20～24％下がったことが問題になった上記長澤運輸事件では、たとえば、精勤手当に関して、職務の内容が同一である以上、定年前（正社員）と定年後（嘱託社員）で皆勤を奨励する必要性に相違はないとして、嘱託社員には精勤手当を支給していないことは労働契約法20条違反にあたるとしています。他方、住宅手当・家族手当に関して、正社員は嘱託社員とは異なり幅広い世代の社員が存在していることなどから、嘱託社員に住宅手当・家族手当を支給していないことは労働契約法20条違反にあたらないとしており、参考になるところです。

(渡辺雪彦)

73 仕事ができず協調性もない問題社員が、定年後の再雇用を申し出た場合、再雇用を拒むには、どう対応すべきか

仕事ができず協調性もない問題のあった社員がこのたび60歳定年を迎える。会社としては、当該社員を再雇用するのは難しいと考えており、定年をもって辞めてもらいたいが、どのような対応がとりうるか。なお、当社は継続雇用制度をとっており、再雇用基準を定めた労使協定がある。

A 1 再雇用しないことができるか

　当該社員は定年を迎えるということで、まず定年後再雇用をしないということが考えられますが、それができるのかどうかが問題になるところです。

　平成25年4月1日より改正高年齢者等の雇用の安定等に関する法律（高年

〔第4章〕 I 定年後再雇用をめぐる対応

法）が施行されています。この改正では、定年に達した人を引き続き雇用する「継続雇用制度」の対象者を労使協定で限定できるしくみ（高年旧9条2項）が廃止されましたが、上記改正法が施行されるまでに労使協定により再雇用基準を定めていた場合は、経過措置として、老齢厚生年金の報酬比例部分の支給開始年齢以上の年齢の者についてなお継続雇用制度の対象者を限定する基準を定めることが可能です。

平成25年4月1日から平成28年3月31日まで	61歳
平成28年4月1日から平成31年3月31日まで	62歳
平成31年4月1日から平成34年3月31日まで	63歳
平成34年4月1日から平成37年3月31日まで	64歳

　逆にいうと、60歳定年で継続雇用制度をとっている場合、本人が希望するときは、解雇事由や退職事由にあたる事由がない限り、少なくとも上記支給開始年齢までは再雇用する必要があります。再雇用基準を適用できるのは、上記支給開始年齢を超えて再雇用するかどうかの判断時になります。

　したがって、本設問のように、問題社員が再雇用を希望した場合は、その時に再雇用基準を満たしていなかったとしても、解雇事由や退職事由がない限り、少なくとも上記支給開始年齢（本執筆時点では62歳）までは再雇用する必要があります。

　なお、再雇用基準該当性の判断の時点については、労使の合意により、定年時とすることも62歳になる直前とすることも可能です（厚生労働省「高年齢者雇用安定法Q＆A（高年齢者雇用確保措置関係）」Q3－4参照）。

2 解雇することができるか

　再雇用基準の適用による再雇用拒否ができないとしても、労働契約法16条にいう客観的合理性と社会的相当性の要件を満たしていれば、解雇することはできます。

　このうち、まず客観的合理性を満たしているかどうかについては、①就業規則所定の解雇事由にあたるかどうか、②改善・是正の余地がなく雇用継続が困難な状態に達しているといえるかどうか、③解雇回避努力（注意・指

導、配転等）を尽くしているかどうかといった点について検討する必要があります。なお、②が重大であれば、③の解雇回避努力が軽減されたり、免除される場合もあります。

次に、社会的相当性を満たしているかどうかについては、客観的合理性が認められたうえでなお解雇が相当といえるかどうかが問題になり、具体的には、本人の情状（反省の有無・態度、過去の勤務態度・処分歴等）や、他の社員の処分との均衡等さまざまな事情が考慮されます。また、本人にきちんと事情を聴取したのかどうか等手続の相当性も社会的相当性判断の一要素になります。

本設問のケースで、当該社員は、仕事ができず協調性もないとのことですが、解雇できるかどうかのポイントとしては、その問題事由を裏付ける具体的エピソードの有無、問題性の程度、立証の可否や、注意・指導しても改善しなかったといえるかどうか、他の部署に配転するなどして解雇を回避する余地がないのかといった点が問題になります。

実際のケースでは、具体的問題事由を裏付ける客観的な証拠がなかったり、十分な注意指導をしてきておらず、直ちに解雇するのが難しいといったケースがよく見受けられます。そのような場合には、再雇用は1年更新のケースが多いと思いますが、再雇用したうえで（その際、それまでの問題状況を本人に伝えて改善を促します）、当該社員の問題状況や注意・指導の状況をきちんと記録化するようにして、契約更新の段階で雇止めの検討をするということも考えられます。

3　労働条件を変更することができるか

定年後再雇用する場合、雇用契約を締結し直すことになるので、その際、パフォーマンスに見合った新たな労働条件（給与、職種・業務内容等）を提示するということも考えられます。

この点、どのような労働条件を提示してもいいのかというと、前掲厚労省Q&A・Q1-4によれば、継続雇用高年齢者の安定した雇用を確保するという高年法の趣旨を踏まえたものであれば、最低賃金などの雇用に関するルールの範囲内で、フルタイム、パートタイムの労働時間、賃金、待遇などに

225

〔第4章〕 I 定年後再雇用をめぐる対応

関して、事業主と労働者の間で決めることができるとされています。そして、会社が提示した労働条件で従業員と合意ができず再雇用できなくなった場合、そのことが高年法に違反しないかどうかについては、同Ｑ＆Ａ・Ｑ１－９は、事業主の合理的な裁量の範囲の条件を提示していれば、労働者と事業主との間で労働条件等についての合意が得られず、結果的に継続雇用を拒否したとしても、高年法違反となるものではないとしています。

そこで、上記事業主の合理的な裁量の範囲が問題になるところです。

この点、事務職の社員に対して定年後再雇用の際清掃業務を提示したことが問題になった事件（名古屋高判平成28・9・28労判1146号22頁・トヨタ自動車ほか事件）で、裁判所は、「事業者においては、労使協定で定めた基準を満たさないため61歳（筆者注：当時の支給開始年齢）以降の継続雇用が認められない従業員についても、60歳から61歳までの１年間は、その全員に対して継続雇用の機会を適正に与えるべきであって、定年後の継続雇用としてどのような労働条件を提示するかについては一定の裁量があるとしても、提示した労働条件が、無年金・無収入の期間の発生を防ぐという趣旨に照らして到底容認できないような低額の給与水準であったり（筆者注：以下、「ケース①」といいます）、社会通念に照らし当該労働者にとって到底受け入れ難いような職務内容を提示するなど実質的に継続雇用の機会を与えたとは認められない場合（筆者注：以下、「ケース②」といいます）においては、当該事業者の対応は改正高年法の趣旨に明らかに反するものであるといわざるを得ない」としています。

具体的にどのような場合が上記①②のケースにあたるかというと、上記事件では、まずケース①について、老齢厚生年金の報酬比例部分の約85％の給与が得られる場合に対して、裁判所は、改正高年法の趣旨に照らして到底容認できないような低額の給与水準とはいえないとしています。

次に、ケース②について、裁判所は、「60歳以前の業務内容と異なった業務内容を示すことが許されることはいうまでもないが、両者が全く別個の職種に属するなど性質の異なったものである場合には、もはや継続雇用の実質を欠いており、むしろ通常解雇と新規採用の複合行為というほかないから、従前の職種全般について適格性を欠くなど通常解雇を相当とする事情がない

限り、そのような業務内容を提示することは許されないと解すべきである」としています。そして、上記事件では、裁判所は、事務職と清掃業務は別個の職種に属するとしたうえで、会社は当該社員が事務職全般についての適格性を欠くほどのものであるとは認識していなかったと考えられること、および清掃業務等以外に提示できる事務職としての業務があるか否かについて十分な検討を行ったとは認めがたいことを指摘して、事務職であった当該社員に対して清掃業務を提示したことは高年法の趣旨に反して違法と判断しています。

そのため、本設問の社員においても、異なる職種・業務等を提示して給与を引き下げる場合、給与は老齢厚生年金の報酬比例部分と比較してどの程度支給するのか、およびこれまでの職種・業務内容からして通常想定されないような単純作業等を提示するような場合は、定年前の職種・業務の適格性がないといえるかどうか、並びに会社の規模・経営状況等にもよりますが、他に提示できる職種・業務がないかどうかといった点について検討する必要があります。

【弁護士からのアドバイス】

　定年時点では再雇用基準を適用して再雇用を拒否することはできません。また解雇するにはそのハードルは高く、特に定年間近の社員に対して十分な注意・指導をしていないケースが少なくないのではないかと思われます。そして、定年後再雇用時に新たな労働条件を提示する場合も、高年法の趣旨に反しないようにしなければなりません。

　このような制約がある中にあって、当該社員との雇用継続が難しいということであれば、会社がとりうる実務上の対応としては、当該社員に対して、これまでの勤務をねぎらいつつも、会社の評価を伝えて、まずは退職勧奨を試みるのが現実的な対応であると考えます。その際、紛争になるリスクや紛争になった場合の勝敗の見通し等を踏まえて、場合によっては割増退職金を支払うなどの方法も考えられるところです。

(渡辺雪彦)

II

メンタルヘルスをめぐる対応

74 メンタルヘルスの不調が疑われる社員に対して医療機関を受診させるにはどうすべきか

> 社員の中に、その言動からしてメンタルヘルスの不調が疑われる者がいる。そこで、会社より、専門医（精神科医）の受診をすすめているのだが、「大丈夫です」とか、ひどい場合には、「私をおかしいとでも言うんですか」などと言って、受診に応じてくれない。会社としては、上記受診を業務命令として行うことは可能か。また、それでも従ってくれない場合、どうすればよいか。さらに、受診をすすめる（命じる）際、医師を会社で指定することはできないのか。

1 使用者が有する安全配慮義務と労働者のプライバシー

　労働契約関係の一方の契約当事者である使用者は、もう一方の契約当事者である労働者に対して、労働契約上の安全配慮義務（労働者がその生命、身体等の安全を確保しつつ労働することのできるよう、必要な配慮をする義務）を負っています（労契5条）。ですので、その状況に適した専門の医師、たとえば本設問のようなメンタルヘルスの不調が疑われるような状況では精神科医の受診をすすめることは、安全配慮義務の一環として会社の行うべき義務と考えられます。

　ただし、メンタルヘルスの不調は、通常の病気と異なる側面があることは

否定できません。というのは、精神的疾患については以前よりも社会の理解を得られつつあるものの社会も個人もいまだに否定的印象をもっていることは否定できず、それを明らかにすることは不名誉であるととらえていることが多いなどの点で、精神科医の受診をすすめる（命じる）ことはプライバシー侵害のおそれが大きいとされるからです（名古屋地判平成18・1・18労判918号65頁・富士電機Ｅ＆Ｃ事件）。

　以上に鑑みますと、大要、以下のとおりに対応するのが妥当と考えられます。まず、メンタルヘルスの不調でも疾病であるには変わりはなく、かつ、社員の安全・身体・生命のためにも、会社の安全配慮義務は極めて重要な義務であることも考えれば、本設問のような場合でも、会社としては当該社員に専門医への受診を命じることは可能と考えるべきです。

　ただし、命令である以上は、その目的の正当性、手段としての相当性といった合理性が必要であることはいうまでもなく、これに、上述したプライバシーの問題も考えれば、極力、社員のプライバシーに配慮することが肝要と考えます。たとえば、最初はなるだけ「命令」ではなく「要請」といった形で行い、それでも当該社員が肯んじ得ず、かつ、その社員の状況（病状）に好転がみられない、といった段階に至って、「命令」を出す、という配慮も必要でしょう。

2　受診先の医師を指定することの可否

　上記1のとおり、会社が社員に対し、精神科医への受診をすすめる（あるいは命令する）にしても、現実問題として、特に精神病については医師による診断の相違が大きく、会社としては、より信頼できる医師に受診させたい、という思いをもつのが当然です。

　そこで、会社としては、本設問のように、会社の側で受診先の医師を指定したいところですが、これは、結論からいえば、医師を会社の側で指定することについて必要な状況の下、会社側で合理性のある選択（医師の指定）を行うのであれば、可能と考えられます。

　裁判例でも、たとえば、最判昭和61・3・13労判470号6頁・電電公社帯広局事件では、使用者側にて医療機関や担当医の指定を行っても、病気治癒

229

〔第4章〕 Ⅱ　メンタルヘルスをめぐる対応

という目的に照らして合理的、相当の内容であれば（つまりは、相応の医療機関への指定があれば）、労働者側の医師選択の自由を害することはないと判示されています。

本設問の場合、どこまでメンタルヘルスについての不調か疑われる程度の状況なのか、指定をする者が産業医か、指定先の医療機関の社会的評価等により結論が左右されると思われます。

3　就業規則の規定の有無との関係

会社による受診命令（および受診先の医師指定）について、その会社の就業規則上、規定があるか否かによって、結論が異なるか否かは、判断に迷うところがあります。しかし、就業規則に、社員に対する受診命令や医師指定の根拠が明記されている場合は、そうでない場合に比べて、相当程度に上記命令や指定が認められやすくなるでしょう（これを前提とした説示をなしている判例として、最判平成24・4・27労判1055号5頁・日本ヒューレット・パッカード事件があります）。

【弁護士からのアドバイス】

現実問題として、嫌がる社員に対し、精神科医への受診を命じるのは、会社として負担に感じることもあるでしょう。しかし、もしこれに緩慢な対応をとった末、それこそ社員が病状を悪化させ自殺にでも及んだ場合、その社員に対する義務を履践できないばかりではなく、会社として、別の、より大きい負担を抱え込むことにもなりかねないことに留意してください。また、就業規則の整備も行うのが妥当でしょう。

（岡芹健夫）

75 精神疾患の発症が、業務の多忙のみが理由ではなく、本人の性格や私生活上にも原因があることが推測される場合、どのように対応すべきか

社員がうつ病に罹患してしまった。確かに業務は多忙であったが、もともとまじめで完璧主義な性格であり、また業務とは無関係の私生活においても悩みを抱えていたようである。このような場合でも、うつ病になった責任は会社がすべて負わなければならないのか。

A

1 労働者本人の素因と会社の使用者責任

　　　　　労働者本人がうつ病に親和的であったり、もともとうつ病の素因をもっていたりする場合には、労働者がうつ病に罹患したことと業務との因果関係自体が否定されることがあります。また、業務とうつ病罹患との相当因果関係が認められた場合でも、労働者本人の性格や心因的要素がうつ病の一因となっているケースにおいては、公平の観点から民法722条2項の不法行為における過失相殺の条文が類推適用され、会社の使用者責任が軽減されるケースがあります。

　裁判例では、課長への昇進による重圧がうつ病発症の一因となり自殺に至った事案において、自殺の前に当該労働者が退職や休暇を申し出、また自殺未遂を図ったことがある等の経緯から、使用者は当該労働者の自殺を防止しうる蓋然性があったことを理由に業務との相当因果関係を肯定しつつ、当該労働者自身の事情（もともと精神的な負荷に対する耐性が弱いこと、当該労働者の父親の介護および死去、介護により負担をかける家族への負い目、友人の異動および当該労働者自身のまじめで完璧主義な性格も自殺の要因となったものと認定されました）および当該訴訟の原告である当該労働者の妻自身の事情（医師に自殺未遂の話をしなかったため、医師が適切な措置をとることができなかったこと等）を考慮して、損害額の8割を控除し、残りの2割を使用者が負担すべきであると判示したもの（東京高判平成14・7・23労判852号73頁・三洋電

〔第4章〕 Ⅱ メンタルヘルスをめぐる対応

機サービス事件）があります。

　また、入社後3カ月で退職し、その1カ月後に自殺した保母の事案においては、入社して間もなく主任保母（責任者）の仕事を任され、また長時間労働を余儀なくされていたことから、うつ病と業務との相当因果関係は認定しながらも、当該労働者自身の責任感の強い性格が多分に自殺の原因となったものとして、損害額の8割を控除し、2割を使用者が負担すべきであると判示しています（大阪高判平成10・8・27労判744号17頁・東加古川幼児園事件）。

　他方、長時間労働によりうつ病に罹患し、自殺に至ったとされた事件（最判平成12・3・24労判779号13頁・電通事件）においては、原審（東京高判平成9・9・26労判724号13頁）は当該労働者のまじめで責任感が強く完璧主義といううつ病に親和的な性格、当該労働者自身が労働時間を実際よりもかなり少なく申告していたこと、また当該労働者自身が病院に行く、会社を休むなどの合理的な行動をとらなかったこと、当該訴訟の原告である当該労働者の両親も生活状況を把握しながら具体的な行動を何も起こさなかったことを考慮し、損害額の3割を使用者の負担分から控除しました。

　しかし、最高裁判所は、当該労働者の性格については、「ある業務に従事する特定の労働者の性格が同種の業務に従事する労働者の個性の多様さとして通常想定される範囲を外れるものでない限り、その性格及びこれに基づく業務遂行の態様等が業務の過重負担に起因して当該労働者に生じた損害の発生又は拡大に寄与したとしても、そのような事態は使用者として予想すべきもの」と判示し、当該労働者の性格はこの範囲を外れるものではないものとして、過失相殺において考慮すべきではなく、また当該労働者の両親の事情についても、当該労働者は独立の社会人として自らの意思と判断に基づき使用者の業務に従事しており、同居していたとはいっても当該労働者の勤務状況を改善する措置をとりうる立場にあったとはいえないものとして、過失相殺において考慮すべきではないとし、損害額のすべてを使用者が負担すべきものであると判示しました。

　過失相殺は公平の理論に基づくものですので、遺族を含む労働者側の事情と使用者側の事情を具体的に検討し、どちらに損害を負担させるのが公平かという観点から判断されます。

75 精神疾患の発症が、業務の多忙のみが理由ではなく、本人の性格や私生活上にも原因があることが推測される……

2 判断基準

　当該労働者が心理的負荷に対し脆弱であったかについての判断基準は、現実にかかった心理的負荷の程度によると考えられていますが、この点について、当該労働者と同種の平均的な労働者、すなわち、当該労働者と職種、職場における立場、経験等の点で同種の者であって、特段の勤務軽減まで必要とせずに通常業務を遂行することができる者を基準とすべきであると判示した裁判例があります（東京地判平成22・6・9労経速2087号3頁・福岡中央労基署長事件）。

【弁護士からのアドバイス】

　労働者本人の素因については、裁判例においては上記のような枠組みによって判断されていますが、現実には当該労働者個人を離れて上記2で述べたようなさまざまな条件を満たす平均的な労働者を想定することは難しく、あらかじめどのような場合に業務との因果関係が否定され、もしくは過失相殺が認められるかは予測がつきにくいところです。会社としては、個々の社員に対しできる限りの対応をしておくべきでしょう。

　なお、前提として、過重労働等の使用者の安全配慮義務に反する行為があれば、労働者の素因による過失相殺の可能性はありますが、使用者責任自体は免れることができません。安全配慮義務に反する過重労働の基準については、労働時間数でいえば発症直前6カ月間の時間外労働時間の平均が月に80時間を超えるとほぼ確実に過重労働と判断されると考えられますが、これを下回る場合であっても、たとえば出張が多い等、性質上精神的負荷が高い業務の場合には安全配慮義務違反が肯定されることがありますので、ご注意ください。

（秋月良子）

233

〔第4章〕 Ⅱ　メンタルヘルスをめぐる対応

76 精神疾患の原因が会社にあると社員等から責任追及されることを防ぎ、安全配慮義務を尽くしていたと主張するためにはどうすればよいか

社員がうつ病に罹患し、自殺してしまった。遺族から原因は会社側にあると責任を追及されている。どのような場合に、会社に責任はあるのか。

A

1　うつ病罹患と業務との因果関係

社員が、うつ病が原因で自殺した場合、うつ病に罹患したことと業務との関連性が問題となりますので、業務を遂行する過程で、うつ病の原因になりうる事象がなかったかを検討する必要があります。

2　長時間労働とうつ病

長時間労働が原因で労働者がうつ病に罹患し自殺したとして使用者の責任が問われた事案において、裁判所は、当該労働者の自己申告に基づく労働時間が実際の労働時間よりも相当少ないものであったことを認定し、長時間労働とうつ病の相当因果関係を肯定したうえ、「使用者は、その雇用する労働者に従事させる業務を定めてこれを管理するに際し、業務の遂行に伴う疲労や心理的負荷等が過度に蓄積して労働者の心身の健康を損なうことがないよう注意する義務（筆者注：これを一般に「安全配慮義務」といいます）を負うと解するのが相当であ」るとし、上司には、当該労働者が恒常的に著しく長時間にわたり業務に従事していることおよびその健康状態が悪化していることを認識しながら、その負担を軽減させるための措置をとらなかったことにつき過失があるとして、安全配慮義務違反および不法行為に基づく損害賠償責任を肯定しました（最判平成12・3・24労判779号13頁・電通事件）。

なお、長時間労働については、労働者が自主的に行っている場合であっても、業務との関連があるものについては労働時間にあたるとされる傾向にあり、使用者としては、長時間労働の是正のために積極的な働きかけ（たとえ

234

ば明確に残業を禁止する、業務を軽減する等）が必要であると考えられています。

3　その他うつ病の原因となりうる事象

　長時間労働のほかには、職場でのいじめや上司からの激しい叱責などがうつ病の原因となりうると考えられています。裁判例においては、長時間労働によりうつ病を発症し、さらに前日に上司から相当長時間にわたり叱責されたことが決定的な打撃となり、うつ病が悪化し自殺に至ったものとして、使用者の安全配慮義務違反を認めたもの（釧路地帯広支判平成21・2・2労判990号196頁・音更町農業協同組合事件）があります。

　他方、列車の運転士が運行列車に遅れを発生させた場合等に行われる「日勤教育」という原因究明、レポート作成等の業務（なお、日勤教育は社員間で精神的苦痛を伴うものと受け止められていた）の受講を命じられ、3日目終了直後に自殺した社員について、日勤教育が自殺の原因となったことは肯定しつつ、使用者側には3日間の日勤教育により当該社員が精神状態を悪化させて自殺にまで至ることは予見できなかったとして、使用者の責任を否定した裁判例（大阪地判平成17・2・21労判892号59頁・JR西日本尼崎電車区事件）もあります。

　したがって、使用者の責任が認められるのは、その出来事がうつ病および自殺の原因となったことのみならず、その出来事によってうつ病および自殺という結果を招くことが、使用者にとって予見することができた場合ということになります。

4　労災との関係

　うつ病と業務との関連性が問題となる場合、労災申請もあわせて行われることが一般的です。労災申請については、裁判所ではなく労働基準監督署長が、厚生労働省の「心理的負荷による精神障害の認定基準について」（平成23年12月26日基発1226第1号）に従って認定しているものです。

　労災の認定基準である「業務起因性」は、使用者の安全配慮義務違反の基準となる「相当因果関係」とは本来異なるものですが、労災において「業務

起因性」が認定されれば、裁判において「相当因果関係」も認定されるケースが大半というのが実情です。

【弁護士からのアドバイス】

　うつ病等の精神障害については、健康診断などで数値によって明確になるものではなく、あらかじめ気づくことが困難なものです。しかし、自殺にまで至った場合には、業務との相当因果関係が認められれば、使用者側の経済的負担は相当なものになります。日頃より、会社側が社員の言動等から異変をいち早く察知し、その原因を取り除いてあげることが重要です。

（秋月良子）

---

77 メンタルヘルスの不調のため、1週間ごとに出勤と欠勤を繰り返し正常な労務提供が難しい社員を休職させたい場合、どうすべきか

　会社に、メンタルが不調な社員がおり、出勤と欠勤とを1週間おきくらいに断続的に繰り返している。会社としては仕事をさせていても大変危なっかしく、また、そもそも出勤してくるかどうかもわからないので仕事を与えるのも難しい。そこで、早めに休職させたいのだが、会社の休職に関する規定が「引き続いて3カ月欠勤したときに休職を命じる」となっており、本人も、休職を強制される理由はないと言い張っている。どう対処したらよいか。

1　メンタルヘルスの不調により勤怠が不安定な社員への傷病休職の適用

　メンタルヘルスの不調は、内臓疾患・外傷といったいわゆる体の病気と異なり、期間・日によって調子の波があるのが通常のため、出勤と欠勤を断続的に繰り返す社員が出やすい傷病です。わが国の会社の就業規則は、今日の

ようにメンタルヘルス問題が社会的問題になる前の常識を前提に作成された
ものがまだ少なくなく、その中の休職制度に関する規定も、従来よりあった
体の病気のみを想定し、メンタルヘルスの不調の特性を考慮に入れずに作成
されていることも散見され、本設問の会社の就業規則も、そういった例の1
つといえます。

しかし、休職制度は就業規則を根拠とする制度（いわば会社自身が設けてい
る制度）であり、その要件と効果は就業規則の規定によりますので、本設問
のように、就業規則上、休職の要件として「引き続いて3カ月欠勤したと
き」となっている場合は、メンタルヘルスの不調が問題となっている社員が
引き続いて3カ月欠勤していなければ、休職を命じることはできないという
こととなります。

また、傷病休職は解雇猶予が制度目的ですので、傷病を理由として解雇す
るにはまずその猶予措置である傷病休職のプロセスを経ることが原則です。
したがって、当該社員に対して、いきなり解雇といった対応をとることは法
的に危険が大きいです。

2　会社としての対応

本設問のような状況への対応としては、根本的なものとして、就業規則を
改定し、休職要件をより柔軟化・現代化する必要があります。しかし、それ
には就業規則の不利益変更の問題もあり（労契10条）、即時の対策とはなり
ません。

そこで、現に直面する対応としては、まずは、現在、会社および職場のお
かれている状況（当該社員の不安定な勤怠によって業務に支障が生じているこ
と）を本人に具体的に説明し、その合意をもって、休職に入ってもらうとい
うことがあります。1人の社員の勤怠が不安定な場合、当該社員だけの問題
にとどまらず、当該社員の業務を代行・サポートしなければならない他の社
員の負荷の問題にもなりますので（しかも、他の社員にとっては、その代行が
いつ必要になるかどうかすら、事前に予測がつかないという点もあります）、こう
した点を丁寧に説明することが必要です。その場合、精神科医への受診要
請・命令を並行して進めることも検討するのがよいでしょう。

〔第4章〕 Ⅱ　メンタルヘルスをめぐる対応

　それでも、当該社員が休職を肯んじ得ない場合には、会社としても、当該
社員の勤務実績を分析し、出勤日のみの就業をもってしては、会社社員とし
ての業務を行っているとはいいがたい（法律的な表現を用いれば、労働契約の
本旨に従った労務の提供がなされたとはいえない）ような状態において、出勤
（労務の受領）を拒否し（具体的には自宅待機）、引き続いての欠勤の要件を充
足させることで、休職を命じることを検討することとなるでしょう。

　なお、上記の、労働契約の本旨に従った労務の提供がなされていないこと
の立証は、現実的にはなかなか難しいところがあります。たとえば、当該社
員があるプロジェクトに参加している場合であれば、他の仕事（場合によっ
ては部署）に配転すればよいのではないか、との反論もあり得ます。

　しかし、会社の基幹構成員である正社員の場合、それに期待されている立
場、役割、さらには正社員としての長期雇用を前提とされている地位にも鑑
みれば、恒常的かつ安定した業務に従事してもらうことは当然の前提であ
り、さらには、中長期的には自己の技能・スキルを向上せしめる努力をして
もらうことも想定されているというべきでしょう。そのような観点からは、
たとえば、1年目の新入社員やパートタイム社員が行っているような仕事を
あてがってまで、出勤を認める必要はないと思われます。

【弁護士からのアドバイス】

　上記のように、メンタルヘルスの不調という心の病気は、体の病気と
はかなり違った特性を有しており、それは、社員の労務提供の可否・程
度に大きな影響を及ぼします。就業規則の現代化ももちろんですが、社
員の健康管理、病気の予防といった観点でも、現代化のための自省を怠
らないことが肝要です。

（岡芹健夫）

78 メンタルヘルスの不調により休職中の社員が、復職可能とする診断書を提出してきたが、人事担当者が時期尚早と判断した場合、会社としてはどう対応すべきか

> メンタルヘルスの不調により傷病（私傷病）休職していた社員が、休職期間満了の近くになって、回復したので復職したいと申し出た。社員が持参してきた主治医の診断書では就業可能となっているが、人事担当者が一見しても、受け答えからして正常とは思えない。しかも、その社員の従事していた業務は営業で、対人関係上のストレスもあり、労働時間も不規則なときがある。会社としては、診断書に疑問をもっているのだが、どのように対応したらよいか。

1 傷病休職からの復職における診断（診断書）の重要性およびメンタルヘルスにおける診断書の問題点

　傷病休職からの復職には、通常の業務（原則として休職以前の業務）を普通に遂行できる程度に、傷病より回復していなければならず、その傷病休職者が復職可能か否か（就業可能にまで回復したか否か）の判断については、専門医（精神科医）による診断をもとに行わねばなりません。

　しかし、特にメンタルヘルスの問題においては、その傷病の有無・程度の判断が不明瞭であり、専門医ごとに診断結果が分かれることがよくあるのみならず、そもそも専門医の判断自体が、必ずしも100％信頼できる場合ばかりではないのが現実です。

　このような実情は、少なくない裁判例においても考慮されており、たとえば、医師が本心では復職は時期尚早と考えていたところ、休職中の従業員より是が非でもと言われたことによりその従業員につき職場復帰可能との診断書を書いたとの経緯を認定した裁判例（東京地判平成22・3・24労判1008号35

239

〔第4章〕 Ⅱ　メンタルヘルスをめぐる対応

頁・J学園〔うつ病・解雇〕事件）や、医師が休職中の従業員について就業で
きる旨の証明書を作成したところ、その医師が当該従業員の業務をどのよう
に理解していたか不明であること等より、会社側がその証明書のみをもって
従業員の復職の可否を判断することはできないとしたことを首肯した裁判例
（大阪地決平成15・4・16労判849号35頁・大建工業事件）、さらには、主治医か
らの条件付きで復職可能との意見があった場合でも、休職期間満了による退
職取扱いが認められた裁判例（東京地判平成23・2・25労判1028号56頁・日本
通運〔休職命令・退職〕事件）もあります。

2　主治医の診断（診断書）に疑問がある場合における主治医との面談

　上記1のように、ことにメンタルヘルスの問題においては、専門医の診断
は、尊重されるべきものであることは当然ですが、必ずしも絶対的なもので
はないところがあります。したがって、本設問の社員のもってきた診断書に
ついても、会社として疑問を拭えない場合には、その妥当性を確かめること
が肝要です。

　その場合、方策としては、次のような方策が考えられます。これらの方策
は並列的なもので、いずれか一方を選ばなければならないというものではあ
りません。

　① 　他の会社指定医の診断を受ける。この場合、産業医の診断面談の場合
　　もありうる。

　② 　主治医に面談し、診断に至る事情、根拠等を確認する。

　注意すべきは、いずれも最終的には当該社員の同意が必要なことです。た
だし、まず①についていえば、労働者の医師選択の自由の点で若干の議論は
あり得ますが、会社指定医の診断を受けたからといって労働者が自らの選ん
だ医師の診断を受けられなくなるということではないので、当該社員が①を
拒んだ場合、拒むのに合理的理由がなければ少なくとも主治医の診断書の信
頼性によりマイナスの評価を与える材料にはなり得ると思われます。特に産
業医の場合は、法的に制度として設けられている産業医の診断を拒むという
ことは、よほど当該社員の側に合理的理由がないと当該社員の言い分（復職

可能性についてのものを含む）を信用するわけにはいかなくなるでしょう。また、②についていえば、社員自ら持参した診断書を作成した医師に対して会社（の担当者）を面談させないというのは、それ自体、やや合理性がない行為といわざるを得ず、このような場合、当該社員がもってきた診断書の信頼性は大きく低下せざるを得ないと考えます。

なお、②につき当該社員が同意した場合の対応ですが、主治医は、往々にして自らの患者（本設問の場合では当該社員）の説明しか判断材料の基礎となる情報を有していないことが多いので、会社が主治医と面談するに際しては、会社と当該社員の客観的情報、特に会社の業務、社員の従前の業務および配属しうる部署の業務の内容、従前からの社員の業務遂行状況および他の社員との人的関係の状況といった事情について、具体的に説明する準備を行って臨むことが肝要でしょう。

【弁護士からのアドバイス】

　休職中の社員の主治医による、「就業可能」との診断書は、実務において、意外と簡単・安易に出てくる感があります。社員にとっては、そのような診断書をもらわなければ休職期間満了によって退職または解雇となるおそれがあるため、そのように説明されれば、社員の意に沿うように診断書を作成してしまう専門医（精神科医）も少なくないものと思われます。専門医の診断書は尊重すべきではありますが、だからといって、無批判に受け入れてしまうことのないように心がけることも必要です。

（岡芹健夫）

〔第4章〕 Ⅱ　メンタルヘルスをめぐる対応

79　メンタルヘルスの不調により休職していた社員が復職するに際して、休職前の業務以外での復帰を拒否した場合、どう対応すべきか

> 今般、メンタルヘルスの不調により傷病休職していた社員を復職させることにしたのだが、会社としては本人の負担軽減を考えて、休職前より軽易な業務に配属しようとしたところ、その社員より拒否された。社員を復職させる場合は、休職前に属していた業務に復帰させなければならないのか。

A

1　傷病休職していた従業員の復帰先

　　　　　傷病休職している従業員の復職の可否（就業の可否）を判断する際においては、休職期間満了時までに、休職前の業務を普通に遂行することができるか否か、を基準にするのが原則です（東京地決昭和54・3・27労経速1010号25頁・アロマカラー事件）。

　しかし、たとえば、仮に、復帰先の業務が上記基準により拘束されるとして、会社がいったん、社員の復職先を休職前の職場・業務にしたとしても、直後に、その社員を他の職場・業務に配転したような場合、会社が当該社員に対して、会社内の職場・業務への配転権を有するケースであれば、結局は社員は会社が命じた新しい職場・業務へと移るわけですから、休職後の復帰先について、上記基準により絶対的に拘束されるとすることにつき実務的意味は大きくはないでしょう。

　したがって、傷病休職から復職する場合の復帰先の職場・業務については、その社員に対する会社の配転権の有無・範囲によって決せられることとなります。

　具体的には、その社員が一般的な正社員のように、労働契約上職場・業務を特定されていない社員である場合は、復職先は原則として会社の裁量で決定することができますし、労働契約上職場・業務が特定されている社員である場合には、やはり休職前の職場・業務に復職させるしかないということと

242

なります。ただし、後者の場合、休職中に、社員が属していた職場・業務がなくなってしまったような場合は、会社としては、可能ならその社員に対して他の職場・業務への転属の申入れをすることが望ましいでしょう（その性格は、労働契約上定められている職場・業務内容の変更の申出と解されるでしょう）。これに対し、社員が上記転属を承諾しない場合には、労働契約の終了（解雇もしくは雇止め）を行うほかにはないでしょう。

2　リハビリ出社・リハビリ出勤の効用とその条件

　本設問のように、会社としては、社員を復職させるにあたり、直ちに休職前の業務に復帰させるには不安を感じることも少なくないと思われます。その場合は、リハビリ出社・リハビリ出勤（なお、このリハビリ出社・リハビリ出勤には、①復職前に復職の可否を判断するためのもの、②復職後の慣らし出社のためのものとがありますが、本設問では、①の意味を用います）を命じ、一定期間様子をみる、という施策が考えられます。リハビリ出社・リハビリ出勤は休職中に実施されるのが一般かつ妥当ですので、これを行うと休職期間を過ぎてしまうような場合には、休職期間を延長することも必要でしょう。

　もっとも、通常、休職期間中は無給であるため、社員によっては、定められた休職期間以上に休職を延長させられることに同意しない者もいると思われます。そのような場合は、厚生労働省が平成16年に発表し、平成21年に改訂した『心の健康問題により休業した労働者の職場復帰支援の手引き』においても、リハビリ出社・リハビリ出勤の重要性・有用性が示されていること等をもとに、極力その社員を説得することになりますが、それでも説得に肯^{がえ}んじ得ない場合は、休職前のレベルに達していないとしてその時点では復職を認めないといった措置をとるか、その措置がとれないときには、会社の配転権の範囲で、当人の指定する、休職前の業務に類する（もしくは同レベルの）業務を命じるほかにはないでしょう。その場合、業務負荷により就業が難しくなれば、再休職を検討することとなります。

【弁護士からのアドバイス】

　メンタルヘルスの不調は、完全な治癒というのはなかなか難しく、再

〔第4章〕 Ⅱ　メンタルヘルスをめぐる対応

発することが多いようです。ですから、会社としては、復職においても慎重を期し、直ちに休職前の業務を与えることを避けたい、という判断も多いところです。この場合、本文のようにリハビリ出社・リハビリ出勤（場合によっては休職を延長してでも）が便宜であり、それを円滑に行うには、手順、効果（社員の処遇について等）についての大要をあらかじめ定めておくのも有効です。

（岡芹健夫）

80　メンタルヘルスの不調が原因で休職と復職を繰り返し、今後も安定した労務の提供が見込めない社員を解雇することができるか

会社に、長年、メンタルヘルスが不調な社員がおり、休職しては復職して、また休職する、といったことを繰り返している。今般、就業不能に至ったので3回目の休職に入りたいとの申出があった。会社としては、ここで休職を認めても、また復職・休職といったことを繰り返すだけのように思う。こうした社員に対しては、休職を認めずに、直ちに、業務に耐えられないとして解雇してしまってよいか。

A 1　傷病休職制度の趣旨と本設問の考え方

　　傷病休職制度とは、本来、私傷病により業務不能に至った社員は、労務提供不能として解雇となるところ、その解雇を一定期間猶予し、当該社員の回復を待つ、というところを制度目的としています。しかし、本設問のような事象となれば、会社としても、そもそも「回復を待つ」といっても、他の正常な社員のように、安定して労務を提供できるような状態に復することはないのではないか、との疑問をもたざるを得ないところです。

　　そこで、上記の、休職の制度目的からすると、いかに休職と休職の合間は

「一応業務に耐えうる」といえる状態になっていたとしても、ことに期間の定めがなく、特に業務を特定しないで雇用される、いわゆる正社員のような場合、中長期的に安定して業務を提供し、着実にキャリアアップしていくことが期待されていると考えられるため、休職と復職を繰り返すことは、上記の期待に沿うものであるとはいえないものと思われます。したがって、本設問のように、その社員が、実際に休職命令を出した後に復職しても、それ以後も休職と復職を繰り返す見込みが強い場合には、休職を命じないで解雇することは理屈としては可能と考えます。

　ただし、実務としては、「ここで休職を命じ、後に復職したところで、また休職と復職の繰返しであろう」という見込みを立証する材料がなければ、解雇するにおいても法的リスクが高いことには注意しなければなりません。本設問のような場合、実際に解雇に踏み切る際は、相当に慎重な配慮が必要で、たとえば、専門医（精神科医）の判断上の裏付けは必須です。

2　休職・復職の繰返しといった事態に対応するための休職期間の通算規定

　上記１のように、本設問のような社員に対して解雇を行うことは、理論としては検討に値しても、実務上は、特に立証とその根拠の確保の点で困難が多いところです。そこで、本設問のような社員に対応する方策として、就業規則上の休職期間の通算規定が重要です。

　これは、一例をあげれば、「復職後〇カ月以内に同一傷病（類似の傷病を含む）により欠勤する場合は、欠勤開始日より再休職とし、休職期間は復職前の休職期間と通算するものとする」（下線部がポイント）といったようなもので、繰り返される休職期間を、毎回最初からカウントすることなく、まとめてカウントし、就業規則所定の休職期間満了となったところで、退職（もしくは解雇）を可能とすることを目的とした規定です。

　最近、特に、「復職後〇カ月以内」の箇所を、12カ月（１年）といった期間とする会社が増えているように見受けられますが、このような条項があれば、休職・復職を繰り返すとしても、12カ月（１年）の復職期間がなければ、休職期間が累計されていきますから、休職・復職の繰返しといっても事

〔第4章〕 Ⅱ　メンタルヘルスをめぐる対応

実上限界が出てくることとなります。

　付言すれば、上記の通算規定に加えて、たとえば「休職期間の通算は、復職後〇カ月以内の休職においては、すべての休職期間につき通算されるものとする」といった規定を入れておくと、さらに無難でしょう。

【弁護士からのアドバイス】

　実務上、本設問のようなケースは、意外と多く散見されます。さらに、休職期間に、たとえば6割～8割賃金を保証するような規定まであると、休職・復職を繰り返している社員と、まっとうに就業し続けている社員と、受給してきた賃金累計では大きくは違わない、といった現象まで生じることがあります。このようなことを避けるためには、上記2で述べたような適切な通算規定が必要となります。

（岡芹健夫）

Ⅲ ハラスメントをめぐる対応

81 ハラスメントを防止するために管理職を対象としたセミナーを行いたいが、どのような内容にすればよいか

> 最近、上司からのハラスメントを受けているという相談を受けることが続いたため、管理職向けにハラスメント発生防止セミナーの実施を考えている。まだハラスメントについて軽く考えている管理職もいるので、ハラスメントがある職場のリスクについても理解してもらいたいが、どのような事項を盛り込めばよいか。

1 ハラスメントに関する認識

近年、ハラスメントという言葉を聞かない日がないほど、ハラスメントによるトラブルは増加傾向にあります。本設問の会社においては、ハラスメントについて管理職が軽く考えているということですが、以下において、まず、ハラスメントがある職場にはどのようなリスクがあるのかについて説明したうえで、管理職向けのハラスメントのセミナーにどのような内容を盛り込めばよいかについて述べます。

2 ハラスメントがある職場におけるリスク

職場でハラスメントが発生した場合、以下のようなリスクが生じることが想定されます。

247

〔第4章〕 Ⅲ ハラスメントをめぐる対応

(1) 法律上のリスク

(ア) 加害者の責任

被害者は加害者に対して、民法709条の不法行為責任に基づく損害賠償請求をすることが考えられます。

また、ハラスメントの行為態様によっては、刑事責任を追及することも考えられます（たとえば、セクハラであれば、強制性交等罪（刑177条）や強制わいせつ罪（刑176条、178条〜181条）等。パワハラであれば、傷害罪（刑204条）や暴行罪（刑208条）等）。仮に、警察が被害者からの被害届を受理し、捜査が始まれば、ハラスメントが社内で行われた場合には、社内で、警察による現場検証等が行われる可能性もあり、そうなると、社内に混乱が生じるおそれがあります。

(イ) 使用者の責任

ハラスメント事案においては、加害者のみならず、加害者を雇用していた使用者も責任を負う可能性があります。

まず、ハラスメントが事業の執行に基づいて行われた場合には、民法715条1項の使用者責任に基づき、被害者は、使用者に対して、損害賠償を請求することができます。また、使用者が職場環境配慮義務に違反したとして、民法415条に基づき損害賠償請求をすることも考えられます。

さらに、ハラスメントが起きた際の使用者の対応が不適切なものであり、その不適切な対応により被害者に何らかの損害（2次被害）が生じてしまった場合には、民法709条の不法行為責任を負う可能性もあります。

なお、会社役員も、会社法429条1項を根拠に、役員個人として賠償責任を負う可能性があります。

(ウ) 行政との関係

被害者がハラスメントによりショックを受け、精神的な疾患を発症したとして、労災申請した場合、労働災害と認定される可能性があります。労災認定の頻度や程度によっては、会社が労働基準監督署の調査の対象となったり、翌年以降の保険料が増額となることもあり得ます。

(2) 事実上のリスク

ハラスメントにより、被害者が追い詰められて精神障害を発症し、勤務を

継続することが難しい状況になってしまった場合には、被害者は休職、もしくは退職を余儀なくされてしまうおそれがあります。これは、社内の貴重な戦力を失うという点で事実上大きなリスクとなります。

　同様に、ハラスメントが発生している職場では、当事者以外の社員も気持よく業務に集中することができない雰囲気になることが多く、これは、生産性が低下することにもつながります。

　さらに、近年はSNS等、個人が自らの意見を社会に発信できるツールがたくさんあります。被害者が自らのハラスメントの被害について、SNS等で社名をつけて発信し、それが拡散されてしまった場合、会社のイメージが毀損されるといった事態も生じかねません。近年においては、このようなレピュテーション（風評）リスクは軽視できないところです。

3　管理職向けのセミナーに盛り込むべき内容

　管理職向けのハラスメント発生防止セミナーにおいては、まずは、前項で述べたような、ハラスメントによる法律上のリスク、事実上のリスクを説明し、管理職のハラスメントに対する認識を改めさせるよう指導を行う必要があります。

　また、実際にハラスメントが起きてしまった場合には、事実確認、事実認定、加害者への注意・処分等、対応しなければならない事項が複数あります。2次被害を防止するためにも、対応手順について、事前に想定しておくことが重要です。この点については、厚生労働省が、セクハラについては、「事業主が職場における性的な言動に起因する問題に関して雇用管理上講ずべき措置についての指針」（平成18年10月11日厚労省告示615号・最終改正平成28年8月2日厚労省告示314号）、パワハラについては、「職場のいじめ・嫌がらせ問題に関する円卓会議ワーキンググループ報告」（平成24年1月30日）の「3.(2)職場のパワーハラスメントを予防・解決するために」などの資料により、ハラスメントの相談対応や防止のために使用者が講ずべき措置の内容を示しているので、あらためて、内容を確認するとよいでしょう。

249

〔第4章〕 Ⅲ　ハラスメントをめぐる対応

【弁護士からのアドバイス】

　ハラスメントの発生を防止するためには、特に、管理職についてはセミナーを定期的に実施するなどして、上記で説明したようなハラスメントのリスクを伝えるとともに、その前提として、実際にどのような行為がハラスメントにあたりうるのかについてもあらためて認識させる必要があります。

　また、ハラスメントが発生する職場では、総じて、コミュニケーション不足となっていることが多いものです。ハラスメント防止のためには、管理職が率先して風通しのよい職場づくりを進めることも重要ですので、その点も留意しなければならないでしょう。

（山根美奈）

82　上司を無視したり反抗的態度を繰り返すなどの部下からのハラスメントに対し、職場環境の維持のため、どう対応すべきか

> 上司の指導に従わない、上司にだけはあいさつをしないなど上司を無視し、また、職場で「上司は無能である」との発言を繰り返す社員がいる。上司の管理能力不足とも思えるが、会社が対応する必要があるのか。

A

1　問題の所在

　本設問のような、上司に対して反抗的な態度をとる社員の言動が、職場のチームワークを乱し、組織的な企業活動を阻害することはいうまでもありません。上司の指導に従わない点や、上司を公然と非難する点は、上司から部下に対する指揮命令系統に背くものであり、経営層・管理職層・一般社員層という社内秩序を乱す行為であるといえます。

　また、上司を無視している点や、上司を公然と非難する点は、上司に対するハラスメントとも評価されうる行為です。本設問のような社員の言動を黙

250

認すれば、当該社員に同調する者が現れ、次第に上司が職場で孤立し、ストレスを抱えてダウンしてしまう、といった事態も想定されます。そのような事態に至った場合、当該社員が、「気に入らない上司は追い出せるんだ」という、誤った「成功体験」を感じることなり、職場秩序の維持はますます困難になります。さらに、会社はこのような事態を放置したということになり、上司に対する職場環境配慮義務違反という問題も生じる可能性があります。

　したがって会社としては、上司に対して反抗的な社員について、当該上司の管理能力の問題として放置しないことが肝要です。当該上司の管理能力についての評価は別途行うとして、職場秩序の維持回復、および職場環境への配慮という2つの観点から、上司をサポートする形や、上司に代わる形で、このような社員の言動に迅速に対応することが必要です。たとえば、管理部門が上司に対して、具体的なアドバイスをしたり、管理部門が当該社員との面談に同席したり、管理部門名義の注意文書を発行することなどが考えられます。

2　指導方法

　本設問のような社員に対しては、まずは時間をかけて指導することを試みるべきです。本設問ではすでに指導が行われているようですので、この社員は、上司からの指導を素直に受け入れる一般的な社員とは異なる、ということを前提に、指導の方法を一度見直すことも対応の1つとして考えられます。

　たとえば、社員が、他の部署でも上司の指導に従わない等の態度をとっていたのであれば、問題行動はこの社員の性格、考え方に原因がありそうです。通常の上司は、そのような問題のある社員の指導経験がないことが多いので、管理部門が指導方法を提案するなどして、上司をサポートしていくことも必要でしょう。具体的な指導の方法としては、上司からこの社員と話し合う機会を設け、業務上、何が問題となるのか、どうしてその点が問題なのか、どのような悪影響が生じるのか、といった基本的な事柄を丁寧に教えることから始め、社員の考え方を正していくことが考えられます。自分の至ら

〔第4章〕 Ⅲ　ハラスメントをめぐる対応

ない点については、誰しも認めたくない気持がありますので、「非難」ではなく「説明」というスタンスで臨むことも1つの方策です。上司を無視したり、上司を公然と非難する点についても、上司からこの社員に対して、そのような行為が社内秩序を乱すこと、不満があれば直接自分（上司）に言うべきことを説明するとよいでしょう。

　なお、社員が、他の部署では上司の指導に従うのに、本設問の上司の指導だけに従わないという場合、この社員の性格、考え方に問題があることはもちろんですが、本設問の上司との人間関係にも原因があることが考えられます。上記のような対応のほか、業務上の話合いや雑談を通じて、この社員の不満、悩みのありかを理解すべく、上司の側から手を差し伸べることも1つの方策です。

　また、このような指導を行った事実については、資料の形で残しておくことが適切です。上司としても、指導実績を文書化して管理部門に報告する、ということになれば、「仕事」として割り切りやすくなり、問題社員との面談にも前向きに取り組めるようになることがあります。

3　指導が奏功しないとき

　上記2で述べたような指導が奏功しない場合、会社としては、社内秩序の維持、職場環境への配慮という観点から、異なる対応をとらざるを得ません。この社員に対して、丁寧な説明等の指導を行ったにもかかわらず、上司の指導に従わない、上司を無視する、上司を公然と非難するといった問題行為を続けることについて、就業規則の服務規律や懲戒事由に照らして、書面により注意・警告を行うことが必要です。この段階は、指導の段階ではなく、指導に従わないことに対してペナルティを与える段階なので、上司ではなく、管理部門が前面に出ても構いません。

　それでもこの社員の言動が改まらなければ、懲戒処分を行い、複数回懲戒処分を行っても改善がなされない場合には解雇することも視野に入れざるを得ないでしょう。非難の程度がひどい場合や、公然と上司を非難するような場合には、上記2で述べたような指導を経ずに、懲戒処分を行うことも考えられます。

252

社員が、注意・出勤停止等の処分を受けた後も、勤務態度を改めず、かえって上司に反抗し、揶揄し、愚弄するようになったために、会社が社員を解雇した事案である神戸地判平成21・1・30労判984号74頁・三菱電機エンジニアリング事件では、裁判所は、社員は自らの行為によって会社との信頼関係を破壊したものといえ、したがって会社にこれ以上の社員との労働契約関係の維持を強いるのは相当でなく、本件解雇は合理性・相当性を備えていると判断し、解雇を有効と認めました。

【弁護士からのアドバイス】

　現実のケースでは、上司が部下よりも年齢・年次が若い場合や、部下のほうが当該部署での経験が長い場合など、上司が部下を指導しにくい場合もあり得ます。しかし、会社が、本設問のような事態を放置することは上記1で述べたような問題があり、また、部下にとっても、あやまちを改める機会は早めに与えられるほうがよいといえます。上司が指導しにくい事情がある場合には、むしろ、労務問題として取り上げ、管理部門が積極的に関与していくことが必要です。まずは、社員を企業を支えていく1人の人材として育てていくという観点から、積極的に話し合う機会を設け、粘り強く指導を行っていく姿勢が重要です。このような姿勢は、指導が奏功しなかった場合に、社員に対する懲戒処分や解雇措置の有効性が争われる際にも、会社側に有利な事情として評価されるでしょう。　　　　　　　　　　　　　　　　　　　　　　　（小池啓介）

〔第4章〕 Ⅲ ハラスメントをめぐる対応

83 ミスが多い社員にパワハラとならないよう注意・指導を行うためにはどうすればよいか

> 上司Aが、部下Bに対し、Bが作成した文書の誤字・脱字が多くミスが多いとして業務上の注意・指導をしたが、それでも改まらなかったので、再度前回よりきつく注意したところ、Bは「パワハラです」と言って注意・指導を受け入れない。注意・指導はどのような場合にパワハラとなるのか。

A

1 パワハラの定義

　　　　　パワハラについては、実際に何をすればパワハラになるのか、十分理解できている方は意外と少ないのではないでしょうか。そのため、本来部下を指導・監督すべき立場にある上司が、「これはパワハラにあたるのか」などと判断に迷ってしまうこともあると思われます。さらに、本設問のように、ちょっと厳しく注意すると部下から「パワハラではないか」などと言われてしまうようでは、上司としては、注意すること自体できなくなってしまいます。そこで、ここでは、まずパワハラに関する基本的な考え方について検討したいと思います。

　まず、パワハラについては、法律的な定義があるわけではありませんが、裁判例によると、「合理的理由のない、単なる厳しい指導の範疇を超えた、いわゆるパワー・ハラスメント」（名古屋高判平成19・10・31労判954号31頁・名古屋南労基署長〔中部電力〕事件）、「人格、存在自体を否定するもの」（東京地判平成19・10・15労判950号5頁・国・静岡労基署長〔日研化学〕事件）といった要素があげられています。また、厚生労働省の「職場のいじめ・嫌がらせ問題に関する円卓会議ワーキング・グループ報告」（平成24年1月30日）は、「職場のパワーハラスメントとは、同じ職場で働く者に対して、職務上の地位や人間関係などの職場内の優位性を背景に、業務の適正な範囲を超えて、精神的・身体的苦痛を与える又は職場環境を悪化させる行為をいう」と定義しています。

254

2　注意・指導がパワハラにあたるか否かの判断基準

　こうした要素などを検討すると、部下に対する注意・指導がパワハラにあたるか否かについては、以下の基準で判断されると考えられます。

⑴　注意・指導の対象

　上司と部下の関係は、業務に関連して生じる関係ですので、注意・指導の対象も、当然ながら業務に関連する範囲で行う必要があります。業務に関連しないことで部下を非難しても、それは正当な注意・指導とはいえません。したがって、たとえば、外貌や身体的特徴、性格などを指摘してからかう、といった内容は、業務とは関連しないものであることは明らかであるため、パワハラに該当するといえるでしょう。

　この点、注意しないといけないのは、最初は業務に関連する注意・指導だったとしても、それが積み重なるうちに、部下の人格に対する非難に発展してしまう可能性があることです。たとえば、部下のミスが積み重なるうちに、単なるミスに対する業務上の注意・指導にとどまらず、「だからお前は駄目なんだ」、「お前なんか、いてもいなくても同じだ」といった部下の人格に対する非難をしてしまうケースがこれにあたります。注意・指導は、あくまでも犯したミスに対して行うべきものであって、ミスを犯した部下の人間性そのものを非難することは、業務上の注意・指導の範囲を超えているといえます。

⑵　注意・指導の程度・態様

　次に、業務上の注意・指導であったとしても、注意・指導の程度や態様が度を超している場合には、やはりパワハラとなるといえます。裁判例上も、注意・指導の目的は正当であったとしても、感情的になって大きな声を出したり、部下の人間性を否定するかのような不相当な表現を用いて叱責した点については、「従業員に対する注意、指導として社会通念上許容される範囲を超えている」として、部下の損害賠償請求を認めたものがあります（広島高松江支判平成21・5・22労判987号29頁・三洋電機コンシューマエレクトロニクス事件）。

　つまり、注意・指導を行うのであれば、そのミスの大きさにふさわしい程

〔第4章〕 Ⅲ　ハラスメントをめぐる対応

度で、適切な表現等を用いるべきということです。たとえば、大声で怒鳴る、同僚のいる前でさらし者のように叱る、といった態様は、いずれも、ミスを注意・指導する場合に必須の手法とはいえませんし、むしろ注意・指導する側が、感情に任せて部下を非難していると受け取られる可能性があり、パワハラに該当するおそれがあるといえます。この点、犯したミスが重大であったり、何度も注意・指導を行っても同じミスを繰り返したりするようであれば、その分、注意・指導の程度（表現など）がある程度厳しくなることもやむを得ないところですが、その場合でも上記のような感情的な対応は慎むべきです。

　なお、暴行などの接触行為についても一言ふれておきたいと思います。最近はかつての鉄拳制裁のような指導はなくなってきているとは思いますが、たとえば、上司が注意・指導の際に、軽い気持で部下の頭や肩、背中などを叩いたり（いわゆる有形力を行使）した場合でも、まずパワハラと判断されると考えたほうがよいと思います。部下を注意・指導するのに手を使う必要はないのですから、いかなる理由・程度であっても、部下に対して有形力を行使することは、許されないことです（さらにいえば、セクハラの観点からも、不必要な身体への接触は慎むべきです）。

3　本設問の考え方

　こうした基準をもとに考えると、注意・指導がパワハラに該当するか否かは、業務に関する内容を、適切な程度・態様で注意・指導できるかどうかで決まってくるものと思います。基本的には、ミスをしたという事実を指摘し、直すよう伝え、今後の改善を指導するといったことを、感情に流されずに実施する分には、まずパワハラに該当することはないと思います。

　本設問の事例についていえば、上司Aは、部下の誤字・脱字が多いことを理由に注意・指導しているので、業務を対象として注意・指導を行っているといえます。次に、部下Bのミスの内容は、誤字・脱字が多いという、どちらかといえば日常的なミスではありますが、他方で、上司Aは、部下Bに対して一度注意・指導したにもかかわらず、部下Bの対応が改善されず、むしろ反抗的な態度をとってきたというのですから、その分厳しく注意するのは

256

当然といえます。もちろん、先に述べたように人格非難を行う、大声で怒鳴りつけるといった注意・指導はいきすぎですが、そうでもない限り、上司Aの注意・指導はパワハラとはいえないでしょう。

【弁護士からのアドバイス】

会社では、業務を遂行することが社員の職務であり、その業務でミスを犯した社員に対して、注意・指導を行うのは上司として当然の責務です。ですから、部下を注意・指導するにあたっては、過度に恐れることなく、堂々と行っていただきたいと思います。ただし、部下を注意・指導する対象は、あくまでも「業務上のミス」に限定されますので、指導内容がその対象から外れないように留意する必要はあります。また、注意・指導が感情的になったり、有形力の行使になるまでいきすぎたものにならないよう気をつけることも必要です。特に、毎日接している部下ですので、人間関係のもつれから、つい感情的になってしまうことはしばしばみられるところであり、そうした場合にパワハラと判断される可能性が高まると考えられます。注意・指導を行う際にはくれぐれも冷静に行っていただきたいと思います。

（安倍嘉一・渡辺雪彦）

84 職場の女性社員に馴れ馴れしく接し、相手にされないとなると一転してきつくあたる社員に対しどのように対応すべきか

> 女性社員に対して馴れ馴れしく接し、相手にされないと今度はきつくあたる男性社員に対して、会社は懲戒処分をすることができるか。

1 職場秩序の維持とセクハラ

多数の労働者を擁する企業を存立、維持するためには、企

〔第4章〕 Ⅲ ハラスメントをめぐる対応

業秩序の維持は必要不可欠なものです。したがって、馴れ馴れしく接し、相手にされないときつくあたるなどして他人の職務を妨げ、職場の秩序を乱す行為に対しては就業規則等に基づく懲戒処分等を行うことで、その乱された企業秩序を回復・保持することが求められます。

ことに本設問では、女性社員に対して馴れ馴れしく接する行為、相手にされないと今度はきつくあたる行為は、後述するとおりセクシュアルハラスメント（以下、「セクハラ」といいます）に該当する可能性もあり、会社としてセクハラに関する配慮義務に従った措置を講ずる必要があります。

そこで、まずセクハラの定義が問題となります。セクハラとは、①職場において行われる性的な言動に対する労働者の対応により当該労働者がその労働条件につき不利益を受けるもの（対価型セクハラ）と、②当該性的な言動により労働者の就業環境が害されるもの（環境型セクハラ）をいいます（男女雇用機会均等法11条2項を受けた指針〔平成18年10月11日厚生労働省告示615号〕。なお、同指針により、男性に対するセクハラも対象になりました。また、平成25年12月24日厚生労働省告示383号で同性に対するものも対象になりました）。

この性的言動とは性的な内容の発言および性的な行動を意味し、本設問で、たとえば当該女性社員に対して、必要なく身体に触れるなど、性的な内容の発言あるいは性的な行動を伴って馴れ馴れしく接しているような場合であれば、上記環境型セクハラに該当すると考えられます。また、馴れ馴れしく接したことについて当該女性社員から相手にされなかったことにより、今度はきつくあたるという言動も女性社員に対する性的な行動（対価型セクハラ）と評価される可能性があります。

2 セクハラに関する使用者の配慮義務

男女雇用機会均等法11条では、「事業主は、職場において行われる性的な言動に対するその雇用する労働者の対応により当該労働者がその労働条件につき不利益を受け、又は当該性的な言動により当該労働者の就業環境が害されることのないよう、当該労働者からの相談に応じ、適切に対応するために必要な体制の整備その他の雇用管理上必要な措置を講じなければならない」と定めており、これを受けた上記指針では、職場におけるセクハラ防止のた

めに事業主が雇用管理上、次のような措置を講じなければならないとされています。

すなわち、①職場におけるセクハラの内容、セクハラがあってはならない旨の方針を明確化し、周知・啓発すること、②職場におけるセクハラにかかる性的言動を行った者については、厳正に対処する旨の方針・対処の内容を就業規則等に規定し、周知・啓発すること、③相談窓口をあらかじめ定めること、④相談窓口の担当者は、相談内容や状況に応じ適切に対応することができるようにし、職場におけるセクハラが発生するおそれがある場合や、該当するか否か微妙な場合であっても広く相談に対応し、適切な対応を行うようにすること、⑤相談の申出があった場合、事実関係を迅速かつ正確に確認すること、⑥事実確認ができた場合、行為者および被害者に対する措置をそれぞれ適正に行うこと、⑦再発防止に向けた措置を講じること、⑧相談者、行為者等のプライバシーを保護するために必要な措置を講じ、その旨周知すること、⑨相談したことまたは事実関係の確認に協力したこと等を理由として不利益な取扱いを行ってはならない旨を定め、周知・啓発すること、とされています。

3 本設問の考え方

本設問で、上記のとおりセクハラに該当するような場合はもちろん、該当するか微妙な場合でも、当該女性社員から苦情・相談があった場合には、会社は誠実に対応し、事実関係を十分調査したうえで、セクハラの事実が確認できれば男性社員に対する厳重注意、懲戒処分等の対策を講じる必要があります。

また、当該女性社員から苦情・相談がない場合であっても、会社がそのような事実を把握した場合には当該女性社員に確認するなどして事実関係を十分調査し、セクハラを行った男性社員に対する厳重注意、懲戒処分等の対策を検討する必要があるでしょう。

なお、本設問において男性社員が行った言動がセクハラに該当しない場合でも、他人の職務を妨げ、職場の秩序を乱したことに対して就業規則等に基づく厳重注意ないしは懲戒処分等を検討することになるでしょう。

〔第4章〕 Ⅲ　ハラスメントをめぐる対応

　厳重注意処分で済ませるか、あるいは懲戒をすべきかはその非違行為の悪質性によると思いますが、初回で非違性が軽微である場合は、厳重注意とともに、次回同様の行為を繰り返した場合は懲戒する旨警告することで足りるケースがあると思いますが、他方、セクハラ行為が多数回に及んでいた等、被害の程度が大きいような場合、初回の処分とはいっても懲戒処分を選択すべきケースもあろうかと思います。

　懲戒処分の程度ですが、セクハラといってもその行為態様は多種多様であり、一般に強制わいせつ罪（刑176条）などの刑事犯罪に相当する極めて悪質なセクハラの場合は、懲戒解雇等の厳重な処分を検討すべきかと思いますが、その程度に至らないものについては、当該行為による被害の程度、行為態様（回数、行為の内容等）、当事者の関係、これまでの処分歴、本人の反省の程度等を総合勘案して懲戒処分の種類・程度を決める必要があると考えます。本設問の、馴れ馴れしい発言やきつくあたる言動については、初回の処分としては、譴責・減給あたりの処分が一般に妥当する処分かと思われますが、それに、身体への接触が加わっていたような場合は、その接触の態様、頻度等に鑑み、より重い処分を検討することになるでしょう。

　ただ、いずれの場合も被害者である当該女性社員の意向をおもんぱかって対策を講じる必要があります。というのも、懲戒処分等会社の処分がなされた後に、当該男性社員から被害者に対してさらに嫌がらせが行われる、あるいは女性社員がそのような嫌がらせを恐れ、事実調査に協力することを拒むことなどが考えられるからです。

　したがって、女性社員がそのような嫌がらせを恐れているような場合、①会社として、加害者と想定される男性社員に対して当該女性社員への接触の禁止（業務上接触する必要がある場合は会社の許可を得る等）および当該女性社員に対する嫌がらせ禁止を命令し、一切そのような行為をさせないということを当該女性社員に約束し、そのようなおそれがないようにすることで、当該女性社員に事実調査に協力してもらうこと、そして、②会社が、当該男性社員に対し、事実調査の際にでも、上記の事項について業務命令を発する（あるいは、上記事項について誓約させる）ことを検討してはいかがでしょうか。

また、処分の後に一緒に業務をすることが難しくなる事態も想定されることから、事実調査に基づき厳重注意あるいは懲戒処分を行う際には、あわせて、当該男性社員の異動（被害者である女性社員と職場を異にすること）も検討する必要があると思います。

【弁護士からのアドバイス】

　本設問のような事案では、従来ややもすれば対応がなおざりにされてきたように思われます。しかし、被害者の心の傷は深く、簡単には癒せないものであることが多いものです。会社としても、企業秩序を侵害する深刻な問題ととらえ、厳正に対処する必要があります。　　（三上安雄）

---

85 社員から会社に対して、上司から宴席でセクハラ被害を受けたとの申出があった場合、どう対応すべきか

> ある部署が行った新入社員の歓迎会の二次会で、上司である課長Aに、仕事の話をしながら太ももを触られたとして、新入社員から会社に被害の申出があった。この場合、今後どのような事態が想定され、会社はどのように対処すべきか。

A

1　セクハラの範囲

　一般的に、セクハラ対策が、企業活動上の重要な問題であることはすでに広く認識されています。しかし、このような、就業時間外かつ社外での飲み会で行われた行為について、そもそも会社が対処することが必要なのでしょうか。

　まず、セクハラとは、84において定義が紹介されているように、「職場」で行われた行為か否かが1つのポイントになっています。

　つまり、性的な言動が行われた場が「職場」であれば、会社は「雇用管理

261

〔第4章〕 Ⅲ ハラスメントをめぐる対応

上必要な措置」(男女雇用機会均等11条1項)を講じる必要があることになりますが、「職場」でなければ、必ずしも会社が措置を講ずる必要はないことになります。

では、「職場」の範囲については、どのように考えればよいのでしょうか。

「事業主が職場における性的な言動に起因する問題に関して雇用管理上講ずべき措置についての指針」(平成18年10月11日厚生労働省告示615号・最終改正平成28年8月2日)では、「職場」の範囲について、事業主が雇用する労働者が通常就業している場所を指すほか、取引先の事務所、取引先と打合せをするための飲食店、顧客の自宅等も、労働者が業務を遂行する場所といえれば「職場」に含まれる、としています。

したがって、就業時間外の社外での飲み会であっても、飲み会の趣旨と業務との関連性や、参加が実質的に強制されているか等の事情により、実質的に業務の延長と考えられるものについては、「職場」に含まれるものとし、会社としては、社内で発生したセクハラと同様に対処することが必要です。

本設問のような新入社員の歓迎会の趣旨は、今後ともに仕事をしていくために、新入社員の紹介や、上司・先輩社員との懇親を図るという点にあると思われ、また、新入社員が歓迎会に参加しないという選択をすることは、現実的には難しいと思われます。

また、確かに、二次会への参加が実質的に自由であったとしても、上司が新入社員に対して仕事の話をする場合には、同僚同士で仕事の話をする場合とは異なり、教育・指導にわたることもありますので、業務との関連を否定することが困難なケースもあります。もちろん、必要もないのに太ももを触る行為が、「性的な言動」にあたることはいうまでもありません。

たとえば、勤務時間終了後に、数カ月に1度の割合で、居酒屋などで開催され、強制的とまではいえないが、部署の長などからぜひ出席するようにいわれていたこともあり、やむを得ない事由でもない限り、その部署の所属員は出席をしていた部署の食事会において、男性上司が女性部下の股や太ももあたりを触った行為等について、この行為をセクハラにあたると認め、上司および会社に対して不法行為責任・使用者責任を認めた裁判例(京都地判平

262

成18・4・27労判920号66頁・消費者金融会社〔セクハラ等〕事件）もあります。

2　想定される事態

　セクハラの被害者は、セクハラによって精神的ショックを受けていることが多く、このような精神的ショックが精神的な疾患に発展し、欠勤に至ることがあります。このような欠勤によってセクハラの被害者が受けた損害について、労災保険による補償が申請された場合、労災として認定される可能性もあると思われます。

　また、労災による補償以外にも、セクハラ被害者から加害者に対して、精神的な疾患による損害賠償請求（民709条）、慰謝料請求（同710条）がなされることも考えられます。

　さらに、会社に対しても、セクハラの加害者を使用している者として、使用者責任（民715条）に基づく損害賠償請求・慰謝料請求がなされる可能性があります。会社は、社員に対して、労働契約上の付随義務として、信義則上、被用者にとって働きやすい職場環境を保つように配慮すべき義務（職場環境配慮義務）を負っていると考えられますので（たとえば、津地判平成9・11・5労判729号54頁・三重セクシュアル・ハラスメント〔厚生農協連合会〕事件）、「会社がセクハラ防止のための措置を尽くさなかった」、「セクハラの事実が発覚した後、被害回復のための適切な対応をとらなかったことにより、被害が拡大した」といった場合には、雇用契約上の職場環境配慮義務違反に基づく損害賠償請求・慰謝料請求がなされる可能性があります。これらの請求が認められるか否かは、会社の職場環境配慮義務違反の事実の有無、被害との因果関係、被害の程度等についての裁判所の判断によることになりますが、労災認定の場合と異なり、会社が自ら、請求の相手方として対応する必要が生じます。

　新入社員が上司や会社に対して損害賠償請求をすることは、最近ではあり得ないことではありません。そこまでには至らないとしても、被害者が労働局や地方自治体が設置している相談センターなどの行政機関に対して相談を行い、行政機関から会社に対して事実関係の確認や解決のあっせんが行われることは珍しくなくなってきています。

263

〔第4章〕 Ⅲ　ハラスメントをめぐる対応

3　会社がセクハラ被害の申告に対処する際の留意点

　上記2で述べたような事態に発展した場合、対外的には会社の信用を損な
い、対内的には社員の士気を低下させることが懸念されます。

　男女雇用機会均等法上、雇用管理上の必要な措置を講ずる義務が会社に課
せられているということもありますが、現実的には、上記2で述べたような
事態に発展しないようにするという観点から、事実関係の調査、被害拡大の
防止、再発の防止といった対応をとり、被害者からの申出に対し、誠意ある
対応を迅速に行うことが肝要です。

　セクハラ被害の申告に対応する担当者（人事部員があたることが多いようで
す）が実際に対応にあたるうえでは、会社に申告されたセクハラ被害の内容
が重大であるか軽微であるか、セクハラ被害を申告した社員の普段の勤務態
度の善し悪し、セクハラ加害者とされる社員の社内における地位等々の個々
の事情があり、現実的にはケースごとに対応に異同が生じることもあると思
いますが、基本的には上記のような観点から対応し、「マニュアルに書いて
ある対応はとったから、これ以上の対応は不要だろう」、「以前の事案と同じ
対応をしておけばいいだろう」というような、形式的な対応は避けるべきで
す。なお、具体的な対応については、86において説明します。

【弁護士からのアドバイス】

　本設問は「太ももを触られた」という事案ですが、コミュニケーショ
ンのとり方に慣れていない新入社員からは、「『がんばれよ』といって背
中を叩かれた」、「お酌しなければならない雰囲気だった」といったこと
についても、セクハラとして申告してくることが考えられます。新入社
員の立場としては、勇気を出して申告してきたわけですから、そのよう
な申告に対しても、「そんなこと」と片づけずに、まずは申告者から話
を丁寧に聞くことが適切です。

（小池啓介）

264

86 会社がセクハラ被害の申出に適切に対処したと主張するためには、何をすればよいか

女性社員Ａから、「コピーをしている際、上司Ｂが私の後ろを通る際に臀部を触っていくことがこれまで数回ありました。また、職場で２人きりになり、だれも見ていないことをいいことに私の手を触ったり、倉庫で商品を棚から下ろす際、わざととしか思えませんが、私の身体に接触してきます。どうか上司Ｂを処分して、２度とこのようなことをしないようにしてください。できれば、上司Ｂとは一緒に仕事はしたくないです」との申出を受けた。この場合、会社は、何から手を付け、どこまでやれば漏れのない対処をしたといえるのか。

A ### 1 会社が行うべき対処とその順番

　　　　厚生労働省の「事業主が職場における性的な言動に起因する問題に関して雇用管理上講ずべき措置についての指針」（平成18年10月11日厚生労働省告示615号・最終改正平成28年８月２日）では、セクハラの申出があった場合に会社が行うべき対処として、①事案にかかる事実関係を迅速かつ正確に確認すること、②セクハラの事実が確認できた場合には行為者に対する措置および被害を受けた労働者に対する措置をそれぞれ適正に行うこと、③あらためて職場におけるセクハラに関する方針を周知・啓発する等の再発防止に向けた措置を講ずること（なお、職場におけるセクハラが生じた事実が確認できなかった場合においても、同様の措置を講ずること）を示しています。

　また、これらの措置を講ずるうえで、あわせて会社は、「相談者（筆者注：相談を行った労働者）・行為者（筆者注：セクハラ行為を行ったとされる者）等のプライバシーを保護するために必要な措置を講ずるとともに、その旨を労働者に対して周知すること」および「労働者が職場におけるセクシュアルハラスメントに関し相談をしたこと又は事実関係の確認に協力したこと等を理由として、不利益な取扱いを行ってはならない旨を定め、労働者に周知・

265

〔第4章〕 Ⅲ ハラスメントをめぐる対応

啓発すること」をしなければならない、とも示しています。

　上記を踏まえつつ、実際に被害の申告があった場合には、申告内容や申告者の様子を考え合わせて、優先順位をつけて対処する必要があります。申告内容によっては、即座に加害者に対して自宅待機命令を出したり、被害者にカウンセリングを受けさせたりする必要がある場合もあります。

　本設問の申告内容からすれば、上司Bは社員Aに対して身体的な接触を繰り返しており悪質ですが、上司Bが人目を気にしている様子もうかがわれるので、直ちに上司Bに対して自宅待機を命じる必要まではないように思われます。社員Aに対しては、まずは事実関係を調査して、その結果に基づいて会社として対応する旨を説明したうえで、それまでの間、上司Bと2人きりにならないように注意するよう指示し、事実関係の調査、調査結果に基づく措置、再発防止策の実施、という順で対応するとよいでしょう。

2　事実関係を調査するうえでのポイント

　まず、相談者からセクハラ被害の申告があった場合には、速やかに相談者・行為者双方から事実関係のヒアリングを行い、関連する資料を収集・確認することが必要です。ここでの留意点として、以下のものがあげられます。

⑴　相談者への対応は特に迅速に行うこと

　セクハラ被害の申告があった場合の担当者はあらかじめ決めておき、迅速に対応することができるようにしておくことが適切です。担当者は、本社だけでなく、本社以外の事業所においても、決めておくと迅速な対応が可能となります。

　万一、担当者が不在であったり、上司への報告が必要等の理由で、正式に対応することができない場合でも、まずは相談を確認したこと、こちらから連絡する期限等について連絡し、相談者に会社が対応を始めたことを知らせて安心感を与えることが適切です。特に、本設問のように、日常業務に付随してセクハラ行為が行われている場合には、相談者のプライバシーを考慮のうえ、慎重に注意喚起を行うなど早期に再発防止策を講じ、その旨相談者にも連絡することが適切です。

266

対応の具体的な手順としては、まず相談者からセクハラ事実の具体的内容を確認すること、そのうえで、行為者からも事実を確認する必要がありますが、そのことについて相談者の意向を確認することが必要です。相談者がそれを望まない場合、その理由を確かめ、行為者からの報復などの不安が理由である場合は、会社が十分に守ることを伝え、調査への理解を求めます。また、たとえば、強制わいせつ罪（刑176条）、強制性交等罪（刑177条）など、本設問よりも被害内容が重大で刑事事件に該当するような場合には、相談者が、心理的抑圧から、行為者に対して強い恐怖を感じることもありますので、会社の側で相談者を欠勤させ、行為者と物理的に接近させないようにするなどの策を講じることが必要な場合もあります。

なお、下記(3)とも関連しますが、相談者への対応は、できる限り相談者のプライバシーに配慮し、相談者へのセクハラ被害対応であることが周囲に知られないよう、自然な形をとることがよいでしょう。

(2) 行為者へのヒアリングを行う前に、相談者からのヒアリングと資料の収集・確認を行うこと

相談者からのヒアリングのみを行った状態で行為者に対してヒアリングを行っても、両者の主張が全く異なり、平行線となる場合があります。相談者の申告してきたセクハラ被害が事実であることを裏付ける資料をあらかじめ収集・確認することができれば、行為者の主張が相談者の主張と異なっていた場合でも、資料に基づいて行為者を追及していくことができます。

また、第三者への確認が必要になることがあります。その場合も、相談者に理解を求めながら進めること、第三者には業務命令として守秘義務を課すことが肝要です。

本設問の場合では、たとえば、残業簿や倉庫の出入記録があれば、相談者と行為者が2人きりになった事実の有無を確認することができる可能性があり、倉庫内の防犯カメラの記録があれば、セクハラ被害の有無を確認することができる可能性があります。

(3) ヒアリングは個室で行い、ヒアリング中は第三者に立ち入らせないこと

相談者のプライバシーに対する配慮として、相談内容が第三者に聞かれな

いように配慮することは最低限必要なことです。担当者から相談者への連絡も、第三者に知られないように、メールで行うなどの配慮が必要でしょう。また、会社が相談者のプライバシーを守ることについては、早い段階で相談者に対して伝え、安心感を得てもらうことが適切です。

ヒアリングの結果得られた情報についても、共有する人的範囲は必要最小限とし、データについては必ずパスワードを設定するなどの配慮を行うことが望ましいです。

3　調査結果に基づく措置

事実調査の結果、セクハラ被害の存在を確認することができた場合には、セクハラの被害拡大を防止する観点から、行為者に対する措置および相談者に対する措置をそれぞれ適正に行うことが必要です。ここでの留意点として、以下の点があげられます。

(1)　行為者と相談者とを異なる職場に配置転換すること

セクハラ被害が確認された後も、行為者と相談者とを同じ職場に配置し続けることは適切な対応とはいえません。行為者の配置転換を原則としますが、例外として、相談者の意向を尊重して、相談者を配置転換することもあります。

本設問の場合では、異動等を行うことによって両者を日常的に顔を合わせることのない、全く別の職場に移すことが望ましいといえますが、それができない場合であっても、製造ラインや担当業務を変えるなど従来よりも仕事上のかかわりが少ない関係とすることが適切でしょう。異動等の判断に際しては、相談者の希望や、行為者を従前の地位におくことが適切か、といった観点から判断することが適切です。

(2)　行為者に対する処分

行為者に対しては、就業規則やセクハラの禁止を定めた規程に基づいて、注意・警告処分や懲戒処分等のペナルティを与えることが必要です。「当社では初めてのことだから」とか「行為者が反省しているので」といった理由で、何の処分も行わないことは、会社はセクハラを不問に付した＝黙認したと評価されても仕方ありません。

行為者に対して、2度とセクハラ行為を行わないように注意することや、相談者を逆恨みすることのないように説諭することはもちろんです。

本設問では、相談者は行為者に対する処分の内容にまでは言及していませんが、場合によっては、「行為者を懲戒解雇にしてほしい」といった要求がなされることもあります。そのような場合には、会社が決定した処分について、認定した事実、処分の種類を選択した理由等についてよく説明し、少なくとも相談者の理解を得るよう努力することが必要です。

(3) 懲戒処分を実施する際、詳細な事実関係を公表しないこと

一般的に、懲戒処分については、被処分者・処分理由・処分の内容を社内で公表しているケースが多いようですが、セクハラの場合は、相談者のプライバシー保護の観点から、適用規定・処分内容の公表のみにとどめ、相談者・行為者の特定につながるような公表は控えることが適切です。

4 再発防止策

行為者・相談者に対する対応のほかにも、会社は社員に対して、あらためて職場におけるセクハラに関する方針を周知・啓発する等の再発防止に向けた措置を講じることが求められています。ここでの留意点として、以下のものがあげられます。

(1) 社員に対する周知・啓発は具体例を用いて行うこと

セクハラが許されない行為であること、セクハラを行った者が処分されることはすでに常識であり、社員も理解していると思われます。にもかかわらず、セクハラ行為が発生する理由としては、社員の間に、「うちの会社ではこれくらいは許される」、「今まで何も言われなかったから、このくらいは相手も同意している」といった誤解、悪しき風習が存在していることが考えられます。行政の啓発パンフレットや裁判例など、一般社会で問題となった具体的な事例をもとに、これまでの社内の常識に囚われないよう周知・啓発を行うことがポイントです。

(2) 定期研修に組み込むこと

問題が起きた時だけ周知・啓発を行うやり方では、社員のセクハラに対する意識が薄れるおそれがあります。管理職研修や入社後の定期研修に組み込

〔第4章〕 Ⅲ　ハラスメントをめぐる対応

み、問題が発生しなくても、定期的にセクハラの実例やセクハラに関する方針等についての周知・啓発の機会を設けることが適切です。

【弁護士からのアドバイス】
　相談者からのヒアリングは、事実関係を確認するために重要な手続ですが、セクハラ相談の場合、相談者は自分がセクハラ被害を受けたことに対する羞恥や屈辱、相談することに対する不安、恐怖といった複雑な思いを抱えており、業務上の報告を聞くようにはいきません。また、本設問の場合のように、「～してほしい」という要望が相談の当初から明確になっているとは限りません。
　ヒアリングにあたっては、担当者が時間をかけて、相談者の心理状態にも配慮しつつ、相談者の希望や意思を探りながら慎重に進めることが適切です。相談者がさらに心に傷を負うことがないよう、セクハラ被害の相談にあたる担当者も、ヒアリング技術についての教育訓練を積んでおくことが望ましいといえます。
　　　　　　　　　　　　　　　　　　　　　　　　　　　　（小池啓介）

87　性的指向・性自認に関係するセクハラ行為に対しどう対応すべきか

　職場に、男性であるが、女性っぽい仕草をする社員Aがおり、他の社員Bからそのことについて、「男が好きなんだろ」などとからかわれている。からかわれている本人は嫌がっているようだが、上記のような発言をする社員（行為者）に対してどう対応すべきか。

1　性的指向・性自認に関する性的言動もセクハラに該当する可能性

職場における性的指向（好きになる性）・性自認（心の性）に関するセク

ハラの問題については、これまで、あまり意識して議論がなされたことはありませんでした。

しかし、平成25年12月20日に開催された第139回労働政策審議会雇用均等分科会において、当時の雇用均等政策課長が「性的マイノリティの方に対する言動や行動であっても、均等法11条やセクハラ指針に該当するものであれば、職場におけるセクシュアルハラスメントになると考えております」と述べ、また、平成25年12月24日厚生労働省告示383号により「事業主が職場における性的な言動に起因する問題に関して雇用管理上講ずべき措置についての指針」（平成18年10月11日厚生労働省告示615号。以下、「セクハラ指針」といいます）が改正され、「職場におけるセクシュアルハラスメントには、同性に対するものも含まれるものである」と同性に対する言動もセクハラに該当することが明記されるに至りました。

もっとも、上記のセクハラ指針では、性的指向・性自認に関する性的な言動がセクハラに該当する可能性があるということが明確にされていなかったこともあり、それについて正確に認識し、対策を講じている事業主は少数にとどまっていました。

そこで、職場における性的指向・性自認に関する性的な言動の防止等について企業が対応する義務があることを明確にするため、厚生労働省は労働政策審議会（雇用均等分科会）においてセクハラ指針の改正案をまとめ、平成29年1月1日から、「被害を受けた者（以下「被害者」という。）の性的指向又は性自認にかかわらず、当該者に対する職場におけるセクシュアルハラスメントも、本指針の対象となるものである」と明記された改正後のセクハラ指針が施行されています（平成28年8月2日厚生労働省告示第314号）。

したがって、職場における性的指向・性自認に関する性的な言動もセクハラに該当する可能性があるということになります。

2　本設問への対応

本設問では、職場において女性的な仕草をする男性社員Aに対して、「男が好きなんだろ」などとからかう言動がなされていますが、このような言動も、性的指向に関する性的な言動としてセクハラに該当する可能性がありま

〔第4章〕 Ⅲ　ハラスメントをめぐる対応

す。

　したがって、会社としては、上記のような言動がなされていたことを確認した以上、まずは、上記言動を受けた男性社員Aとも協議のうえ、事実調査を行う必要があります。そして、調査の結果、ハラスメントに該当すると判断した場合には、上記言動をした社員Bの処分を検討することが求められます。さらに、職場において同様の事案が生じないようにするために、再発防止策として、性的指向・性自認に関係するハラスメントのセミナーを実施するといった措置をとることが肝要でしょう。

【弁護士からのアドバイス】

　職場におけるセクハラ対策については、男女雇用機会均等法11条1項において事業主の義務とされており、また同法11条2項において、事業主が講ずべき措置について指針で定めるとされています。ここでいう指針が上記セクハラ指針にあたります。

　そして、セクハラ指針においては、事業主に対して、大きく分けて、①事業主の方針の明確化等、②相談に応じ、適切に対応するために必要な体制の整備、③職場におけるセクハラにかかる事後の迅速かつ適切な対応、④①～③までの措置とあわせて講ずべき措置（(A)相談者、行為者のプライバシーを保護するために必要な措置を講じ、周知すること、(B)相談、事実関係の確認への協力を理由とした不利益な取扱いの禁止を定め、周知すること）、の4つの措置を講じることが求められています。

　したがって、事業主は、セクハラ指針に対応した、職場における性的指向・性自認に対するセクハラの防止等に関する措置を講じておく必要があることには留意が必要です。 　　　　　　　　　　　　　　（帯刀康一）

272

88 妊娠している社員にミスが目立つので普段と同じように注意をしたところ「マタハラだ」と必要以上に騒ぎ立てられた場合、どう対応すべきか

> 先日、上司である私に女性社員から妊娠している旨の告知があり、その後、仕事上のミスが目立つようになったので、これまでと同様の対応でミスをなくすように注意をしたところ、「マタハラだ！」と大きな声を出して反抗的な態度をとってきた。その後もミスが続き周囲も迷惑をしているが、どのように対応すべきか。

A

1　問題の所在

　　社員がミスをした場合、上司がその社員に対して注意・指導をすることが適切な対応であり、注意・指導をしないことはかえって労務管理上の問題となります。しかし、本設問では、上司の注意・指導を受けて、妊娠している社員が、当該注意・指導はマタニティ・ハラスメント（以下、「マタハラ」といいます）にあたると主張し、反抗している点が問題です。社員からマタハラを主張されないために、まずはどのような場合にマタハラに該当するのかを確認しておく必要があります。

2　マタハラとは

　そもそもマタハラとは、具体的にはどのような行為を指すのかが問題となります。

　マタハラは明確な定義が定められた概念ではありませんが、男女雇用機会均等法9条において、女性労働者の妊娠、出産や産前産後休業の取得等を理由として、当該女性労働者に対して解雇その他不利益な取扱い（筆者注：たとえば、解雇、降格、不利益な人事評価、仕事をさせないこと等）をしてはならない旨定められていること、平成28年厚生労働省告示312号の「事業主が職場における妊娠、出産等に関する言動に起因する問題に関して雇用管理上講

273

〔第4章〕 Ⅲ　ハラスメントをめぐる対応

ずべき措置についての指針」（以下、「指針」といいます）において、職場における妊娠、出産等に関するハラスメントとして、①「制度等の利用への嫌がらせ型」、②「状態への嫌がらせ型」と分類されていることが参考になります。指針によれば、上記①は、妊娠・出産に関する制度または措置（たとえば、産前・産後休業、育児休業や軽易な業務への転換等の制度・措置）の利用に関する言動により就業環境が害されるもの（典型例：産前休業の相談を受けた上司が「休みをとるなら辞めてもらう」と発言すること）をいうとされており、上記②は、雇用する女性労働者が妊娠したこと、出産したことその他の妊娠または出産に関する言動により就業環境が害されるもの（典型例：妊娠の報告を受けた上司が「他の人を雇うので早めに辞めてもらうしかない」と発言すること）をいうとされています。

　もっとも、業務分担や安全配慮義務等の観点から、使用者の言動が客観的にみて、業務上の必要性に基づくと認められる場合は、職場における妊娠、出産等に関するハラスメントには該当しないとされています。

3　注意・指導がマタハラにあたるか

　上記法令や指針の類型を踏まえると、原則として妊娠・出産をしたことまたは妊娠・出産等に関する制度を利用したことを理由として、不利益な取扱いや嫌がらせ等をすることがマタハラにあたることになります。

　本来、注意・指導は、社員のミスを指摘し、当該社員に対して業務の改善を求めるために行われるものです。すなわち、注意・指導は、妊娠・出産等を理由として行われるのではなく、妊娠・出産等と直接の関係のない社員のミスを理由として行われるため、原則として、上記法令や指針の類型のいずれにも該当せず、マタハラにはあたりません。また、注意・指導は労働者の能力不足等を理由として行うので、客観的には業務上の必要性に基づく言動にあたり、この点からも注意・指導は原則としてマタハラにあたらないことになります。

　しかし、妊娠しているために社員がミスをした可能性もある場合には、当該社員に対する注意・指導の態様や方法によっては、マタハラに該当する可能性があることには注意すべきです。

274

この点について、介護施設の営業所の所長が、妊娠した女性社員からの業務の軽減の求めに対して、当該女性社員の妊娠前の勤務態度を指摘し、その改善を求めた際にした発言の内容や業務の軽減の求めに応じなかったこと等が問題となった裁判例（福岡地小倉支判平成28・4・19労判1140号39頁・ツクイほか事件）が参考になります。同裁判例は、当該営業所長の発言は、妊娠した女性社員の勤務態度につき、真摯な姿勢とはいえず、妊娠によりできない業務があることはやむを得ないにしても、できる範囲で創意工夫する必要があるのではないかという指導をする趣旨であったのであり、また、従前の当該社員の勤務態度からみてその必要性が認められることからすれば、その目的に違法があるということはできないと判示しました。しかし、営業所長は、具体的な指導の中で、当該社員が妊娠を理由として業務の軽減を申し出ることが許されない（「妊婦として扱うつもりない」）とか、流産しても構わないという覚悟をもって働くべきと受け止められる発言をするなど、必ずしも肯定的ではない当該社員に対する評価を前提としても、やや感情的な態度と相まって、妊娠をした者に対する業務軽減の内容を定めようとする機会において、業務態度等における問題点を指摘し、これを改める意識があるかを強く問う姿勢に終始しており、これらの言動は、受け手に対し、妊娠していることを理由にすることなく、従前以上に勤務に精励するよう求めているとの印象、ひいては、妊娠していることについての業務軽減等の要望をすることは許されないとの認識を与えかねないもので、相当性を欠き、全体として社会通念上許容される範囲を超えているものであって、使用者側の立場にある者として妊産婦労働者の人格権を害するものといわざるを得ないとして、業務指導としては不当と判断しました。

上記裁判例から、ミスの原因が妊娠によるものであるとしても、注意・指導において、たとえば、妊娠しているとはいえ、可能な範囲で創意工夫して改善を求める程度であれば、マタハラには該当しないものと思われますが、それを超えて、上記裁判例のような配慮を欠く態様での注意・指導をする場合には、不当な注意・指導としてマタハラにあたる可能性があると考えられます。

〔第4章〕 Ⅲ　ハラスメントをめぐる対応

4　適切な対応

　このように、妊娠している女性社員に対する注意・指導は原則としてマタハラには該当しないと思われますが、そのミスの原因や注意・指導の具体的中身、方法や態様によっては、マタハラに該当する可能性があります。

　以上から、本設問の社員のミスの原因が妊娠とは関係がない場合には、従前と同様に注意・指導を行うべきです。一方、そのミスが妊娠と関係がある場合には、妊娠に配慮しつつも、可能な範囲で工夫できることを考えさせるなどの注意・指導をすることが適切な対応です。それでも、当該社員が注意・指導についてマタハラと主張する場合、会社は、当該社員に対して、注意・指導がマタハラにあたるとする理由を説明させ、それに対して、会社から妊娠していることを理由として注意・指導しているのではないためマタハラにはあたらないことを説明するといった対応をとることが適切です。

【弁護士からのアドバイス】

　妊娠している社員が注意・指導に対してマタハラであると主張する場合、今後同様のミスをした際に、当該社員から会社が配慮しないからミスをしたと言われないようにするため、注意・指導とあわせて当該社員に対してどのような配慮が必要なのかを確認して、記録化することも考えられます。

　また、可能であれば、社員から妊娠の報告を受けたときに、配慮の要否を確認しておくことが望ましい対応です。　　　　　　　（菅原裕人）

89 産休前に説明し了承をとっていたのに、育児休暇から復帰した女性社員に対し業務を軽減し、役職を下げたところ、「マタハラだ」と主張された場合、どう対応すべきか

> 育児休暇から復帰した女性社員について、以前よりも業務を軽減し、それとともに役職を下げたところ、「マタハラだ」と言われた。当社は、少人数でやっているため、軽減業務自体、何とか捻り出した面があるが、それでも役職は従来どおりとしなければならないのか。また、こうなる可能性については、産休前に本人に対して説明し、了承を得ていたが、そのような了承に効力は認められないのか。

A

1 マタハラとされる行為

　　近時、出産、育児休業等に関するハラスメントのことを、マタハラとよぶことが一般的になっています。

　88で述べたとおり、労働者が妊娠、出産、産休、育休等をしたことを理由として、当該労働者に対して解雇その他不利益な取扱いをすることは法律上禁止されていますが（男女雇用機会均等9条、育児・介護休業10条等）、この「不利益な取扱い」として、厚生労働省指針（「労働者に対する性別を理由とする差別の禁止等に関する規定に定める事項に関し、事業主が適切に対処するための指針」〔平成18年厚生労働省告示614号〕、「子の養育又は家族の介護を行い、又は行うこととなる労働者の職業生活と家庭生活との両立が図られるようにするために事業主が講ずべき措置に関する方針」〔平成21年厚生労働省告示509号〕）では以下のような行為が例示されています。

A　解雇すること
B　期間を定めて雇用される者について、契約の更新をしないこと
C　あらかじめ契約の更新回数の上限が明示されている場合に、当該回数を引

277

〔第4章〕 Ⅲ　ハラスメントをめぐる対応

　　き下げること
　D　退職又は正社員をパートタイム労働者等の非正規社員とするような労働契
　　約内容の変更の強要を行うこと
　E　不利益な自宅待機を命ずること
　F　降格させること
　G　減給をし、又は賞与等において不利益な算定を行うこと
　H　昇進・昇格の人事考課において不利益な評価を行うこと
　I　不利益な配置の変更を行うこと（産前産後休業からの復帰に当たって原職
　　又は原職相当職につけないことを含む）
　J　就業環境を害すること
　K　派遣労働者として就業する者について、派遣先が当該派遣労働者に係る労
　　働者派遣の役務の提供を拒むこと

　また、事業主は、職場における妊娠・出産・育児休業等に関するハラスメ
ントについて、防止措置を講じることが義務付けられており（男女雇用機会
均等11条の2、育児・介護休業25条）、厚生労働省指針（平成28年8月2日厚生
労働省告示第313号）では、これらのハラスメントの典型例として、①解雇そ
の他不利益な取扱いを示唆するもの、②制度等の利用の申出等または制度等
の利用を阻害するもの、③制度等の利用をしたことにより嫌がらせ等をする
もの、をあげています。
　これらの法律上禁止されている不利益取扱いや、不利益取扱いに至らない
までも上記①～③のような嫌がらせ行為がいわゆるマタハラとされる行為と
考えられます。

2　マタハラ該当性の判断基準

　1で列挙した行為がマタハラにあたるかどうかは、これらの行為が出産、
妊娠等を「理由として」行われたかという基準で判断されます。この点につ
いて、厚生労働省の通達（平成27年1月23日雇児発0123第1号）では、妊娠・
出産・育休等の事由を「契機として」不利益取扱いが行われた場合は、原則
として育休等に基づいて不利益取扱いをしたものと判断すると定められてい
ます。また、「妊娠・出産・育児休業等を契機とする不利益取扱いに係るQ

278

＆Ａ」（厚生労働省平成27年3月3日）では、妊娠・出産・育休等の事由の終了から1年以内に不利益取扱いがなされた場合、あるいは、事由の終了から1年を超えている場合でも実施時期が事前に決まっている、あるいは、ある程度定期的になされる措置（人事異動、人事考課、雇止めなど）については、事由の終了後の最初のタイミングまでの間に不利益取扱いがなされた場合は、「契機として」行ったものと判断するとされています。

　したがって、上記厚生労働省の基準に照らせば、妊娠・出産・育休等の事由の終了から1年以内に上記Ａ〜Ｋにあたるような行為を行った場合、原則として違法な不利益取扱いに該当してしまうことになります。

　上記厚生労働省の基準は、最高裁判決（最判平成26・10・23労判1100号5頁・広島中央保健生協〔Ｃ生協病院〕事件）を受けて制定されたものですが、同判決は、不利益取扱いに該当しない例外として、当該労働者が軽易業務への転換とそれに伴う降格により受ける有利な影響と、上記措置により受ける不利な影響の内容や程度、上記措置にかかる事業主による説明の内容その他の経緯や当該労働者の意向等に照らして、当該労働者につき自由な意思に基づいて降格を承諾したものと認めるに足りる合理的な理由が客観的に存在するとき、との場合を示しています。

　同例示を受けて、上記厚生労働省Ｑ＆Ａは、不利益取扱いにあたらない例外として、

①　業務上の必要性から不利益取扱いをせざるを得ず、業務上の必要性が、当該不利益取扱いにより受ける影響を上回ると認められる特段の事情が存在するとき

②　労働者が同意している場合で、有利な影響が不利な影響の内容・程度を上回り、事業主から適切に説明がなされる等、一般的な労働者なら同意するような合理的な理由が客観的に存在するとき

を示し、①②に該当するための考慮要素として、以下のような項目をあげています。

---

①(1)　経営状況（業績悪化等）を理由とする場合
＜事業主側の状況＞

〔第 4 章〕 Ⅲ　ハラスメントをめぐる対応

・債務超過や赤字の累積など不利益取扱いをせざるを得ない事情が生じているか

・不利益取扱いを回避する真摯かつ合理的な努力（他部門への配置転換等）がなされたか

＜労働者側の状況＞

・不利益取扱いが行われる人の選定が妥当か（職務経験等による客観的・合理的基準による公正な選定か）

---

①(2)　本人の能力不足等を理由とする場合

＜事業主側の状況＞

・妊娠等の事由の発生以前から能力不足等を問題としていたか

・不利益取扱いの内容・程度が、能力不足等の状況と比較して妥当か

・同様の状況にある他の（問題のある）労働者に対する不利益取扱いと均衡が図られているか

・改善の機会を相当程度与えたか否か（妊娠等の事由の発生以前から、通常の（問題のない）労働者を相当程度上回るような指導がなされていたか等）

・同様の状況にある他の（問題のある）労働者と同程度の研修・指導等が行われていたか

＜労働者側の状況＞

・改善の機会を与えてもなお、改善する見込みがないといえるか

---

②　労働者の同意がある場合

・事業主から労働者に対して適切な説明が行われ、労働者が十分に理解したうえで当該取扱いに応じるかどうかを決めることができたか

・その際には、不利益取扱いによる直接的な影響だけでなく、間接的な影響（例：降格（直接的影響）に伴う減給（間接的影響）等）についても説明されたか

・書面など労働者が理解しやすい形で明確に説明がなされたか

・自由な意思決定を妨げるような説明がなされていないか

・契機となった事由や取扱いによる有利な影響（労働者の意向に沿って業務量が軽減される等）があって、その有利な影響が不利な影響を上回っているか

280

3 本設問へのあてはめ

本設問では、育児休職からの復職に際し、業務を軽減するとともに役職を下げることについて、「産休前に本人に説明し、了承を得ていた」ということです。

しかし、2で上述したとおり、不利益取扱いに該当しないためには、事業主から適切な説明が行われたか、降格による減給といった間接的な影響についても説明を受けたか、といった事情を総合考慮し、一般的な労働者なら同意するような合理的な理由が客観的に存在することが必要になります。

本設問において、適切な説明を行っていない場合や、そもそも労働者が業務軽減の意向を有しておらず、不利益取扱いによる有利な影響が不利な影響を上回るといえないような場合は、たとえ形式的には了承を得ていたとしても、その了承の効力が認められないおそれが大きいと考えられます。

【弁護士からのアドバイス】

上記のとおり、厚生労働省の基準に照らせば、妊娠・出産・育児休業等の事由が終わったときから１年以内に、上記Ａ～Ｋにあたるような行為を行った場合、法律に禁じられている不利益取扱いと判断されることが推定されます。

そのため、単に口頭で同意を得るのではなく、降格により生じる有利・不利な影響をわかりやすく説明した書面を交付して説明を行い、説明を理解して同意する旨の同意書を提出してもらう（さらにいえば、不適切な説明を行っていないことを記録に残すため、説明の様子を録音しておく）というような、万が一紛争になった際にも十分な検討・説明をしたと証明できるようにしておくことを意識した、慎重な対応が望まれます。

(高亮)

〔第4章〕 Ⅳ IT をめぐる対応

Ⅳ

IT をめぐる対応

90 IT ツールの使用を拒み、指導をしても旧来のやり方に固執する社員にどう対応するか

当社では、環境保護やコスト削減の観点から、ペーパーレス化を進めている。しかし、一部の社員が、資料等を紙で作成することにこだわっており、指導をしても改める様子がないが、どのように対応すべきか。

A 1 IT 化に対応しない社員の存在

　　　　昨今では、業務の IT 化が進んでおり、パソコンやタブレット等の IT 機器が、業務に不可欠なものとなっています。IT 機器や社内イントラネット等のシステムを活用することは、業務の効率化や情報共有に有用であり、これらのしくみを全社的に導入している会社は少なくないものと思われます。

　しかし、パソコン等が一般的ではなかった数十年前に入社した社員は、IT 機器を使いこなせず、これまでの仕事の進め方に固執するケースは少なくありません。その結果、IT 機器やシステムを導入したにもかかわらず、ある社員、あるいはある社員が管理職を務めている部署だけが、旧来の方法で仕事をしており、業務効率が悪化しているという状況もみられるところです。

282

2　会社による教育・研修の必要性

　会社が社員と雇用契約を締結しているのは、社員にもっている能力を発揮して労務を提供してもらうためであり、社員が期待していた能力を有していないとしても、会社が教育や研修を行わなければならない必要性は本来ありません。

　1で述べたような、IT機器を利用しない社員については、まずは上長から注意・指導を行うことになると思われますが、それでも改善がなされない場合、最終的には解雇を検討せざるを得ないと考えられます。

　もっとも、解雇を有効に行うには、客観的に合理的な理由があり、社会通念上相当であることが必要とされています（労契16条）。能力不足を理由とする解雇について、裁判例では、解雇が有効となるためには、会社が、能力不足の内容を指摘して教育・指導を行い、配転等を行ってできるだけ解雇を回避する努力を尽くしたことを証明することが求められています（東京地決平成6・11・10労経速1550号24頁・三井リース事業事件、東京地決平成11・10・15労判770号34頁等・セガ・エンタープライゼス事件）。

　また、パソコンを利用して事務作業を行う事務員として採用した社員が、パソコンを使えなかったこと等を理由として普通解雇が行われた事案（東京地判平成19・3・13労経速1975号16頁・青葉運輸事件）において、裁判所は、当該社員につき、会社が採用にあたって期待していた程度の事務処理能力を有していなかったことは肯定しましたが、会社が当該社員に期待していた配送記録表のパソコンでの作成は、日常の作業を通じて習熟することが可能な性質のものであり、また、入社当初、配送記録表を手書きで作成し、特段の支障が生じていなかったこと、入社2カ月後からは、パソコン操作の技術にも一定の向上があったといえることから、能力不足による解雇の効力を否定しました。

【弁護士からのアドバイス】

　IT機器を満足に使いこなせない社員に関する対応としては、まず、IT機器を使わない理由を確認することが適切です。

〔第4章〕 Ⅳ ITをめぐる対応

　確認の結果、単に個人の好みで使っていないだけであれば、IT機器を使うように繰り返し注意・指導を行い、拒否した場合には軽度の懲戒処分をして、それでも改善の見込みがない場合にはじめて解雇を検討すべきです。

　また、確認の結果、「機器の使い方がわからない」、あるいは、「使わないといけないのはわかっているが、不慣れなため従前のやり方のほうが仕事がはかどる」ということであれば、IT機器について、基本的なところから教育を行い、それでも改善ができない場合に、はじめて解雇を検討することがよいでしょう。

　なお、いずれの場合でも、解雇にまで踏み切るのであれば、IT機器を活用しないことでどのような業務上の支障が生じているのか、他のIT機器を使用しない部署への配転の余地はないのか、といった事項を検討し、慎重に決断を下すべきと考えられます。

　また、そもそも本設問のような事態を生じさせないよう、一定のパソコンスキルが不可欠な業務について採用を行う場合は、求められるパソコンスキルを明示しておくことが必要です。

(高亮)

91 社員の不正取引が疑われる場合、証拠集めのため、強制的にIT機器を調査するには、事前にどのような措置をとるべきか

　不正取引をしていると疑われる社員がいるが、証拠がない。この場合、証拠集めのため、当該社員の使用するパソコンや携帯電話を会社貸与、私物にかかわらず調査することが可能か。また、パソコンや携帯電話を調査するために、あらかじめ規定を定めておく必要はあるか。

1 パソコンおよび携帯電話の調査(モニタリング)の問題点

本設問のような不正取引の疑いのあるケースでは、社員の使用するパソコンや携帯電話等のIT機器が使用されることが多く、そこに証拠が残されている可能性は十分に考えられます。しかし、こうした不正取引の疑いのあるケースでは、当該社員に対し、任意にパソコンや携帯電話等のIT機器の調査について同意を求めたとしても、拒絶され、ときには証拠隠滅を図られる可能性も否定できません。

こうした状況を回避するため、会社としては、疑いのある社員のパソコンや携帯電話等のIT機器に残された電子メール等の情報に関するモニタリングを、そのつど本人の同意を得ることなく実施する必要性があります。

しかし一方で、会社が社員の使用するパソコンや携帯電話等のIT機器を無制限にモニタリングした場合、社員の個人情報の保護の観点やプライバシー権の観点から問題となる可能性があり、このことは、会社から貸与されているIT機器であっても該当します。

そこで以下では、会社がIT機器の調査(モニタリング)を適正に実施するための留意点について説明します。

(1) 会社貸与のIT機器の調査(モニタリング)の可否

まず、会社貸与のIT機器の調査について、どういった場合に調査が可能となるのか、その考慮すべき要素を検討します。

会社が従業員のIT機器を社員の同意なく調査することの適法性についての判断基準を考えるうえでは、以下に述べる2つの裁判例が参考となります。

1つめの裁判例は、東京地判平成13・12・3労判826号76頁・F社Z事業部〔電子メール〕事件です。この裁判例は、上司が部下の私的な電子メールを調査したことについて、部下である従業員が上司に対して不法行為に基づく損害賠償請求を行った事案です。当該裁判例では、電子メールの調査の適法性について、「監視の目的、手段及びその態様等を総合考慮し、監視される側に生じた不利益とを比較衡量の上、社会通念上相当な範囲を逸脱した監

〔第4章〕 Ⅳ ITをめぐる対応

視がなされた場合に限り、プライバシー権の侵害となると解するのが相当である」という判断基準を立てたうえで、上司による電子メールの調査について、従業員に対するプライバシーの侵害はないと判断しました。なお、当該裁判例では、調査として社会通念上相当な範囲を逸脱した例として、以下のものをあげています。

① 職務上従業員の電子メールの私的使用を監視するような責任ある立場にない者が監視した場合

② 責任ある立場にある者でも、これを監視する職務上の合理的必要性が全くないのに専ら個人的な好奇心等から監視した場合

③ 社内の管理部署その他の社内の第三者に対して監視の事実を秘匿したまま個人の恣意に基づく手段方法により監視した場合

2つめの裁判例は、東京地判平成14・2・26労判825号50頁・日経クイック情報〔電子メール〕事件です。この裁判例は、従業員の1人を誹謗中傷する、差出人を詐称した電子メールが社内で流されたところ、その発信者と思われる従業員の電子メールを上司が調査したことに対し、プライバシーの侵害であるとして、当該従業員が会社および上司に対して損害賠償請求等を行った事案です。

この裁判例では、会社が行う事実関係の調査の可否に関し、「企業は、……企業秩序に違反する行為があった場合には、その違反行為の内容、態様、程度等を明らかにして、乱された企業秩序の回復に必要な業務上の指示、命令を発し、又は違反者に対し制裁として懲戒処分を行うため、事実関係の調査をすることができる」としました。

一方で、「上記調査や命令も、それが企業の円滑な運営上必要かつ合理的なものであること、その方法態様が労働者の人格や自由に対する行きすぎた支配や拘束ではないことを要し、調査等の必要性を欠いたり、調査の態様等が社会的に許容しうる限界を超えていると認められる場合には労働者の精神的自由を侵害した違法な行為として不法行為を構成することがある」として、調査の必要性、合理性や、調査の態様等の社会的許容性を事実関係の調査の限界判断の要素としました。そのうえで、

① 当該従業員が誹謗中傷メールを送信したと疑う合理的理由があり、当

286

該従業員の使用するメールを調査する業務上の必要が存在したこと（必要性・合理性の判断）、

② 会社が行った調査は、業務に必要な情報を保存する目的で会社が所有し管理するファイルサーバー上のデータの調査であり、業務に何らかの関連を有する情報が保存されていると判断されるため、当該従業員のメールファイルの内容を含めて調査の必要が存する以上、その調査が社会的に許容しうる限界を超えて従業員の精神的自由を侵害した違法な行為であるとはいえないこと（社会的許容性の判断）、

等を理由として、会社による電子メールの調査につき、従業員に対するプライバシーの侵害はないと認定しました。

両裁判例を踏まえると、調査の目的（必要性、合理性）や、調査の手段、態様、範囲等の相当性（許容性）を総合的に判断したうえで、調査実施の適法性（従業員のプライバシー権侵害の有無）を判断していることがわかりますので、個別の事案ごとに必要性、合理性、許容性を考慮しながら、モニタリング実施の可否を検討することになります。

(2) 私物のIT機器の調査（モニタリング）の可否

一方で、社員個人の私物のIT機器については、会社の所有物ではありませんので、会社が強制的にIT機器を提出させることはできませんし、まして本人の同意なくその中身を調査（モニタリング）することはできません。そこで、会社としては、私物のIT機器を業務等に使用するような場合は特に、事前に社員に対し、当該IT機器に対してモニタリングを行う可能性があることの同意を得るとともに、後述するモニタリング規程において、その手続要件等を明確に定めておくことが必要になります。それ以外の場合には、社員個人の私物であれば、あくまで会社としては社員個人に任意の提出を促すにとどまることになります。

2 モニタリング規程の必要性の有無

前項で取り上げた裁判例はいずれもモニタリング規程がない場合であり、モニタリング規程がなくても個別の事案ごとに必要性、合理性、許容性を検討して、モニタリングが認められるケースが存在することがわかります。

〔第4章〕 Ⅳ　ITをめぐる対応

　もっとも、モニタリングを実施するうえでは、規程を設けることが強く推奨されています。すなわち、個人情報保護委員会が作成した「『個人情報の保護に関する法律についてのガイドライン』及び『個人データの漏えい等の事案が発生した場合等の対応について』に関するＱ＆Ａ」（平成29年2月16日作成・平成30年7月20日更新。以下、「Ｑ＆Ａ」といいます）によれば、以下のような留意点があげられています。

---

　① 　モニタリングの目的をあらかじめ特定したうえで、社内規程等に定め、従業者に明示すること
　② 　モニタリングの実施に関する責任者とその権限を定めること
　③ 　あらかじめモニタリングの実施に関するルールを策定し、その内容を運用者に徹底すること
　④ 　モニタリングがあらかじめ定めたルールに従って適正に行われているか、確認を行うこと

　すなわち、会社がモニタリングを実施するうえでは、モニタリングの目的を特定し、社内規程等を定めて社員に周知することや、モニタリング実施の責任者・権限の決定、実施のルールづくりを行い、運用を徹底することが要請されています。

　以上を踏まえると、モニタリング規程がなければモニタリングができないというわけではありませんが、事前に上記「Ｑ＆Ａ」を踏まえた規程等を整備しておくことで、よりモニタリングの適法性を担保することにつながるものと思われます。

【弁護士からのアドバイス】

　実務上、モニタリングの実施を検討する場面は少なからず出てくると思います。その際、会社としては、前述の裁判例、Ｑ＆Ａを踏まえて、モニタリング規程を策定したうえで、実際の事案でモニタリングを実施する際には、その調査に必要なモニタリングの範囲や調査態様を各事案に応じて必要性・合理性・許容性を考えながら実施することで、モニタリングの適法性を高めることができるものと思われます。　　　（大村剛史）

92 営業秘密の流出防止のため、パソコンを紛失した社員に厳罰をもって臨みたいが、どのような対応が可能か

会社貸与のパソコンを紛失した社員に対しては、営業秘密の流出の可能性もあるため、抑止のためにも厳罰をもって処したいが、懲戒処分を行うことが可能か。どの程度の処分であれば可能か。

A

1 懲戒処分の本質と根拠

　　　　本設問は、懲戒処分の実行の成否が問題となっているので、まずは、懲戒処分の本質と根拠を簡単に理解しておく必要があります。

　懲戒処分とは、使用者が職務規律や企業秩序を維持するため、規律違反や秩序違反に対する制裁として行うもので、通常、重いものから順に、懲戒解雇、諭旨解雇、出勤停止、減給、戒告、訓告などの例があります。しかし、これを受けることは労働者にとってかなりの不利益になるため、労働契約法15条は、客観的に合理的な理由を欠き、社会通念上相当であると認められない場合は、権利濫用として無効とするとしています。

　懲戒処分は、就業規則にその事由や手段を列挙して初めてなしうるのか、また、事由が列挙されている場合にはそれは例示的事由なのか限定的事由と解するべきかは一応争いがありますが（詳細は菅野659頁等）、実務としては、トラブル防止の観点から、①就業規則に懲戒事由を列挙し、かつ、懲戒事由の最後には「前各号に準ずる行為があったとき」といったような準用規定を設けておくこと、②懲戒の手段（懲戒解雇、諭旨解雇、降格・降職、出勤停止、減給、戒告、訓告）はなるべく規定しておくこと（実務では、特に、降格・降職が漏れている就業規則が散見されます）、といった対応が望ましいといえるでしょう。

2 本設問の検討——近時のパソコンの重要性に鑑みて

　前述1の一般論（就業規則に、本設問のような会社の備品の紛失が懲戒事由と

〔第4章〕 Ⅳ ITをめぐる対応

して規定されていること、懲戒の手段が一通り規定されていること）を前提に、本設問の事例における懲戒の可否について考えます。

パソコンは会社の重要な備品であり（決して購入費用も低廉ではありません）、特に情報流失といった視点を度外視しても、それなりの懲戒処分の対象となり得ます。

ただし、「厳罰」といっても、たとえば懲戒解雇や諭旨解雇などといった懲戒処分を行いたいということであれば、本設問のパソコン紛失が情報流失という見地から、どのような実害があったのか、あるいは危険があったのか、さらには紛失に至る本人の責任にはどの程度のものがあったのか、が重要となります。すなわち、考慮要素としては、実際にパソコンの紛失によって会社の情報が流失したか、流失したとしたらどのような情報（特に重要性）が流失したか、現時点で流失していないとしても流失の危険性がどの程度あるか（当該パソコンによりどのような情報がアクセス・入手できるか、社内セキュリティーに与える危険の程度）、当該社員が紛失するに至るまで、同様の不始末を当該社員がしたことがあるか、会社がどの程度パソコン紛失の回避に手を尽くしていたか（社外へのパソコンの持出しを禁止するなどしていたか、セキュリティー体制をつくっていたか）、といった事情を総合勘案して、解雇が、客観的に合理的な理由を有し、社会通念上相当であると認められるかどうか（労契15条）が吟味されることとなります。

なお、近時はパソコンもそうですが、個人所有のスマートフォンにより業務を行う従業員が増えています。これは、会社貸与でない点で、より複雑な考慮が必要となりますが、殊に、セキュリティーの点について、会社としては具体的な制約を課すべきであり、それを看過して、かつ、紛失したような場合、流出の危険のある情報によってはかなり重度の懲戒（最悪解雇）もやむを得ないでしょう。

【弁護士からのアドバイス】

意図的に会社に損害を与えるような行動をする社員（公金横領等）は別として、本設問のような過失による場合は、余程、結果もしくはその危険に重大なものがないと、1回目の不始末で解雇というのは難しいと

思われます。それだけに、会社としては、当該社員への厳罰といった手段に頼らず、上述したような、パソコン紛失（ひいてはそれによる情報流失）の回避に手を尽くすことが実務的に有用・有効な措置といえるでしょう。

(岡芹健夫)

93 業務時間中にインターネットを使用し、会社や上司・同僚の悪口などの私的な情報を発信している社員に対して、どのような措置をとるべきか

業務時間中にインターネットを使って、会社や職場の上司・同僚の悪口を発信している社員がいる場合、会社は懲戒処分を科したり、民事上の措置をとったりすることはできるか。

A

1 会社設備の無断使用か否か

本設問においては、まず、当該社員が使用しているインターネットが、会社設備のインターネット回線であるか否かが問題となります。

いうまでもなく、会社の設備は、会社の業務のために使用されるべきもので、会社の許可なく業務以外に用いられるべきではありません。実務上も、多くの会社の就業規則において、会社設備を私的に用いたことを懲戒事由に規定しているところです。

したがって、本設問の社員の悪口が、会社設備のインターネット回線を私的に使用してのものである場合、それ自体が就業規則上の懲戒事由に該当する可能性が高いでしょう。

また、仮に就業規則でこのような懲戒事由が規定されていなかったとしても、会社が社員に対し、自らの所有物につき会社の予定していない目的のために使用するのを禁止できるのは当然のことなので、悪口をいう目的での会社設備のインターネット回線の使用を禁じる旨を当該社員に命じ、なお、そ

〔第4章〕 Ⅳ ITをめぐる対応

れに反した場合には、業務命令違反による懲戒処分を検討することとなります。

仮に、当該社員が、会社設備のインターネット回線ではなく、当該社員個人が契約しているインターネット回線を使用して悪口を流しているような場合、それが就業時間中であるような場合は別として、そうでない場合は、設備使用の点からは、会社としては特に当該社員を追及することはできないこととなります（その場合、次項の悪口の内容面に着目しての考察が必要です）。

2 流している悪口の内容

前述1は、悪口の方法（設備）の問題でしたが、ここでは、内容について取り上げます。

(1) 懲戒処分

本設問のようにインターネットで悪口を発信することを業務とする者は現実的にはいないでしょうから、この悪口は業務外の問題行為といえます。業務外の問題行為は、それが勤務時間外で行われる限りは原則として会社は懲戒処分とすることはできません。

もっとも、その業務外の問題行為が、企業秩序に影響がある場合や会社の信用等を害する危険があるような場合は、当該問題行為も懲戒処分の対象となるとされています（菅野670頁等）。したがって、当該社員の悪口の内容が、企業秩序にまで影響があるような場合や会社の信用を害するような内容である場合（たとえば実名入りで、上司や同僚の職務能力をけなす言動を広く社会に発信しているような場合）、会社としては当該社員に悪口をやめるよう求めるとともに、懲戒処分の対象とすることができます。

ただし、「悪口」でいきなり解雇とするのは難しく、そのような処分を科す場合は、悪口の内容が会社の名誉・信用を大きく毀損するような相当程度のものであることが必要となるでしょう。

(2) 民事上の手段（損害賠償や差止め）

当該社員が発信している悪口の内容が、会社や上司の名誉や信用を害しているようなものである場合には、懲戒処分のほかに、会社や上司より当該社員に損害賠償を請求することができます。

また、現に、名誉や信用を害する内容の悪口を発信し続けているような場合、損害賠償請求を前提として、そういった悪口の発信の差止めを求める仮処分を申し立てることができます。この差止めの仮処分については、本設問では会社や上司は公的な地位にあるものではないため、社員の表現の自由として認められるためには相当の要件を満たさなければならず、被害者が重大な損失を受けるおそれがあり、かつその回復を事後に図ることが不可能ないし著しく困難になるといった場合には、差止め請求は肯認されるものと考えられます（最判平成14・9・24判時1802号60頁・「石に泳ぐ魚」事件）。

【弁護士からのアドバイス】

昨今のインターネットにおける情報のやりとりは、迅速かつ多量であり、仮に私生活上の行為であったとしても、現実の職場の風紀上、無視できない影響を及ぼすことは少なくありません。そこで、会社としては日常での研修において、インターネットによって会社や社員に否定的評価を含む情報を流すことにより会社の信用が毀損されるおそれ（危険）があること、それにつき会社としては適切な対応をとること等を周知し、かつ、それを規則・規程にも取り入れていくことで、会社内のコンセンサス・規範として定立していくことが肝要であり、また、それにより懲戒処分に処せる範囲も広がっていくものと思われます。（岡芹健夫）

94 掲示板サイトに会社を誹謗中傷する内容が書き込まれた場合、削除をするためにはどうすべきか

インターネット上の掲示板サイトに会社を誹謗中傷する内容の書込みがなされている場合、会社は書き込みを削除するためにどのように対処すべきか。

293

〔第4章〕 Ⅳ ITをめぐる対応

A **1 書込みを削除するためにとりうる手段**

　　まず、会社としては会社を誹謗中傷する内容の書込みを放置しておくわけにいかないので、書込みの削除を求めることになります。削除を求める方法には、①掲示板サイト運営者などの削除権限者への削除要請、②発信者への削除要請（およびそれに先立つ発信者情報の開示請求）、③訴訟手続の利用（裁判所への削除（差止）請求（または仮処分）、発信者に関する情報開示を請求する訴訟）が考えられます。

2 掲示板サイト運営者やサービスプロバイダに対する削除請求のポイント

　掲示板サイトへの誹謗中傷の書込みが匿名でなされている場合には、掲示板サイトの運営者やサービスプロバイダに対して書込みを削除するように求めることになります。

　しかし、掲示板サイト運営者やサービスプロバイダとしてみれば、安易に情報を削除したり、発信者情報を開示すると、今度は逆に書込みをした側の人間から表現の自由の侵害であるとか、プライバシーの侵害であるなどとして責任を追及されかねない立場にあるので、なかなか請求どおりに動かないということも珍しくはありません。法的にも、掲示板サイト運営者やサービスプロバイダが問題の書込みの削除を行わなかった場合に関して、プロバイダ責任制限法3条1項が、①書込みの削除が技術的に可能であり、かつ、②当該書込みによって他人の権利が侵害されていることを知っていたか、あるいは知ることができたと認められるような相当な理由があるときでなければ責任を負わないと定めて、サービスプロバイダ（本設問では当該掲示板サイトの運営者も含まれます）の責任を制限しています。

　そのため、書込みの削除を求める場合には、同法により免責されないよう、問題の書込み内容がいかに会社の権利を侵害しているのか（明らかに虚偽であるとか、名誉や信用を著しく侵害しているとか、当該書込みによって会社が重大な迷惑を被っている等）という事実を明確に説明する必要があります。

　また、書込みの削除が認められるためには、その範囲は必要最小限度にと

どめる必要がありますので、削除要請を行う場合には、問題の箇所を漠然と指摘するだけでなく、具体的にどの部分が違法なのか明確に特定することが肝要です。

これらを踏まえ、削除請求にあたっては以下の内容を明らかにすることが適切と考えます。

① 当該書込みがなされている掲示板サイトおよびスレッド等の名称およびURL
② 投稿者を特定する情報（氏名、ID、ハンドルネーム、IPアドレス等）
③ 投稿日時
④ 削除を要請する当該問題箇所（文章を抜粋するなど、明確に特定する）
⑤ 侵害される権利および権利侵害の理由
⑥ 会社の担当者の名前および連絡先

上記の点につき、間違いなく掲示板サイト運営者に伝えたという証拠を明確に残す意味で内容証明郵便を用いることが望ましいと考えられています。

他方、掲示板サイト運営者が自主的に書込みを削除する場合の基準や手続を定めていることも多いので、これらを定めている場合には、その基準や手続に従って削除要請を行えば、迅速に対応してもらえる可能性が高まるでしょう。

3 発信者への削除要請（およびそれに先立つ発信者情報の開示請求）の進め方

書込みの削除の相手方としては、前項で述べた掲示板サイト運営者やサービスプロバイダのほか、書込みを行った発信者も考えられます。

問題の書込みを行った者が判明している場合には、その者に対して当該書込みの削除請求をすることになりますが、掲示板サイトへの書込みは通常匿名でなされるため、誰が書き込んだのかわからないのが一般です。そこで、書込みを行った者を明らかにするために、掲示板サイト運営者に対して問題の書込みを行った者に関する情報開示を請求することになります。

しかし、匿名による書込みの場合には掲示板サイト運営者にも情報発信者の氏名や住所まではわからないので、発信者の「IPアドレス」と「タイム

〔第4章〕 Ⅳ ITをめぐる対応

スタンプ」情報を開示してもらい、その内容から情報発信者がどのサービス
プロバイダを利用しているのか突き止め、サービスプロバイダに対して上記
IPアドレスとタイムスタンプを示して、情報発信者に関する「氏名」「住
所」といった情報を開示してもらうという2段階のステップを踏むこととな
ります。

4 訴訟手続の利用（裁判所への削除〔差止〕請求〔または仮処分〕、発信者に関する情報開示を請求する訴訟）の要件、手続選択

　掲示板サイト運営者が当該書込みの削除請求に応じない場合や、発信者情
報の開示請求に応じない場合は、裁判手続（発信者情報を仮に開示するよう求
める仮処分、発信者に関する情報開示を請求する訴訟）によって対処するほか
ありません。

　裁判において、名誉毀損・信用毀損を理由に差止請求を行う場合、不法行
為を根拠とするため、名誉毀損や信用毀損の事実の立証に加えて、相手方の
故意・過失といった主観的要件、会社側の損害の発生、その間の因果関係と
いった要件につき主張・立証することが必要となります。

　一方、プロバイダ責任制限法4条1項を根拠にサービスプロバイダに対し
て問題の書込みを行った発信者に関する情報開示を請求する訴訟において
は、裁判例（東京地判平成15・3・31判時1817号84頁・ヤフー眼科医療法人事
件）は同条項が不法行為に関する民法709条と異なり、故意・過失といった
主観的要件を規定していない点に言及していること等から、それらの主観的
要件の主張・立証は不要と解されます。

　対応の順序としては、掲示板サイト運営者が任意の対応に応じない場合、
訴訟手続を利用することになり、さらに、訴訟手続の中でも不法行為の要件
を満たす場合には差止請求を検討し、これを満たさない場合においては、ま
ずは発信者情報の開示請求をし、その結果判明した発信者に対して書込みの
削除を求めていくことになると思われます。

296

　　　　　　　　　　　　95　会社のパソコンを使用し業務と無関係な行為をする社員にどう対応するか

【弁護士からのアドバイス】

　上記のとおり、サービスプロバイダ等は常に情報発信者側からも責任を追及されかねない立場におかれています。ですから、会社から削除請求なり情報開示請求なりをする場合には、サービスプロバイダ等のそうした立場を理解したうえで、彼らが安心してこちらの請求に応じるために必要なものは何かを考えて、明らかな犯罪性や損害の大きさ等を証明する資料等を明確に示すことが大事だと思われます。

　なお、本設問では、掲示板サイトの運営者や書込みを行った者に対して書込みの削除を求める方法を主に論じておりますが、書込みを行った者に対して損害賠償請求や刑事告訴を検討する場合もあり得ます。インターネットに関連する問題として、会社等を中傷する社員への対応については、93に記述がありますので、あわせてご参照ください。

　　　　　　　　　　　　　　　　　　　　　　（山本幸夫・村田浩一）

95　会社のパソコンを使用し業務と無関係な行為をする社員にどう対応するか

> 会社のパソコンを使用して私用メールやゲーム、株式取引等をしている社員に対して、会社は懲戒処分を行うことができるか。会社は処分を前提とした調査の一環として、当該社員が使用している会社のパソコンのメールをチェックすることができるか。

A

1　勤務時間中に業務と無関係な行為をした場合

　労働者は、使用者との間の労働契約に基づいて誠実に労働すべき義務を負います。すなわち、労働義務を負う勤務時間中は、労働者は使用者の指示に従い、誠実に業務を遂行することに専念しなければなりません。したがって、勤務時間中に命じられた業務と関係のない私用メールを送信したり、ゲームをして遊んだり、株式取引をしてはならないのは当然のこ

297

〔第4章〕 Ⅳ ITをめぐる対応

とです。

このような社員に対しては、会社は業務に専念するように厳重に注意し、それでも改まらない場合は就業規則に基づいて譴責等の懲戒措置を講じることになります。

2 休憩時間中に会社の備品を使って業務とは無関係の行為をした場合

会社のパソコンを使って私用メールやゲーム等を行うことは、休憩時間中なら許されるのでしょうか。労働基準法34条3項は、「使用者は、（中略）休憩時間を自由に利用させなければならない」とし、休憩時間自由利用の原則を定めています。

しかし、休憩時間中においても、労働者は労働義務からは完全に解放されるものの、会社の秩序を維持する義務や、施設管理権からの制約は免れるものではありません。

社用のパソコンには会社の施設管理権が及んでいますから、たとえ休憩時間中であっても、会社がパソコンの私用を認めない場合には（認めるか否かは施設管理権を有する会社が決定することです）、社員がパソコンを業務以外の用途にみだりに使用してはならないといえます。よって、会社は上記のように休憩時間中に社用のパソコンを使って私用メールやゲーム、株式取引等の業務とは無関係な行為をしないように社員に注意し、改まらない場合には就業規則に基づいて譴責等の懲戒措置を講じることとなります。

3 社用パソコン内の電子メールのチェック

社用のパソコン内の電子メールの送受信履歴などをチェックする際に問題となるのは、個々の社員のプライバシー権です。たとえば東京地判昭和62・11・20判時1258号22頁・ノンフィクション「逆転」事件は、プライバシー権を「他人がみだりに個人の私的事柄についての情報を取得することを許さず、また、他人が自己の知っている個人の私的事柄をみだりに第三者へ公表したり、利用することを許さず、もって人格的自律ないし私生活上の平穏を維持するという利益」と定義していますので、電子メールについても「私

的」な情報が含まれている場合は、他人がこれをみだりに見ることは許されないといえます。

　しかし、会社内において社用のパソコンを使用するときには事情は異なります。すなわち、労働者は社内においては職務に専念すべきこと、および、社用のパソコン等の設備には会社の施設管理権が及ぶことからすると、社用のパソコン内における情報は労働者にとって完全に「私的」なものとはいえず、そのプライバシー権は、保護される度合いが相当に低減するといえます。

　この社内パソコン内の電子メールを会社がチェックすることについて、東京地判平成13・12・3労判826号76頁・F社Z事業部〔電子メール〕事件は、「監視の目的、手段及びその態様等を総合考慮し、監視される側に生じた不利益とを比較考量の上、社会通念上相当な範囲を逸脱した監視がなされた場合に限り、プライバシー権の侵害となると解するのが相当である」と判断枠組みを論じたうえで、結論として社内ネットワークにおける私用メールの監視を肯定しました。このような監視の目的、手段および態様、監視される労働者の不利益の程度等をそれぞれ考慮する上記枠組みは妥当と考えます。

【弁護士からのアドバイス】

　このように、会社は社用のパソコンの勤務時間内外の私用を禁ずることができるのですが、実際には休憩時間にパソコンを使ってゲームをしたり、電子メールの送受信をしたり、社員同士が社内 LAN を通じて夜の飲み会の予定を入れたりすることは「許容範囲内」と考える会社も少なくないと思われます。東京地判平成19・9・18労判947号23頁・北沢産業事件においても、私用メールにつき、内容・回数において社会通念上許容される範囲を超えるものではないとして、職務専念義務に違反しないと判示されています。

　また、社用パソコンの中の電子メールの履歴をチェックすることは多くの場合は問題はないのですが、実際上、社員は不愉快に感じることでしょう。したがって、具体的に紛争が生じる前に、あらかじめ社用のパ

〔第4章〕 Ⅳ ITをめぐる対応

ソコンを使用する際のルールを決定し、かつ、これを周知しておくことが必要と思われます。　　　　　　　　　　　　　　　（大山圭介・秋月良子）

96 勤務中に私物のスマホを頻繁に使用している社員に注意したが聞き入れない場合、どのように対応するか

業務時間中に頻繁に私物のスマートフォンを使用している社員がいる。スマートフォンで何をしているのかはわからないが、やめるように言うことはできるか。また、注意してもやめない場合、懲戒処分を行うことはできるか。

A

1 職務専念義務

社員は、業務時間中は職務に専念しなければなりません。したがって、業務時間中に私物のスマートフォンで業務とは無関係なゲームやネットサーフィン等を行えば、職務専念義務違反ということになります。

他方、スマートフォンでインターネット検索等をすることができますが、このような場合はスマートフォンの操作が業務と無関係か否かはその内容によるところです。また、最近ではBYOD（Bring Your Own Device〔私物のモバイル等を業務に用いること〕）を進めている会社もあり、このような場合には私物のスマートフォンを使用しているからといって、必ずしも業務とは無関係なことを行っているとは限らないということになります。

2 使用者は注意や懲戒処分を行うことができるか

社員が業務時間中に私物のスマートフォンで業務と無関係なことを行っている場合、職務専念義務に違反する行為ですので、上司等から注意することは可能ですし、また行うべきです。また、ほとんどの会社では就業規則において職務専念義務を謳っていると思われますので、注意しても改善しない場

300

合には、軽度の懲戒処分を行い、それでも改善しなければ懲戒処分を徐々に重くするといった対応をとるべきでしょう。

　ただ、BYOD を認めているような場合には特に、社員が業務時間中に業務と無関係なことを行っていることを証明するのは相当に困難です。

　私物のスマートフォンを調べるためには、社員本人からスマートフォンを提供してもらう必要がありますが、スマートフォンの中にある情報は通信の秘密や名誉、プライバシーにかかわるものであるため、要保護性の高い情報であり、⑨⑤のような会社が社員にパソコン等を貸与している場合以上に対応に慎重さが求められます。

【弁護士からのアドバイス】

　会社が BYOD を行っていなければ、私物のスマートフォンは原則として業務に使用しないこととし、スマートフォンを操作している時間は業務とは無関係なことを行っている時間として判断する旨をルール化してしまえば、私物のスマートフォンを操作している時間について、社員に職務専念義務違反を問うことができると思われます。

　他方、BYOD を行っている会社では、業務時間中に私物のスマートフォンを操作しているからといってすべて業務に無関係なことを行っていると判断することはできません。上記のとおり、私物のスマートフォンの調査が実際には困難であることにも鑑みると、このような疑いが発生している社員に対しては、業務のみに使用するためのスマートフォンを会社が貸与し、私物のスマートフォンの業務使用を禁止するほうが問題の解決に資するものと考えられます。

（秋月良子）

〔第4章〕 Ⅳ ITをめぐる対応

97 営業社員の外部での行動を把握するために GPS 機能つき携帯電話を貸与したが、プライバシー侵害を主張して非協力的な態度をとる場合、どう対応するか

当社では、営業社員の連絡の便宜とその行動の把握のため、GPS 機能つき携帯電話を社員に持たせている。ところが、ある営業社員が、営業の外回り中にこの携帯電話の電源を切っていたので、注意したところ、「GPS 機能のついた携帯電話を持たせて場所を把握するのはプライバシー侵害だ」と反論された。どうすればよいか。

A

1 GPS 機能

GPS（Global Positioning System：全地球測位システム）は、人工衛星を利用して自分の位置を明らかにする機能です。現在は、市販の携帯電話にも組み込まれており、児童・高齢者などの安全確保に役立てられているほか、外回りの営業職や、トラック運転手の行動把握など、ビジネスの場面でも広く用いられています。

では、GPS 機能のついた携帯電話を社員に業務時間中に持たせることにより、その行動を会社で把握しようとすることは、法的に問題があるのでしょうか。

2 GPS 機能とプライバシー

GPS 機能つき携帯電話を社員に持たせると、社員は、「自分がどこにいるか」という情報について会社に知られてしまいます。これは、法的には社員のプライバシー権との対立の問題となります。

なお、プライバシー権とは、東京地判昭和62・11・20判時1258号22頁・ノンフィクション「逆転」事件では、「他人がみだりに個人の私的事柄についての情報を取得することを許さず、また他人が自己の知っている個人の私的

302

事柄をみだりに第三者へ公表したり、利用することを許さず、もって人格的自律ないし私生活上の平穏を維持するという利益」と定義づけており、「自分がどこにいるか」ということも、「個人の私的事柄」に含まれると考えられます。

3 プライバシー権と会社の利益との調整

他方で、GPS機能つき携帯電話を社員に持たせようとする会社の利益は、社員の行動を把握することによる指示命令の便宜、具体的労働時間の把握、「さぼり」の防止といったことが考えられます。

GPS機能つき携帯電話での社員の行動把握による会社の利益とプライバシー権との問題について、裁判例では、ナビシステム（電話会社の提供するシステム。GPS衛星の電波を受信することによって携帯電話またはパソコン〔親機〕から、ナビシステムに接続した携帯電話〔子機〕の位置を常時確認することができる）を導入した事案において、外回りの多い従業員らの勤務状況を把握し、緊急連絡や事故時の対応のために当該従業員の居場所を確認するという導入の目的には、相応の合理性もあることなどから、労務提供が義務付けられる勤務時間帯およびその前後の時間帯において、使用者が本件ナビシステムを使用して従業員らの勤務状況を確認することが違法であるということはできない、と判示しています（東京地判平成24・5・31労判1056号19頁・東起業事件）。そのため、対象社員が外回りの営業社員であるなど行動監視の合理的必要性がある場合には、通常の労働時間中にGPS機能つき携帯電話を持たせることは、現在のGPS機能を前提とすると社会通念に反するとは必ずしも思われないので、許容されることになるでしょう。

また、GPSの履歴について、一定の場合に確認することをあらかじめ社員に告知をしておくと、プライバシーに対する期待が減少し、トラブルを防止することができます。なお、規程化する際には、個人情報保護委員会が公表している『『個人情報の保護に関する法律についてのガイドライン』及び『個人データの漏えい等の事案が発生した場合等の対応について』に関するQ＆A」（平成29年2月16日〔平成30年7月20日更新〕）が参考になります。

〔第4章〕 Ⅳ　ITをめぐる対応

【弁護士からのアドバイス】

　日進月歩の技術進化により、人事労務の場面でも常に本設問のような新しい問題が登場します。こういった問題は、裁判例がいくつか登場した後にはそれが具体的な行動の指針となりますが、それまでは具体的な行動の指針がありません。そのような場合に実務的にどう対応すべきかについて疑問が生じた場合、そのつどその問題に詳しい専門家に尋ねるのが端的な解決方法です。普段から気軽に相談できる専門家の相談相手をつくっておきたいところです。　　　　（大山圭介・米倉圭一郎・村田浩一）

第5章

関連書式

第5章　関連書式

【書式例1】　就業規則（最低限おさえるべき簡素な規定の例）

就　業　規　則

第1章　総　　則

（規則の内容及び法令との関係）

第1条　社員の服務規律並びに労働条件は、この規則の定めるところによる。

②　この規則に定められていない事項があるとき、若しくはこの規則と異なる定めがなされたときは、労働基準法その他の法令の定めるところによる。

（社員の定義）

第2条　この規則において社員とは、第24条の規定により採用され期間の定めのない雇用契約を締結し、会社の社員としての身分をもつ者をいう。

（服務規律）

第3条　社員は勤務に当たり、次の各号を守らなければならない。

1．社員は、正当な理由なく、遅刻、早退または欠勤をしてはならない。

2．社員は、勤務中業務に専念しなければならない。

3．社員は、就業規則その他会社の諸規程及び上長の指示及び命令を遵守し、誠実に業務に従事しなければならない。

4．社員は、勤務に関する手続その他の届出を怠り、または虚偽の届出をしてはならない。

5．社員は、互いに協力して業務に取り組み、職場の風紀や秩序を乱すような行為を行ってはならない。

6．社員は、たとえ私的な行為であっても、会社の名誉を害し、信用を傷つけるようなことを行ってはならない。

7．社員は、会社の備品及び消耗品等を丁寧に取扱い、会社の許諾なく、会社の備品及び消耗品を使用してはならない。

8．社員は、職務に関し不当に金品等を授受してはならない。

9．社員は、会社の承認を得ずに、在職のまま他に就職し、または自ら事業を営んではならない。

10．社員は、性的な行動または言動により、他の労働者に不利益や不快感を与えたり、就業環境を害するようなことをしてはならない。

11．社員は、職務上の地位や人間関係などの職場内の優位性を背景にした、業務の適正な範囲を超える言動により、他の労働者に精神的・身体的な苦痛を与えたり、就業環境を害するようなことをしてはならない。

12．社員は、会社構内で政治活動及び宗教の勧誘等を行ってならない。

【書式例1】 就業規則（最低限おさえるべき簡素な規程の例）

第2章 勤　務

（就業時間及び休憩時間）

第4条　就業時間は1日8時間とし、原則として次のとおりとする。

　　　始　業　　午前　　　時　　　分
　　　終　業　　午後　　　時　　　分
　　　休憩時間　　自　　　　　　至

（始業時刻・終業時刻の繰り上げ・繰り下げ）

第5条　業務の都合により、1日の所定就業時間の範囲内で始業及び終業の時刻を1時間ずつ変更する場合がある。

（時間外労働及び休日労働）

第6条　会社は、業務の都合によりやむを得ない事由のある場合は、前2条の就業時間を超える時間外労働を命じることがある。

② 　前項の場合は、社員代表と協定する。

（事業場外の勤務）

第7条　社員が出張その他所属事業場外において勤務する場合で就業時間を算定し難いときは、通常の就業時間勤務したものとみなす。但し、あらかじめ別段の指示をした場合はこの限りではない。

（深夜業）

第8条　会社は、業務の都合により深夜業をさせることがある。但し、満18才に満たない者は、深夜に勤務をさせることがない。

（休憩時間）

第9条　社員は、休憩時間を自由に利用することができる。

（休日）

第10条　社員の休日は、次のとおりとする。

　　　毎週土曜日及び日曜日、祝日
　　　年末年始（　　月　　日から翌年の　　月　　日まで）

② 　業務の都合により必要ある場合は社員代表と協定の上、前項の休日に労働を命ずることがある。但し、満18才未満の社員については休日労働はさせない。

③ 　業務の都合でやむを得ない場合は、1項の休日を他の労働日と振り替えることがある。

④ 　前項の場合、前日までに振替による休日を指定して社員に通知する。

（年次有給休暇）

第11条　会社は社員に対して次の年次有給休暇を与える。

　1．入社日から起算して6カ月継続勤務し、全労働日の8割以上出勤した場合には勤続期間に応じ次表の年次有給休暇を与える。

307

第5章　関連書式

継続勤務年数	0.5	1.5	2.5	3.5	4.5	5.5	6.5以上
付 与 日 数	10	11	12	14	16	18	20

　２．年次有給休暇の期間については、所定労働時間労働した場合に支払われ
　　る通常の賃金を支払う。

　３．年次有給休暇を取得する場合は、所定の手続により申請し承認を得なけ
　　ればならない。

（特別有給休暇）

第12条　会社は社員に対して特別有給休暇を次により与え、当該休暇について
は所定労働時間労働した場合に支払われる通常の賃金を支払う。但し、休日
が介在するときはこれを通算する。

　１．忌引休暇

　　⑴　実養継父母、配偶者、実養継子が死亡したとき

　　　　本人喪主の場合　　　　　　　日

　　　　その他の場合　　　　　　　　日

　　⑵　祖父母、兄弟姉妹、孫、及び配偶者の父母が死亡したとき

　　　　本人喪主の場合　　　　　　　日

　　　　その他の場合　　　　　　　　日

　　⑶　曽祖父母、伯叔父母、甥、姪、兄弟姉妹の配偶者とその祖父母及びそ
　　　の兄姉妹が死亡したとき　　　　日

　２．結婚休暇

　　⑴　本人が結婚する場合　　　　日

　　⑵　本人及び配偶者の兄弟姉妹、子供の結婚　　　　日

　３．天災、その他災害に罹ったときの休暇

　　⑴　風水害及び火災、交通事故、その他非常の災害を受けたときは、会社
　　　が必要と認めた期間

　　⑵　同居人及び近隣に伝染病又はその疑いあるものが発生し、予防のため
　　　就業を禁止されたときは、その期間

　　⑶　選挙権その他公民としての権利を行使し、又は会社の承認した公共団
　　　体その他公職についた者は、公務を執行するに必要な期間

（育児時間及び生理休暇）

第13条　生後１年未満の生児を育てる女性社員から請求があったときは休憩時
　間のほか１日について２回、１回について30分の育児時間を与える。

②　生理日の就業が著しく困難な女性社員から請求があったときは必要な期間
　休暇を与える。但し、この休暇は無給とする。

（産前産後休暇）

第14条　出産予定の女性社員から請求があったときは産前６週間（但し、多胎妊

娠は産前14週間）、産後8週間の休暇を与える。但し、この休暇は無給とする。

（育児・介護休業）

第15条　育児・介護休業を申し出た者については、育児・介護休業に関する法律その他の法令の定めるところにより育児・介護休業を与える。

②　育児・介護休業の期間については、基本給その他の月毎に支払われる給与は支給しないこととし、定期昇給については、育児・介護休業期間中は行わないものとするが、育児・介護休業期間に定期昇給日の到来した者については、復職後に昇給させるものとする。

（休職）

第16条　社員が次の各号の一つに該当するに至った場合は、各々次の期間、休職を命ずる。

　　1．業務外の傷病により欠勤（欠勤中の休日も含む）が連続して　　　　日に達したとき、又は直近半年間で　　　　日以上の欠勤をしたとき

　　　(1)　勤続　1年未満の者　　　　　　　　　　　月

　　　(2)　勤続　1年以上○年未満の者　　　　　　　月

　　2．公職に就き、会社業務に専念できないとき　会社が必要と認めた期間

②　試用期間中の社員には、休職に関する規定は適用しない。

（休職期間満了時の取扱い）

第17条　休職期間が満了したにもかかわらず、休職事由が消滅しないときは、休職期間満了をもって退職とする。

（復職）

第18条　第16条によって休職していた社員につき、会社がその休職事由が消滅したと判断したときは復職させる。

②　休職中の社員が復職を希望する場合は所定の様式により会社に願い出るものとする。

③　第16条第1項第1号の休職者が復職を願い出るときは、会社が指定する医師の診断書を添付するものとする。

④　第16条第1項第1号の休職者が復職後1年以内に、同一乃至類似の傷病により欠勤したときは、その欠勤開始日より再休職とみなし、前回の休職期間と通算する。

（休職期間中の賃金）

第19条　休職期間中の賃金は原則として無給とする。

②　休職期間は原則として勤続年数に算入しない。

（出退勤の確認）

第20条　社員は、出勤、退勤及び私用中途外出入の際はタイムレコーダーに記録しなければならない。

②　タイムカードは必ず本人自身で記録し、他人に記録させてはならない。

第5章　関連書式

（欠勤届出）

第21条　病気その他やむを得ない事由があるときは、欠勤、遅刻、早退又は就業時間中外出することができる。但し、予め上司に申し出るものとする。

②　遅刻又は早退及び私用に供した時間に対しては、賃金を差し引くものとする。減額計算は、別に定める給与規程による。

③　社員が傷病を理由に連続4日以上休もうとする場合は、医師の診断書を添えて届け出なければならない。

第3章　給　与

（賃金）

第22条　社員の賃金の決定、計算、支払方法、支払期間、その他昇給に関する事項は、別に定める給与規程による。

（旅費）

第23条　社員が業務上出張する場合は、旅費を支給する。

②　旅費の支給については、別に定める旅費規程による。

第4章　人　事

（採用）

第24条　会社は、就職希望者のうちから筆記試験及び面接の選考に合格し、所定の手続を経た者を社員として採用する。

（提出書類）

第25条　就職を希望する者は、次の書類を提出し、試験を受けなくてはならない。

1．履歴書
2．写真（6カ月以内に撮影したもの）
3．卒業証明書、又は卒業見込証明書（但し新卒者のみ）
4．学業成績書
5．健康診断書

②　採用された者は、採用決定後次の書類を提出しなければならない。

1．誓約書
2．身元保証書
3．入社前、他の事業所に勤務していた場合は、法令に必要な書類
　　源泉徴収票、厚生年金被保険者証、雇用保険被保険者証

（試用）

第26条　新たに採用された社員には、　　　月間の試用期間を設ける。但し、会社が必要とみなした場合、試用期間を延長、短縮、省略することがある。

②　試用期間中に社員として不適格と認められた者は、本採用を見送ることが

【書式例1】 就業規則（最低限おさえるべき簡素な規程の例）

ある。

（人事異動）

第27条 会社は、業務上の必要があるときは、社員に対し職務の変更、配置転換若しくは出向を命ずることがある。

② 前項の場合において、社員は正当な理由なくこれを拒んではならない。

（退職）

第28条 社員が、次の各号の一つに該当するときは退職となる。

1．退職を申し出て、これを会社が承認したとき

2．退職を申し出て14日が経過したとき

3．休職期間が満了し、復職できないとき

4．定年に達したとき

5．死亡したとき

（定年）

第29条 定年退職は、満　　歳とし、定年に達した日の属する月の末日をもって退職とする。

② 定年退職する社員が継続して雇用を希望する場合、別途定める規則に従って再雇用することがある。

（普通解雇）

第30条 社員が次のいずれかに該当するときは、解雇することができる。

1．勤務成績又は業務能率が著しく不良で、向上の見込みがなく、他の職務にも転換できない等、就業に適さないと認められたとき

2．勤怠が著しく不良で、改善の見込みがなく、社員としての職責を果たし得ないと認められたとき

3．業務上の負傷又は疾病による療養の開始後3年を経過しても当該負傷又は疾病がなおらない場合であって、労働者が傷病補償年金を受けているとき又は受けることとなったとき（会社が打切り補償を支払ったときを含む。）

4．精神又は身体の障害により、業務に耐えられないと認められたとき

5．第41条に定める懲戒解雇の事由に該当する事実があると認められたとき

6．事業の運営上のやむを得ない事情又は天災事変その他これに準ずるやむを得ない事情があったとき

7．その他前各号に準ずるやむを得ない事情があったとき

② 前項の規定により社員を解雇する場合は、少なくとも30日前に予告をするか又は予告に代えて平均賃金の30日分以上の解雇予告手当を支払う。

③ 第1項の規定による社員の解雇に際して、社員から請求があった場合は解雇の理由を記載した文書を交付する。

（解雇の制限）

311

第5章　関連書式

第31条　社員が、次の各号に該当する期間中は解雇しない。

　　1．業務上負傷又は疾病にかかり、療養のため休業する期間及びその後30日間

　　2．産前産後の休業期間及びその後30日間

第5章　安全衛生

（安全及び衛生）

第32条　社員は安全衛生に関する諸法令及び会社規則を遵守し、災害の防止及び健康の保持に努めなければならない。

（就業禁止）

第33条　次の各号に該当する疾病にかかった社員については、伝染性の疾病の予防その他の措置を講じ、就業を禁止する。

　　1．法定伝染病及びその他の伝染性疾病

　　2．精神障害の疾病

　　3．その他就業のため病勢悪化のおそれのある疾病

②　前項により就業を禁止された期間は、欠勤又は休職として取り扱う。

（健康診断及び予防注射）

第34条　会社は、社員に対しては入社の際のほか、毎年少なくとも1回定期に健康診断を行う。

②　会社は、前項のほか必要に応じて社員に対して臨時に会社が指定する医師の健康診断を命じることがある。

③　社員は健康診断を受けなければならない。

（要保護者措置）

第35条　前条の健康診断の結果、会社は健康要保護者、要注意者を指定し、勤務場所、職種、治療その他について適当かつ必要な措置を講ずることがある。

②　社員はその措置に従うものとする。

（衛生に関する遵守事項）

第36条　社員は衛生に関する次の事項を厳守し職場の衛生保持に努めるものとする。

　　1．衛生教育で受けた事項を実行すること

　　2．会社が行う衛生掃除に協力して清潔を保つこと

　　3．会社内の清潔に留意し、廃棄物を所定場所以外に捨てないこと

第6章　表彰及び懲戒

（表彰）

第37条　社員が次の各号の一つに該当する場合は選考の上表彰する。

【書式例1】 就業規則（最低限おさえるべき簡素な規程の例）

1. 会社の事業発展に対する功労が顕著であると認めた者
2. 業務能率が著しく一般よりすぐれた者
3. 事業上有益な発明、改良工夫をした者
4. 災害を未然に防ぎ、又は非常の際功労のあった者
5. 社会的功績があり、社員及び会社の名誉となるような行為があった者
6. 勤続　　年、　　年、　　年、　　年、　　年、　　年に達した者

（表彰日）

第38条　表彰は原則として毎年　　月に行う。

② 表彰の方法は商品、又は賞金授与により行う。

（懲戒の種類）

第39条　懲戒の種類は次のとおりとする。

1. 譴責　始末書を提出させ将来を戒める。
2. 減給　1回につき、平均賃金の半日分以内、総額において当該賃金支払期間における賃金総額の1割以内を減給する。
3. 出勤停止　　　　日以内の期間を定めて出勤を停止し、その間賃金を支払わない。
4. 降職・降格　役職の引き下げ、資格等級の引き下げのいずれか又は双方を行う。
5. 諭旨退職　退職届の提出を勧告し、勧告に応じない場合には懲戒解雇する。なお、退職金の一部を支給しないことがある。
6. 懲戒解雇　予告なしに即時解雇する。この場合、所轄の労働基準監督署の認定を得て解雇予告手当を支給しないことがある。なお、退職金の全部又は一部を支給しない。

（譴責）

第40条　次の各号に該当する行為があったときは、情状に応じて譴責、減給、出勤停止、又は降職・降格に処する。

1. 服務又は職務に関する手続その他の届出を偽ったとき
2. タイムカードを他人に打刻させ、あるいはこれに応じたとき
3. 許可なく会社の金品を持ち出し、又は移動させたとき
4. 勤務時間中許可なく職場を離れる等、業務怠慢の行動があったとき
5. 正当な理由なくしばしば遅刻し早退又は欠勤したとき
6. 社内で火気の取扱いを粗略にし、又はみだりに指定場所以外で喫煙したとき
7. 正当な理由なく会社の業務命令を拒否するとき
8. 本人の不注意により業務に支障をきたしたとき
9. 就業規則及び諸規定、指示を守らなかったとき
10. 許可なく勤務時間中に横臥、睡眠又は遊戯等の行為をしたとき

第5章　関連書式

11．違法な行為により会社秩序を乱し、又はその恐れがあったとき

12．賭博を行ったとき

13．会社において営利を目的とする金品の貸借、物品の販売、寄付の強要その他これに類する行為のあったとき

14．本人の不注意又は監督不行届のため災害又は事故を発生させたとき

15．会社の材料、金品、帳簿及び重要書類を破損又は紛失したとき

16．服務又は職務に関する手続その他の届出において、虚偽の事実を申告したとき

17．その他前各号に準ずる行為があったとき

（諭旨退職、懲戒解雇）

第41条　次の各号の一つに該当する行為のあったときは懲戒解雇に処する。但し、情状酌量の余地があるか若しくは改悛の情が明らかに認められるときは諭旨退職にとどめることがある。

1．前条各号の行為が数度に及んだとき、又は情状が悪質と認められたとき

2．社命又は許可なく他に就職し、又は自ら事業を営んだとき

3．勤務怠慢、素行不良にして改悛の見込みがないとき

4．就業規則及び会社の諸規程、指示を守らず、会社の秩序を乱したとき、又は重大な事故を起こしたとき

5．会社の業務命令に従わず業務運営を妨げたとき

6．採用の際に重要な経歴を偽ったとき

7．正当な理由なく無断欠勤が　　　　日以上に及んだとき

8．不正行為により、社員としての体面を汚したとき

9．会社の機密を漏らしたとき

10．職種を濫用し、又は越権専断の行為があったとき

11．職務を利用して利益を計り、あるいは業務に関し、不当な金品、その他を受けたとき

12．暴行、脅迫、傷害等の違法行為をしたとき

13．会社の経営に関し、真相を歪曲して会社に有害な宣伝、流布等を行ったとき

14．許可なく会社で集会演説、放送、各種印刷物の掲示、貼付、配布、その他これに類する行為をしたとき

15．会社又は他人の金品を盗んだとき、または横領したとき

16．刑罰法規に違反したとき

17．その他前各号に準ずる程度の行為があったとき

（懲戒該当行為の幇助、教唆、共謀）

第42条　懲戒該当行為について、他の社員を煽動、幇助、教唆、若しくは共謀した社員も懲戒に処する。

（監督不行届）

第43条 部下が懲戒に処せられたときは、事情によりその上長等も監督不行届の理由で懲戒に処することがある。

（自宅待機）

第44条 懲戒処分決定までの間、必要に応じて自宅待機を命ずることがある。

（賠償義務）

第45条 故意又は重大な過失により会社に損害を与えた場合は懲戒処分にかかわらず、損害賠償又は不当利得の返還を行わせることがある。

附　　則

この規則は、　　　　年　　月　　日から施行する。

【書式例2】　内定通知書

内 定 通 知 書

年　月　日

_____殿

○○○○株式会社
人事部長　　　　㊞

拝啓　時下益々ご清祥のこととお慶び申し上げます。

　先日は、当社の面接にお越しいただき、ありがとうございました。

　慎重に審査した結果、貴殿の採用を内定しましたので、その旨ご通知いたします。

　なお、下記の各書類をお取揃えのうえ、○月○日午前○時にご来社ください。

記

1　入社承諾書

2　健康診断書

3　最終学校卒業証明書

4　誓約書（保証人が連署したもの）

第5章 関連書式

  5　厚生年金保険の被保険者証
  6　身元保証書
  7　・・・・・・

以　上

【書式例3】　誓約書

誓　　約　　書

年　月　日

○○○○株式会社
　代表取締役社長　　　　　　　殿

　この度、貴社に従業員として入社のうえは、下記事項を誓約し厳守すること
を誓約いたします。

記

1　貴社の就業規則及び服務に関する諸規定に従い、誠実に勤務すること。
2　履歴書等に記載した内容は、事実に相違ないこと。
3　貴社従業員として会社の信用・名誉を毀損するような言動を行わないこ
　　と。
4　業務上知り得た貴社の営業秘密を一切他に漏洩しないこと。
5　その他、故意または重大な過失によって会社に損害を及ぼしたときは、そ
　　の責任を負うこと。

住所

_____ 印
年　月　日生まれ

住所

（保証人名）　印

【書式例４】 身元保証書

【書式例５】 雇用通知書（正社員用）

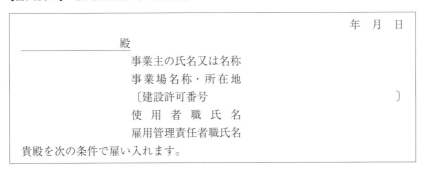

第5章　関連書式

契約期間	期間の定めなし、期間の定めあり （　　　年　　月　　日　〜　　　年　　月　　日）
就業の場所	
従事すべき 業務の内容	
始業、終業 の時刻、休 憩時間、就 業時転換 （(1)〜(3)の うち該当す るもの一つ に○を付け ること。）、 所定時間外 労働の有無 に関する事 項	1　始業・終業の時刻等 (1)　始業（　　時　　分）　終業（　　時　　分） 【以下のような制度が労働者に適用される場合】 (2)　変形労働時間制等：（　　）単位の変形労働時間制・交替制 　　として、次の勤務時間の組み合わせによる。 　┌始業（　　時　　分）終業（　　時　　分）（適用日　　） 　├始業（　　時　　分）終業（　　時　　分）（適用日　　） 　└始業（　　時　　分）終業（　　時　　分）（適用日　　） (3)　フレックスタイム制：始業及び終業の時刻は労働者の決定に 　　委ねる。 　　　（ただし、フレキシブルタイム 　　　　　　　　　　（始業）　　時　　分から　　時　　分、 　　　　　　　　　　（終業）　　時　　分から　　時　　分、 　　　コアタイム　　時　　分から　　時　　分） (4)　事業場外みなし労働時間制：始業（　時　分）、終業（　時 　　分） (5)　裁量労働制：始業（　時　分）、終業（　時　分）を基本と 　　し、労働者の決定に委ねる。 ○詳細は、就業規則第　条〜第　条、第　条〜第　条、第　条〜第 　条 2　休憩時間（　　）分 3　所定時間外労働（有（1週　時間、1か月　時間、1年　時 　間）、無） 4　休日労働（有（1か月　日、1年　日）、無）
休　　日	・定例日：毎週土、日曜日、国民の祝日、その他（　　　　　　） ・非定例日：週・月当たり　　日、その他（　　　　　　　　　） ・1年単位の変形労働時間制の場合−年間　　日 ○詳細は、就業規則第　条〜第　条、第　条〜第　条
休　　暇	1　年次有給休暇　6か月継続勤務した場合→　　　　　　日 　　　　　　　継続勤務6か月以内の年次有給休暇

318

【書式例5】 雇用通知書（正社員用）

	（有、無）
	→　　　か月経過で　　　日
	2　その他の休暇　有給（　　　　　　　　　　　　　）
	無給（　　　　　　　　　　　　　）
	○詳細は、就業規則第　条～第　条、第　条～第　条
賃　　　金	1　基本賃金　イ　月給（　　　　　　円）
	ロ　日給（　　　　　　円）
	ハ　時間給（　　　　　円）
	ニ　出来高給（基本単価　　　　円、
	保障給　　　　　　円）
	ホ　その他（　　　　　　円）
	ヘ　就業規則に規定されている賃金等級等
	2　諸手当の額及び計算方法
	イ（　　手当　　　　円／計算方法：　　　　　　　）
	ロ（　　手当　　　　円／計算方法：　　　　　　　）
	ハ（　　手当　　　　円／計算方法：　　　　　　　）
	ニ（　　手当　　　　円／計算方法：　　　　　　　）
	3　所定時間外、休日又は深夜労働に対して支払われる割増賃金率
	イ　所定時間外　法定超（　　）％、所定超（　　）％
	ロ　休日　法定休日（　　）％、法定外休日（　　）％
	ハ　深夜（　　）％
	4　賃金締切日（　　　）－毎月　日、（　　　）－毎月　日
	5　賃金支払日（　　　）－毎月　日、（　　　）－毎月　日
	6　賃金の支払方法（　　　　　　　　　　　　　　　　　）
	7　労使協定に基づく賃金支払時の控除（有（　　　）、無）
	8　昇給（時期等　　　　　　　　　　　　　　　　　　　）
	9　賞与（有（時期、金額等　　　　　　　　　　）、無）
	10　退職金（有（時期、金額等　　　　　　　　　　、無）
退職に関する事項	1　定年制（　有　（　　歳）　、　無　）
	2　自己都合退職の手続（退職する　日以上前に届け出ること）
	3　解雇の事由及び手続

319

第5章 関連書式

	○詳細は、就業規則第　条〜第　条、第　条〜第　条
その他	・社会保険の加入状況（厚生年金　健康保険　厚生年金基金 　　　　　　　　　その他（　　　　　）） ・雇用保険の適用（有、無） ・中小企業退職金共済制度（建設退職金共済制度を含む。） 　　（加入している、加入していない） ・寝具貸与　有（有料（　　　　　円）・無料）、無 ・食費（1日　　　　円） ・その他（　　　　　　　　　　　　　　　　　　　　　　）

※以上のほかは、当社就業規則による。
※ここに明示された労働条件が、入職後事実と相違することが判明した場合に、貴殿が本契約を解除し、14日以内に帰郷するときは、必要な旅費を支給する。
※本通知の交付は、労働基準法第15条に基づく労働条件の明示及び建設労働者の雇用の改善等に関する法律第7条に基づく雇用に関する文書の交付を兼ねるものである。

【書式例6】　雇入通知書（契約社員用）

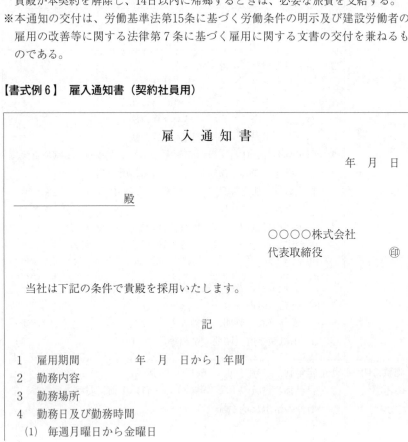

320

【書式例7】 休暇届

 (2) 上記各日の午前　時から午後　時まで（ただし、正午から午後1時までは休憩時間）

5 賃 金

 (1) 時 給 ○○○円

 (2) その他の条件

6 業務の縮少及び事業の廃止等の止むをえない事情があるときは、契約期間中においても契約を終了することがある。

7 以上のほかの条件は、当社就業規則及び労働法令の定めるところによる。

以 上

(注) 雇用契約を更新する場合があると明示したときは、更新する場合または更新しない場合の判断の基準を明示しなければなりません。

(注) 雇用期間の定めのある雇用契約（主にパートタイマー用）の場合の雇入通知書のひな型です。

【書式例7】　休暇届

休 暇 届

年　月　日

○○○○株式会社

代表取締役　　　　　殿

   （所　属）＿＿＿＿＿＿＿＿＿

   （氏　名）＿＿＿＿＿＿＿＿＿

区   分 (1)　年次有給休暇 (2)　特別休暇

期   間   月　　日から　　月　　日まで　　　日間

理   由

備   考

第 5 章　関連書式

【書式例 8 】　休日振替通知書

休 日 振 替 通 知

　就業規則○○条に基づき、後記の業務上の理由により、○○年○○月○○日の休日については、○○月○○日に振り替えます。

　振替の業務上の理由　　○○○○○○○

　○○年○○月○○日

　　　　　　　　　　　　　　　　　　　　○○○○株式会社
　　　　　　　　　　　　　　　　　　　　　代表取締役○○○○
○○○○殿

【書式例 9 】　年次有給休暇の時季変更通知

年次有給休暇の時季変更通知

年　月　日

　　　　　　　　　　殿

　　　　　　　　　　　　　　　　　　○○○○株式会社
　　　　　　　　　　　　　　　　　　代表取締役　　　　　㊞

　貴殿から　年　月　日付で届出のあった　年　月　日から同月・日までの年次有休休暇につきましては、下記の事業の正常な運営を妨げる事由があるため、ほかの時季に取得されるよう通知いたします。

記

322

【書式例10】　欠勤届／【書式例11】　遅刻・早退・私用外出届

（事業の正常な運営を妨げる具体的事由）

【書式例10】　欠勤届

欠　　勤　　届

年　月　日

○○○○株式会社
代表取締役　　　　　　　殿

（所　属）＿＿＿＿＿＿＿＿
（氏　名）＿＿＿＿＿＿＿＿

期　　　間　　　　月　日から　　月　日まで　　　日間

理　　　由

備　　　考

【書式例11】　遅刻・早退・私用外出届

遅刻・早退・私用外出届

第 5 章　関連書式

年　月　日

〇〇〇〇株式会社
　人事部　御中

（所　属）＿＿＿＿＿＿＿＿＿

（氏　名）＿＿＿＿＿＿＿＿＿

1　遅刻日時　　　　月　　日　　時　　分まで　　　　時間　分
2　早退日時　　　　月　　日　　時　　分から　　　　時間　分
3　外出日時　　　　月　　日　　時　　分から　　　　時　分まで

理　　　由

備　　　考

【書式例12】　人事辞令（異動・転勤・昇格・降格）

辞　　　令

年　月　日

＿＿＿＿＿＿＿殿

〇〇〇〇株式会社
　人事部長　　　　　　　㊞

記

貴殿を　年　月　日付をもって、△△事業本部勤務を命ずる。

324

【書式例13】 出向辞令／【書式例14】 転籍通知書

> 以　上

【書式例13】　出向辞令

辞　　　　令

年　月　日

_____ 殿

○○○○株式会社
人事部長　　　　㊞

記

　貴殿に対し、　年　月　日付をもって△△△△株式会社への出向を命ずる。

年　月　日付をもって△△△△株式会社への出向を命ずる。

> 以　上

【書式例14】　転籍通知書

転 籍 通 知 書

年　月　日

_____ 殿

○○○○株式会社
人事部長　　　　㊞

記

　貴殿は、　年　月　日付をもって当社を退職し、同日付をもって△△△△株式会社に入社することとなりましたので、その旨ご通知いたします。

第5章　関連書式

以　上

【書式例15】　転籍同意書

転 籍 同 意 書

年　月　日

○○○○株式会社　人事部　御中

△△△△株式会社　人事部　御中

記

　私は、○○○○株式会社の　年　月　日付転籍通知書に異議なく同意し、
　　年　月　日付をもって、○○○○株式会社を退職し、同日付をもって△△
△△株式会社に入社いたします。

以　上

㊞

【書式例16】　休職通知書

休 職 通 知 書

_____殿

　貴殿は、業務外の傷病により、　年　月　日より既に○○カ月の欠勤状態に
あり、××医師作成の診断書によれば、なお○○カ月の療養を要するとのこと
であります。
　よって、当社就業規則第○○条××項に基づき、貴殿を今後○○カ月間の休
職とすることとなりましたので、その旨通知いたします。

326

【書式例17】 復職通知書／【書式例18】 受診命令書（会社指定医）

　年　　月　　日

　　　　　　　　　　　　　　　　　　　　○○○○株式会社
　　　　　　　　　　　　　　　　　　　　　人事部長　　　　　㊞

【書式例17】 復職通知書

復 職 通 知 書

　　　　　　　　　　　　　殿

　貴殿は、業務外の傷病により、　年　　月　　日より休職されていましたが、今回、原職復帰可能と診断された医師作成の診断書が貴殿より提出されました。
　よって、当社就業規則第○条×項に基づき、　年　　月　　日より原職へ復帰するよう命じます。

　年　　月　　日

　　　　　　　　　　　　　　　　　　　　○○○○株式会社
　　　　　　　　　　　　　　　　　　　　　人事部長　　　　　㊞

【書式例18】 受診命令書（会社指定医）

　　　　　　　　　　　　　　　　　　　　　　　　　　○年○月○日

会社指定医の受診命令

○　○　○　○　殿

　　　　　　　　　　　　　　○○○○株式会社
　　　　　　　　　　　　　　　人事部長　　○　○　○　○

　貴殿は、業務外の傷病につき、○○年○○月○○日より就業規則第○条に基づき休職に入ることを申し出て（○○年○○月○○日より就業規則第○条に基づき復職することを申し出て）おり、その証として、○○○○病院○○医師の診断書が貴殿より提出されています。しかし、同医師の診断については、客観的事実に相違する記載が多々あり、従前の貴殿の当社への報告事項との相違も

327

第5章　関連書式

多く、その記載につき重大な疑問があります。

　そこで、当社は、貴殿に対して就業規則第○条に基づき、会社の指定する専門医である○○○○○病院○○医師の診断を○○年○○月○○日までに受けるようご通知申し上げます。

　なお、右受診なき限り、当社としては、貴殿申し出の休職（復職）を認められないこととなり得ることを申し添えておきます。

以　上

【書式例19】　退職通知書

退　職　通　知　書

_____　殿

　貴殿は、業務外の傷病により、　年　月　日より休職期間に入っていましたが、今回休職期間の満了に当たり、原職復帰可能である旨の医師作成の診断書が提出されませんでした。

　よって、当社は、貴殿が原職へ復職することは不可能であると判断し、当社就業規則第○条×項に基づき、　年　月　日付けをもって貴殿は退職したとの取り扱いとさせていただきます。

　　年　月　日

○○○○株式会社
人事部長　　　　㊞

【書式例20】　セクシュアルハラスメント防止規程

セクシュアルハラスメント防止規程

（総則）
第1条　この規程は、職場におけるセクシュアルハラスメントの防止の取り扱いを定める。
（禁止行為）
第2条　社員は、社員の意に反し、次に掲げる性的な言動を行ってはならな

328

【書式例20】 セクシュアルハラスメント防止規程

い。

1．必要もないのに体に触ること
2．わいせつな写真や画を職場に張り出したり、社員の見える場所に置いたりすること
3．性的な経験を話したり、尋ねたりすること
4．性的な内容の情報を意図的に流すこと
5．性的な関係を強要すること
6．性的指向および性自認に関して性的な言動を行うこと
7．性的な言動により、他の従業員の就業意欲を低下させ、能力の発揮を阻害すること
8．性的な言動への抗議または拒否等をした従業員に対し、解雇その他の不利益な取扱いをすること
9．その他前号のいずれかに準じる性的な言動を行うこと

（黙認の禁止）
第3条　社員は、他の社員が前条に掲げることをしていることを黙認してはならない。

（窓口の設置）
第4条　会社は、セクシュアルハラスメントに対応する窓口を人事課のなかに設ける。

（窓口の業務）
第5条　窓口の業務は、次のとおりとする。

1．セクシュアルハラスメントに関する相談・苦情の受付
2．相談・苦情の事案の事実関係の調査
3．事実関係が確認された事案への対応策の決定
4．セクシュアルハラスメント防止に関する社員への啓発活動

（相談・苦情の申し出）
第6条　職場においてセクシュアルハラスメントを受けた社員は、そのセクシュアルハラスメントについての相談・苦情を窓口に自由に申し出ることができる。

②　セクシュアルハラスメントが現実に生じた場合だけでなく、その発生のおそれがある場合も、相談・苦情を申し出ることができる。

③　申し出の方法は、口頭、電話および電子メールのいずれでも差し支えない。

④　会社は、相談・苦情を申し出た社員のプライバシーの保護に十分留意する。

（不利益取扱いの禁止）
第7条　社員は、社員がセクシュアルハラスメントに関する相談・苦情を窓口

329

第5章 関連書式

に申し出たことを理由として、その社員に対して不利益な取り扱いをしては
ならない。

（懲戒処分）

第8条 会社は、セクシュアルハラスメントを行った社員に対し、就業規則に
定めるところにより懲戒処分を行う。懲戒処分は、その情状に応じ、次のい
ずれかとする。

1．訓戒－始末書をとり、将来を戒める

2．減給－賃金を減額する

3．出勤停止－一定の期間出勤を停止する

4．降職・降格－役職の引き下げ、資格等級の引き下げのいずれかまたは双
方を行う

5．懲戒解雇－解雇する

付則 この規程は、〇年〇月〇日から施行する。

【書式例21】 電子機器管理に関する規程

電子機器管理に関する規程

（総則）

第1条 この規程は、会社が社員に貸与するパソコン、タブレット、スマート
フォン、携帯電話、Wi-Fi 等の電子機器（以下総称して「電子機器」とい
う）の使用基準について定める。

（私用の禁止）

第2条 社員は、電子機器を個人のために使用してはならない。

（遵守事項）

第3条 社員は、電子機器の使用について、次に掲げる事項を誠実に遵守しな
ければならない。

1．破損、紛失、盗難等の事態が生じないようにすること

2．会社の許可なく社外に持ち出さないこと

3．会社の許可なく社外の者に使用させないこと

4．不正アクセス禁止法、著作権法その他の関係法令およびこの規則を遵守
すること

（禁止事項）

第4条 社員は、次に掲げる事項を行ってはならない。

1．業務に関係のない個人的な文書を作成すること

2．個人的な電子メールを送受信すること

330

【書式例21】 電子機器管理に関する規程

3．個人的な興味や関心で業務に関係のないホームページを閲覧すること
4．電子メールシステムを利用して他の社員を不当に非難・中傷する情報および公序良俗に反する情報を流すこと
5．自己以外に貸与された電子機器を使用すること
6．会社の許諾なく、情報媒体等を接続し、またはソフトウェアをダウンロードまたはインストールすること
7．電子機器に記録されている会社の重要な情報を社外の者に流すこと

（電子メールの保存）

第5条　社員は、自分が送受信した電子メールの内容を3カ月以上保存しておかなければならない。

（閲覧・監視及び公開命令）

第6条　会社は、必要と認める場合には、電子機器内に蓄積されたデータ等を閲覧・監視することができる。

②　会社は、社員に対して、必要に応じ送受信した電子メールの内容の公開を命令することがある。

③　社員は、会社から電子メールの内容の公開を命令された場合は、その命令に従わなければならない。

（パスワードの管理）

第7条　社員は、ID およびパスワードが他人に知られないよう管理しなければならない。

（損害の賠償）

第8条　社員の不注意によって ID またはパスワードが推測または盗用され、それによって会社が損害を受けたときは、会社は、その社員に対して損害の賠償を求めることがある。

（システム変更の禁止）

第9条　社員は、会社の許可を得ることなく、電子機器のシステムを変更してはならない。

②　業務の必要上、電子機器のシステムを変更する必要があるときは、あらかじめ会社の許可を得なければならない。

（ソフトウェアの複製の禁止）

第10条　社員は、会社が保有または利用権を有しているソフトウェアを複製してはならない。

（報告）

第11条　社員は、次に掲げる場合には、直ちに会社に報告し、その指示に従わなければならない。

1．電子機器、USB メモリ等を破損、紛失したとき、または盗難の被害に遭ったとき

第5章　関連書式

　　2．パスワードが第三者に漏れた可能性があるとき
　　3．電子機器が正常に作動しなくなったとき
（懲戒処分）
第12条　会社は、この規程に違反した社員に対して、就業規則の定めるところにより懲戒処分（譴責、減給、降職・降格、出勤停止または懲戒解雇）を行う。
（監督不行き届き責任）
第13条　会社は、この規程に違反した社員の直属の上司に対して、監督不行き届きの責任を問うことがある。
付則　この規程は、○年○月○日から施行する。

【書式例22】　個人所有の電子機器使用規程

個人所有の電子機器使用規程

（総則）
第1条　この規程は、業務中における社員の個人所有の電子機器の使用について定める。
（使用上の心得）
第2条　電子機器を使用するときは、次の点に留意しなければならない。
　　1．使用は、業務に必要な範囲で、簡潔、手短かに行うこと
　　2．最低限のマナーを守ること。病院など使用が禁止されている場所では、絶対に使用しないこと
　　3．取引先との商談中は、電源を切っておくこと
　　4．自動車運転中は、原則として電源を切っておくこと。やむを得ず使用するときは、安全な場所に停車させてから通話すること
　　5．私的な用途での使用は極力さけること
付則　この規程は、○年○月○日から施行する。

【書式例23】　退職願

退　　職　　願

年　　月　　日

332

○○○○株式会社
　代表取締役社長　　　　　　殿

　私は、以下のとおり退職いたしたくお願いいたします。

退職日　　年　月　日

退職理由　　・・・・・・・のため。

（所　属）　　部　　　　課
（氏　名）＿＿＿＿＿＿＿㊞

　　　　　　　　　　　　　　　　　　　　　以　上

【書式例24】　退職願受理通知書

退職願受理通知書

　　　　　　　　　　　　　　　　　　　　　年　月　日

＿＿＿＿＿＿＿＿＿殿

　　　　　　　　　　　　　○○○○株式会社
　　　　　　　　　　　　　人事部長　　　　　　㊞

　貴殿からの　年　月　日付退職願を当社は本日受理いたしましたので、その旨通知いたします。
　なお退職にあたり、下記のものを　年　月　日までに人事部宛にご返還願います。

記

1　社員証
2　・・・
3　・・・

　　　　　　　　　　　　　　　　　　　　　以　上

第5章　関連書式

【書式例25】　再雇用規程

再 雇 用 規 程

（総則）

第1条　この規程は、定年者再雇用制度の取扱いについて定める。

（再雇用の対象者）

第2条　会社は、定年退職者のうち、就業規則に定める解雇・懲戒解雇・退職事由に該当していない者を再雇用する。

（再雇用の手続）

第3条　会社は、定年退職する従業員について、定年到達日の半年前に、再雇用の希望の有無を聴取する。

②　再雇用の希望が出されたときは、再雇用の可否を審査し、本人に通知する。

（再雇用日）

第4条　再雇用日は、原則として、定年退職日の翌日とする。

（身分）

第5条　再雇用者の身分は嘱託とする。

（担当業務）

第6条　再雇用者の担当業務は、本人の専門的知識・技術、経験および業務上の必要性を勘案して、個別に決定する。

（雇用年齢の上限）

第7条　再雇用者の最高雇用年齢は次のとおりとする。

〔生年月日〕	〔再雇用上限年齢〕
昭和30年4月1日以前に生まれた者	61歳
昭和30年4月2日から昭和32年4月1日までに生まれた者	62歳
昭和32年4月2日から昭和34年4月1日までに生まれた者	63歳
昭和34年4月2日から昭和36年4月1日までに生まれた者	64歳
昭和36年4月2日以降に生まれた者	65歳

（雇用契約）

第8条　雇用契約は、1年を単位として締結する。前条の最高雇用年齢を超えた後も、次の基準を満たす場合には、会社の必要性と本人の希望により、雇用契約を更新することがある。

1．過去に懲戒処分を受けたことがないこと

2．直近3年間の出勤率が90％以上であること

3．直近3年間の勤務評価が下位10％であったことがないこと

（給与）

334

第9条　再雇用者の給与は、次の事項を総合的に勘案して労使の合意により決定する。

1．業務の内容
2．1カ月の勤務時間数
3．厚生年金の在職老齢年金
4．雇用保険の高年齢雇用継続基本給付金

（勤務時間・休日）

第10条　再雇用者の1日の勤務時間および1週の休日数は、業務上の必要性と本人の希望を勘案して労使の合意により決定する。

（年次有給休暇）

第11条　再雇用者の年次有給休暇は、労働基準法の定めるところによる。

（社会保険）

第12条　再雇用者は、厚生年金保険および健康保険に加入する。ただし、次のいずれかに該当するときは、加入しない。

1．1日または1週の所定勤務時間数が正社員の4分の3未満のとき
2．1カ月の所定労働日数が正社員の4分の3未満のとき

（雇用保険）

第13条　再雇用者は、雇用保険に加入する、ただし、1週の所定勤務時間数が20時間未満のときは、加入しない。

（退職の申出）

第14条　再雇用者が自己の都合で契約期間の中途で退職することを希望するときは、2週間前までに会社に申し出なければならない。

（非更新の通知）

第15条　会社は、雇用契約満了時に次期の契約を更新する意思のないときは、契約満了時の30日前までに本人に通知する。

（退職金）

第16条　再雇用期間に対しては、退職金は支払わない。

（付則）

この規程は、○年○月○日から施行する。

（注）　再雇用制の対象者に係る基準を設ける場合には、その基準に関する労使協定が必要となります（旧高年齢者雇用安定法9条2項、高年齢者等の雇用の安定等に関する法律の一部を改正する法律〔平成24年法律第78号〕附則3項）。

【書式例26】　希望退職募集要項

社員の皆さまへ

第 5 章　関連書式

年　月　日

○○○○株式会社

希望退職募集要項

　この度、当社は以下の要項で希望退職への応募を募ります。

1　対象者　　　年　月　日現在、○○歳以上の全社員（但し、会社が業務上
　　　　　　　必要と認める場合は除く）
2　募集人員　○○名
3　受付期間　　年　月　日から　月　日まで（但し、定員に達し次第受付を
　　　　　　　締め切ります）
4　退職日　　　年　月　日
5　退職条件　①　会社都合の退職金のほか、別表に定める割増退職金を支給
　　　　　　　します。
　　　　　　②　有給休暇の買い上げはしません。
　　　　　　③　賞与の扱い……
　　　　　　④　・・・・・・・
6　応募方法　所定の用紙に必要事項を記載のうえ、人事部長宛に届け出てく
　　　　　　　ださい。
7　その他　　・・・・・・・

　もし、本募集に関し、不明な点がある場合は人事部にお問い合わせくださ
い。

以　上

【書式例27】　解雇通知書（普通解雇）

解 雇 通 知 書

年　月　日

_____　殿

　当社は、就業規則第○条○号「・・・・・等の業務上の都合によるとき」に
基づき、貴殿を　年　月　日付で解雇します。

〇〇〇〇株式会社
人事部長　　　　　㊞

以　上

(注)　上記通知書は、予告解雇する場合を想定したものです。労働基準法20条による解雇予告手当を支払う場合には、その旨を記載しておく必要があります。

【書式例28】　解雇予告通知書

解雇予告通知書

＿＿＿＿＿＿＿＿＿＿　殿

年　月　日

　貴殿は、かねてから・・・・・等その勤務態度は著しく不良で、また、・・・・・等その勤務成績も著しく不良であり、当社が再三にわたり口頭または文書で改善するよう注意・指導してきましたが、何らその改善はみられませんでした。
　よって、就業規則第〇条「・・・・・」に基づき、貴殿を
　年　月　日付で解雇します。

〇〇〇〇株式会社
人事部長　　　　　㊞

以　上

(注)　上記通知書は、予告解雇する場合を想定したものです。労働基準法20条による解雇予告手当を支払い即時解雇する場合には、その旨を記載しておく必要があります。

【書式例29】　警告書

警　告　書

〇〇部〇〇課

第5章　関連書式

_____殿

〇〇部長

〇〇〇〇　㊞

記

　貴殿は、〇月〇〇日、（これこれの）業務の執行において、（これこれの業務命令に従わず、これこれ）の行為を行いました。貴殿のこの行為は、当社就業規則第〇条第〇項に違反します。今回の本書による警告にとどめますが、今後、貴殿が同様の違反行為を行なった場合には、当社は就業規則に従って厳正な懲戒処分を行いますので、十分にご注意ください。

以　上

【書式例30】　自宅待機命令書

自宅待機命令書

年　月　日

_____殿

〇〇〇〇株式会社

人事部長　㊞

　貴殿は、　年　月　日から同月　日までの間、当社を無断欠勤したほか、・・・・・の事実が判明しており、現在当社は貴殿に対する処分を検討しております。
　つきましては、　年　月　日から同月　日までの間、自宅にて待機することを命じます。なお、自宅待機中の賃金は保障します。

以　上

（注）　自宅待機の期間については「処分決定の日まで」とすることも可能です。

【書式例31】 減給通知書／【書式例32】 降格（降職）通知書

【書式例31】 減給通知書

減 給 通 知 書

年　月　日

＿＿＿＿＿＿＿＿＿＿殿

○○○○株式会社
人事部長　　　　　㊞

　貴殿に対し、給与規定第○条に基づき、○○年○月分からの基本給につき、下記のとおり減額して支給することを通知いたします。

記

基本給（○号○級）月額　　　　　円を月額　　　　　円とする。

以　上

（注）　上記書式例は、リストラに伴う減給措置です。ただし、賃金規定上の根拠が必要です。

【書式例32】 降格（降職）通知書

辞　　　　令

年　月　日

＿＿＿＿＿＿＿＿＿＿殿

　貴殿を　年　月　日付で＿＿＿＿＿部＿＿＿＿＿課長の職を解き、
＿＿＿＿＿＿＿＿＿＿部＿＿＿＿＿課勤務とする。

○○○○株式会社
人事部長　　　　　㊞

339

第5章　関連書式

以　上

（注）　上記書式例は、人事上の措置としての役職・職位の降格（降職）を想定しています。資格制度上の資格を降格させる場合や懲戒処分として行われる降格の場合には、その就業規則上の根拠を明示する必要があります。

【書式例33】　懲戒処分通告書（降格）

懲戒処分通告書

年　　月　　日

＿＿＿＿＿＿＿＿　殿

〇〇〇〇株式会社
人事部長　　　　　㊞

　貴殿は、　年　月　日から同月　日までの間、当社を無断欠勤したほか、・・・・・しました。
　上記行為は、当社就業規則第〇条〇号及び同△号に該当する違反行為であり、就業規則第×条に基づき、次のとおり懲戒処分を行う。

記

　年　月　日付をもって、貴殿を〇〇から××に降格する。

以　上

【書式例34】　懲戒解雇通告書

懲戒解雇通告書

年　　月　　日

＿＿＿＿＿＿＿＿　殿

【書式例35】 退職証明書

　　　　　　　　　　　　　　　　○○○○株式会社
　　　　　　　　　　　　　　　　人事部長　　　　　　　㊞

　　貴殿は、　年　月　日に・・・・・（懲戒解雇に至る経緯・理由を書く）しました。

　　上記行為は、当社就業規則第○条○号及び△号に該当する重大な非違行為です。

　　よって、当社は就業規則第×条に基づき、本書面をもって貴殿を本日付で懲戒解雇いたします。

　　　　　　　　　　　　　　　　　　　　　　　　　　　　以　　上

（注）　上記通知書は、労働基準監督署長の除外認定を得て、即時解雇する場合を想定したものです。予告解雇する場合、あるいは労働基準法20条による解雇予告手当を支払う場合には、その旨を記しておく必要があります。

【書式例35】　退職証明書

退　職　証　明　書

　　　　　　　　　　　　　　　殿

　　以下の事由により、貴殿は当社を　　年　　月　　日に退職したことを証明します。

　　　　　　　　　　　　　　　　　　　　　　　　年　　　月　　　日

　　　　　　　　　事業主氏名又は名称
　　　　　　　　　使　用　者　職　氏　名

①　貴殿の自己都合による退職（②を除く。）

②　当社の勧奨による退職

③　定年による退職

④　契約期間の満了による退職

⑤　移籍出向による退職

⑥　その他（具体的には　　　　　　　　　　）による退職

⑦　解雇（別紙の理由による。）

※該当する番号に○を付けること。

第5章　関連書式

※解雇された労働者が解雇の理由を請求しない場合には、⑦の「（別紙の理由による。）」を二重線で消し、別紙は交付しないこと。

〔別　紙〕

ア　天災その他やむを得ない理由（具体的には、

　　　　　　　　　　によって当社の事業の継続が不可能になったこと。）による解雇

イ　事業縮小等当社の都合（具体的には、当社が、

　　　　　　　　　　　　　　　　となったこと。）による解雇

ウ　職務命令に対する重大な違反行為（具体的には、貴殿が

　　　　　　　　　　　　　　したこと。）による解雇

エ　業務について不正な行為（具体的には、貴殿が

　　　　　　　　　　　　　　したこと。）による解雇

オ　相当長期間にわたる無断欠勤をしたこと等勤務不良であること（具体的には、貴殿が

　　　　　　　　　　　　　　したこと。）による解雇

カ　その他（具体的には、

　　　　　　　　　　　　　　　　　）による解雇

※該当するものに○を付け、具体的な理由等を（　）の中に記入すること。

【書式例36】　解雇理由証明書

解雇理由証明書

【書式例36】 解雇理由証明書

_____ 殿

　当社が、　　年　　月　　日付けで貴殿に予告した解雇については、以下の理由によるものであることを証明します。

　　　　　　　　　　　　　　　　　　　　　　　　年　　月　　日

　　　　　　事業主氏名又は名称
　　　　　　使 用 者 職 氏 名

［解雇理由］※1、2

1　天災その他やむを得ない理由（具体的には、

　　　　　　によって当社の事業の継続が不可能になったこと。）による解雇

2　事業縮小等当社の都合（具体的には、当社が、

　　　　　　　　　　　　　　となったこと。）による解雇

3　職務命令に対する重大な違反行為（具体的には、貴殿が

　　　　　　　　　　したこと。）による解雇

4　業務について不正な行為（具体的には、貴殿が

　　　　　　　　　　したこと。）による解雇

5　勤務態度又は勤務成績が不良であること（具体的には、貴殿が

　　　　　　　　　　したこと。）による解雇

カ　その他（具体的には、

　　　　　　　　　　　　　　　　　　　　）による解雇

※1　該当するものに○を付け、具体的な理由等を（　）の中に記入すること。
※2　就業規則の作成を義務付けられている事業場においては、上記解雇理由の記載例にかかわらず、当該就業規則に記載された解雇事由のうち、該当するものを記載すること。

343

〔第5版執筆者一覧〕

所長弁護士　岡芹　健夫（おかぜり　たけお）

1991年　早稲田大学法学部卒業

1994年　第一東京弁護士会登録、高井伸夫法律事務所入所

2010年　高井・岡芹法律事務所に改称、同所所長就任

第一東京弁護士会常議委員（2期）、第一東京弁護士会労働法制委員会委員、東京三弁護士会労働訴訟等協議会委員および経営法曹会議幹事、公益社団法人全国求人情報協会理事、一般社団法人人材サービス産業協議会監事、一般社団法人日本人材派遣協会幹事等。

〔著作〕

『人事・法務担当者のためのメンタルヘルス対策の手引』（民事法研究会、単著、2011）、『雇用と解雇の法律実務』（弘文堂、単著、2012）、『取締役の教科書　これだけは知っておきたい法律知識』（経団連出版、単著、2013）、『労働条件の不利益変更　適正な対応と実務』（労務行政、単著、2015）等

弁護士　秋月　良子（あきづき　りょうこ）

2006年　京都大学法学部卒業

2008年　京都大学法科大学院修了

2009年　第一東京弁護士会登録、高井伸夫法律事務所（現・高井・岡芹法律事務所）入所

経営法曹会議会員、第一東京弁護士会労働法制委員会委員

〔著作〕

『労働裁判における解雇事件判例集　改訂第2版』（労働新聞社、共著、2015）、『実務Q&Aシリーズ　懲戒処分・解雇』（労務行政、共著、2017）、『弁護士が教える　いちばんわかりやすい労働判例集』（労務行政、共著、2018）

弁護士　五十嵐　充（いがらし　みつる）

2008年　慶應義塾大学法学部卒業

2010年　慶應義塾大学法科大学院修了

2011年　第一東京弁護士会登録、高井・岡芹法律事務所入所

〔著作〕

『労働裁判における解雇事件判例集　改訂第2版』（労働新聞社、共著、2015）、『決定版！問題社員対応マニュアル～「問題会社」となら

ないための実務的処方箋（上・下）』（労働調査会、共著、2015）、『中国の労務管理Ｑ＆Ａ』（日本国際貿易促進協会、2017）、『中国労働法事件ファイル』（日本法令、共著、2017）、『中国・タイ・ベトナム労働法の実務Ｑ＆Ａ』（労働調査会、共著、2018）

弁護士　**宇井　一貴**（うい　かずたか）
2004年　慶應義塾大学法学部卒業
2011年　中央大学法科大学院修了
2012年　東京弁護士会登録、弁護士法人中村総合法律事務所入所
2017年　高井・岡芹法律事務所入所
〔著作〕
『これで十分！民法大改正ガイドブック――ビジネスと契約のルールはこう変わる――』（ダイヤモンド社、共著、2015）

弁護士　**大村　剛史**（おおむら　つよし）
2002年　東京大学法学部卒業
2007年　東京弁護士会登録、牛島総合法律事務所入所
2011年　高井・岡芹法律事務所入所
経営法曹会議会員
〔著作〕
『労働裁判における解雇事件判例集改訂第２版』（労働新聞社、共著、2015）、『SNS をめぐるトラブルと労務管理』（民事法研究会、共著、2018）、『弁護士が教える　いちばんわかりやすい労働判例集』（労務行政、共著、2018）、『１冊でわかる！改正早わかりシリーズ　働き方改革法』（労務行政、共著、2018）

弁護士　**大山　圭介**（おおやま　けいすけ）
1995年　中央大学法学部卒業
2000年　第一東京弁護士会登録、高井・岡芹法律事務所入所
2003年　高井・岡芹法律事務所退所
2004年　佐々木茂法律事務所入所
2013年　大山圭介法律事務所設立
中央大学法学部兼任講師、東久留米市法令遵守審査会委員
〔著作〕
『Ｑ＆Ａ職場のトラブル110番』（民事法研究会、共著、2008）、『管理職トラブル対策の実務と法』（民事法研究会、共著、2009）、『これで

安心！地域ユニオン（合同労組）への対処法』（民事法研究会、共著、2014）、『めざせ！最強の管理職——弁護士が教える賢い労働管理・トラブル対応——』（民事法研究会、共著、2014）等

〔事務所所在地〕　〒192-0046　東京都八王子市明神町4-7-15落合ビル3階　大山圭介法律事務所　TEL 042(649)1842　FAX 042(649)1872

弁護士　高　亮（こう　りょう）

2008年　早稲田大学法学部卒業
2011年　京都大学法科大学院修了
2012年　第一東京弁護士会登録、高井・岡芹法律事務所入所
第一東京弁護士会労働法制委員会委員

〔著作〕

『実務Ｑ＆Ａシリーズ　懲戒処分・解雇』（労務行政、共著、2017）、『SNSをめぐるトラブルと労務管理』（民事法研究会、共著、2018）、『弁護士が教える　いちばんわかりやすい労働判例集』（労務行政、共著、2018）、『1冊でわかる！改正早わかりシリーズ　働き方改革法』（労務行政、共著、2018）

弁護士　小池　啓介（こいけ　けいすけ）

2000年　中央大学法学部卒業
2006年　第一東京弁護士会登録、高井伸夫法律事務所入所（2010年高井・岡芹法律事務所に改称）
経営法曹会議会員、第一東京弁護士会労働法制委員会委員

〔著作〕

『管理職トラブル対策の実務と法』（民事法研究会、共著、2009）、『「ブラック企業」なんて言わせない！会社を守るための労働法の使い方』（KADOKAWA/中経出版、単著、2015）、『労働裁判における解雇事件判例集　改訂第2版』（労働新聞社、共著、2015）、『実務Ｑ＆Ａシリーズ　募集・採用・内定・入社・試用期間』（労務行政、共著、2017）、『弁護士が教える　いちばんわかりやすい労働判例集』（労務行政、共著、2018）等

弁護士　菅原　裕人（すがはら　ひろと）

2015年　東京大学法学部卒業
2016年　第一東京弁護士会登録、高井・岡芹法律事務所入所
第一東京弁護士会労働法制委員会委員

〔著作〕

『企業の健康対策の実務』（労務行政、共著、2018）

弁護士　帯刀　康一（たてわき　こおいち）

2004年　早稲田大学卒業
2007年　東京弁護士会登録
2011年　高井・岡芹法律事務所入所
経営法曹会議会員
〔著作〕
『労働裁判における解雇事件判例集　改訂第2版』（労働新聞社、共著、2015）、『実務Q＆Aシリーズ　懲戒処分・解雇』（労務行政、共著、2017）

弁護士　三上　安雄（みかみ　やすお）

1985年　中央大学法学部卒業
1999年　第一東京弁護士会登録、高井伸夫法律事務所入所
2004年　高井伸夫法律事務所退所、ひかり協同法律事務所設立
第一東京弁護士会労働法制委員会労働時間法制部会副部会長、経営法曹会議会員、日本労働法学会会員
〔著作〕
『Q＆A職場のトラブル110番』（民事法研究会、共著、2008）、『労働契約法の実務　指針・通達を踏まえた解説と実践的対応』（民事法研究会、共著、2009）、『管理職トラブル対策の実務と法』（民事法研究会、共著、2009）、『最高裁労働判例　第2期　第5巻——問題点とその解説』（日本経団連事業サービス、共著、2010）、『最高裁労働判例　第2期第3〜5巻』（日本経団連出版、共著、2002〜2010）、『判例にみる　労務トラブル解決のための方法・文例　第2版』（中央経済社、共著、2011）等
〔事務所所在地〕　〒105-0001　東京都港区虎ノ門5丁目11番2号オランダヒルズ森タワー16階　ひかり協同法律事務所　TEL 03(5733)2800　FAX 03(3433)2818

弁護士　村田　浩一（むらた　こういち）

2007年　中央大学法学部卒業
2009年　中央大学大学院法務研究科修了
2010年　第一東京弁護士会登録、高井・岡芹法律事務所入所
第一東京弁護士会労働法制委員会委員
〔著作〕

『労働裁判における解雇事件判例集　改訂第2版』（労働新聞社、共著、2015）、『変化する雇用社会における人事権〜配転、出向、降格、懲戒処分等の現代的再考〜』（労働開発研究会、共著、2017）、『実務Q＆Aシリーズ　募集・採用・内定・入社・試用期間』（労務行政、共著、2017）、『実務Q＆Aシリーズ　懲戒処分・解雇』（労務行政、共著、2017）、『SNSをめぐるトラブルと労務管理』（民事法研究会、共著、2018）、『弁護士が教える　いちばんわかりやすい労働判例集』（労務行政、共著、2018）

弁護士　山根　美奈（やまね　みな）
　　2011年　慶應義塾大学法学部卒業
　　2013年　中央大学法科大学院修了
　　2014年　弁護士登録（第一東京弁護士会）、高井・岡芹法律事務所入所
　　第一東京弁護士会労働法制委員会委員
　　〔著作〕
　　『企業の健康対策の実務』（労務行政、共著、2018）

弁護士　横田　香名（よこた　かな）
　　2011年　慶應義塾大学法学部卒業
　　2013年　慶應義塾大学法科大学院修了
　　2014年　弁護士登録（第一東京弁護士会）、高井・岡芹法律事務所入所
　　2017年　高井・岡芹法律事務所退所、Vanguard Tokyo 法律事務所入所
　　〔事務所所在地〕　〒100-0005　東京都千代田区丸の内3丁目1－1国際
　　　ビル601　Vanguard Tokyo 法律事務所　TEL 03(6868)0410
　　　FAX 03(6868)0411

弁護士　渡辺　雪彦（わたなべ　ゆきひこ）
　　2005年　早稲田大学法学部卒業
　　2009年　早稲田大学法科大学院修了
　　2010年　第一東京弁護士会登録、高井・岡芹法律事務所入所
　　第一東京弁護士会労働法制委員会委員
　　〔著作〕
　　『労働裁判における解雇事件判例集　改訂第2版』（労働新聞社、共著、2015）、『決定版！問題社員対応マニュアル〜「問題会社」とならないための実務的処方箋（上・下）』（労働調査会、共著、2015）、『実務Q＆Aシリーズ　懲戒処分・解雇』（労務行政、共著、2017）、

『SNSをめぐるトラブルと労務管理』（民事法研究会、共著、2018）、
『弁護士が教える　いちばんわかりやすい労働判例集』（労務行政、共
著、2018）

（50音順）

〔旧版執筆者一覧〕

安倍　嘉一	市川　祐史	片山　由美子
根本　義尚	橋本　吉文	廣上　精一
山本　幸夫	米倉　圭一郎	

（50音順）

【編者事務所所在地】

〒102-0073 東京都千代田区九段北4丁目1番5号
市ヶ谷法曹ビル902号
高井・岡芹法律事務所
TEL 03(3230)2331 FAX 03(3230)2395
http://www.law-pro.jp/

Ｑ＆Ａ現代型問題社員対策の手引〔第5版〕

2019年1月29日 第1刷発行
2019年5月24日 第2刷発行

定価 本体4,000円＋税

編 者 高井・岡芹法律事務所
発 行 株式会社 民事法研究会
印 刷 藤原印刷株式会社

発行所 **株式会社 民事法研究会**
〒150-0013 東京都渋谷区恵比寿3-7-16
TEL 03(5798)7257〔営業〕 FAX 03(5798)7258
TEL 03(5798)7277〔編集〕 FAX 03(5798)7278
http://www.minjiho.com/ info@minjiho.com

落丁・乱丁はおとりかえします。 ISBN978-4-86556-261-3 C2032 ¥4000E
カバーデザイン：袴田峯男

■事例ごとの適正な懲戒処分が一目でわかる！

懲戒処分の
実務必携Q&A
―トラブルを防ぐ有効・適正な処分指針―

三上安雄・増田陳彦・内田靖人・荒川正嗣・吉永大樹　著

A5判・359頁・定価　本体3,800円＋税

本書の特色と狙い

▶懲戒処分を行うにあたり、そもそも懲戒処分を行うことができるのか、また懲戒処分を行えるにしても、どの程度の処分が適正かつ妥当なのか、処分の際にはどのような点に注意しなければならないのか、といった疑問に対して、企業側の労働問題に精通した弁護士が豊富な経験と判例・実務の動向を踏まえてわかりやすく解説！

▶「弁護士からのアドバイス」では、懲戒処分でトラブルに発展しないための具体的なノウハウを開示！

▶巻末には関連書式・事例別判例一覧を掲載！

▶企業の人事・総務担当者はもちろん、企業顧問の弁護士や社会保険労務士にも必携となる1冊！

本書の主要内容

第1部　企業秩序維持と懲戒
　第1章　懲戒処分の意義
　第2章　懲戒処分の根拠
　第3章　懲戒処分の種類
　第4章　懲戒処分の有効性
　第5章　懲戒処分の留意事項
第2部　職場内で起こりうる非違行為
　第1章　企業内事情における懲戒処分
　第2章　職場外で起こりうる非違行為
　　Ⅰ　刑事事犯（刑事全般）
　　Ⅱ　破産・消費者ローン
　　Ⅲ　兼業・競業

　第3章　不服申立てへの対応
第3部　関連書式・懲戒処分判例一覧
　【書式例1】厳重注意書・警告書
　【書式例2】呼出し状
　【書式例3】自宅待機命令書
　【書式例4】懲戒処分通知書
　【書式例5】予備的普通解雇通知書
　【書式例6】解雇予告除外認定申請書
　【書式例7】懲戒処分公表文
　【懲戒処分判例一覧】

発行　民事法研究会

〒150-0013　東京都渋谷区恵比寿3-7-16
（営業）TEL. 03-5798-7257　FAX. 03-5798-7258
http://www.minjiho.com/　info@minjiho.com

■弁護士技術、事務所経営など多岐にわたる分野の情報戦略のあり方を明示！

弁護士の情報戦略
―「新説」創造力が信用を生み出す―

髙井伸夫 著

四六判・186頁・定価 本体1700円＋税

「新説」創造力の発揮こそが「情報戦略」であるとの考えから、著者が実践してきた新説を例にして、具体的な創造の過程を読者と共有し、読者による新説創造力の発揮を促す1冊。

目次

序章　弁護士の情報戦略とは何か
　弁護士の情報戦略は新説の創造・発表
　新説の役割と弁護士の価値
　有力弁護士は新説に取り組む　ほか
第1章　弁護士技術上の新説
　リストラの方法に関する新説
　人事・労務問題のとらえ方に関する新説
　依頼者への対応に関する新説　ほか
第2章　法律上の新説
　労働紛争の解決に関する新説
　個人主義・集団主義に関する新説
　雇用契約の性質に関する新説　ほか
第3章　事務所経営上の新説
　事務所経営の中核に関する新説
　リーダーシップに関する新説(1)
　リーダーシップに関する新説(2)
　事前準備に関する新説
　新事業への進出に関する新説　ほか
第4章　人間上の新説
　格差問題に関する新説(1)
　格差問題に関する新説(2)
　思いやりのある資本主義に関する新説
　人間の生き方に関する新説
　社会の活性化に関する新説　ほか

■弁護士としての喜びが得られる営業のあり方を示した注目の1冊！

弁護士の経営戦略
―「営業力」が信用・信頼をつなぐ―

髙井伸夫 著

四六判・189頁・定価 本体1700円＋税

顧客の信頼を勝ち取ることを第一歩としてその具体的な秘訣を開示し、依頼者の記憶に残る営業の方法、事務所経営のポイント、仕事を楽しく回すコツなど、AI時代にこそ必須の日々使える手順・ノウハウがここにある！

目次

第1章　信用をつくる営業力とは何か
　信用は何から始まるか
　信頼を継続していくにはどうすればよいか
　営業を活性化するにはどうすればよいか
　相談を受任につなげるコツは？　ほか
第2章　信頼される弁護士力とは何か
　弁護士の力量は何で決まるか
　リーガルマインドには何が必要か
　困難な案件にどう取り組むか　ほか
第3章　安心を与える事務所力とは何か
　部下を育成するにはどうしたらよいか
　部下とのコミュニケーションはどう図るか
　人材の配置はどのようにするか
　定着する人材をどのように採用するか　ほか
第4章　仕事を楽しむ人間力とは何か
　自己実現はどうすれば可能か
　最後までやり抜くにはどうするか
　情熱を持って仕事をするにはどうするか　ほか

発行　民事法研究会

〒150-0013　東京都渋谷区恵比寿 3-7-16
(営業) TEL. 03-5798-7257　FAX. 03-5798-7258
http://www.minjiho.com/　info@minjiho.com

人事労務に役立つ実践的手引書

就業規則やガイドライン、予防策から事後対応、損害賠償請求まで、SNSの基本的知識も含めて解説！

ＳＮＳをめぐるトラブルと労務管理
―事前予防と事後対策・書式付き―

髙井・岡芹法律事務所　編　　　　　　　　　　（Ａ５判・257頁・定価 本体2800円＋税）

従業員による不祥事が発生したときに企業がとるべき対応等を関連書式と一体にして解説！

従業員の不祥事対応実務マニュアル
―リスク管理の具体策と関連書式―

弁護士　安倍嘉一　著　　　　　　　　　　　（Ａ５判・328頁・定価 本体3400円＋税）

企業と労働者のトラブルを解決し企業の損失を最小限に抑えるためのノウハウを開示！

ケースで学ぶ労務トラブル解決交渉術

弁護士　安倍嘉一　著　　　　　　　　　　　（Ａ５判・283頁・定価 本体2500円＋税）

ブラックバイトや正社員との待遇格差などのトラブル事例を取り上げ、労働法の基礎知識や具体的解決策を解説！

アルバイト・パートのトラブル相談Ｑ＆Ａ
―基礎知識から具体的解決策まで―

岩出　誠　編集代表　ロア・ユナイテッド法律事務所　編　（Ａ５判・253頁・定価 本体2400円＋税）

外国人を雇用する際に起こりがちな、採用・労務・社会保険等のさまざまなトラブルを専門家が解説！

外国人雇用のトラブル相談Ｑ＆Ａ
―基礎知識から具体的解決策まで―

本間邦弘・坂田早苗・大原慶子・広川敬祐　著　　　（Ａ５判・291頁・定価 本体2700円＋税）

実際に起きた事例をもとに、トラブル対応のノウハウやコンプライアンス経営への職務対応の真髄を伝授！

めざせ！最強の管理職――弁護士が教える賢い労務管理トラブル対応―

三上安雄・間川　清　編著　　　　　　　　　（Ａ５判・350頁・定価 本体2700円＋税）

発行　民事法研究会

〒150-0013　東京都渋谷区恵比寿3-7-16
（営業）TEL 03-5798-7257　FAX 03-5798-7258
http://www.minjiho.com/　　　info@minjiho.com

人事労務に役立つ実践的手引書

訴訟、仮処分、労働審判手続を中心に、書式例を掲げ、実務上の留意点を解説した実践的手引書！

書式 労働事件の実務
―本案訴訟・仮処分・労働審判・あっせん手続まで―

労働紛争実務研究会 編　　　　　　　　　　（A 5 判・522頁・定価 本体4500円＋税）

労働保全、労働審判、訴訟、相談対応、任意交渉、集団労使紛争等の紛争解決手続と思考過程を解説！

事例に学ぶ労働事件入門
―事件対応の思考と実務―

労働事件実務研究会 編　　　　　　　　　　（A 5 判・366頁・定価 本体3200円＋税）

労働関係法令を俯瞰しつつ、実務で問題となる論点について、判例・通説を基本に実務指針を解説！

労働法実務大系
平成27年改正派遣法までの法令と2000件を超える判例等も収録！

弁護士　岩出　誠　著　　　　　　　　　　　（A 5 判・970頁・定価 本体9200円＋税）

数多くの判例や厚生労働省の指針改訂(精神疾患による労災認定基準やセクハラ指針)を織り込み改訂！

職場のいじめ・パワハラと法対策〔第4版〕

弁護士　水谷英夫　著　　　　　　　　　　　（A 5 判・362頁・定価 本体3000円＋税）

働き過ぎによる死亡に対して労災認定と企業賠償を求めるための手続と考え方を解説！

過労死・過労自殺の救済Q＆A〔第2版〕
―労災認定と企業賠償への取組み―

大阪過労死問題連絡会 編　　　　　　　　　（A 5 判・261頁・定価 本体2200円＋税）

偽装請負など、派遣労働者採用の際の留意点、適切な請負事業、直接雇用など、労働契約の実務を詳解！

Q＆A労働者派遣の実務〔第2版〕
―派遣元・先企業の実務留意点―

弁護士　五三智仁　著　　　　　　　　　　　（A 5 判・332頁・定価 本体3000円＋税）

発行 ㊛ 民事法研究会　　〒150-0013 東京都渋谷区恵比寿3-7-16
（営業）TEL 03-5798-7257　FAX 03-5798-7258
http://www.minjiho.com/　　info@minjiho.com

最新実務に役立つ実践的手引書

基礎知識から施術、契約、表示をめぐるトラブル等の解決に向けた対処法まで解説！

美容・エステのトラブル相談Q&A
―基礎知識から具体的解決策まで―

美容・エステ被害研究会　編　　　　　　　　　　（A5判・295頁・定価 本体3000円＋税）

斯界最高の執筆陣が、研究のあり方、求められる理論、実務における理論活用の実際を提示！

これからの民事実務と理論
―実務に活きる理論と理論を創る実務―

伊藤　眞・加藤新太郎・永石一郎　編　　　　　（A5判・429頁・定価 本体4300円＋税）

事業再生ADRを改善する産業競争力強化法改正、商法改正等最新法令に対応！ 判例要旨376件収録！

コンパクト倒産・再生再編六法2019―判例付き―

編集代表　伊藤　眞・多比羅誠・須藤英章　　　（A5判・741頁・定価 本体3800円＋税）

電力3事業（発電・送配電・小売）の金融・資金調達のための信託スキームを提供！

電力事業における信託活用と法務
―金融・資金調達から契約・税務・会計まで―

稲垣隆一　編集代表　電力と金融に関する研究会　編　（A5判・403頁・定価 本体4600円＋税）

構成および内容を抜本的に見直し、仮想通貨に関する記述を新たに（かつ大幅）に追加し、改訂！

バーチャルマネーの法務〔第2版〕
―電子マネー・ポイント・仮想通貨を中心に―

北浜法律事務所　編　編集代表　中森亘・籔内俊輔・谷口明史・堀野桂子（A5判・404頁・定価 本体4300円＋税）

特定商取引をめぐる広範なトラブル等を最新の実務動向を踏まえてわかりやすく解説！

特定商取引のトラブル相談Q&A
―基礎知識から具体的解決策まで―

坂東俊矢　監修　久米川良子・薬袋真司・大上修一郎・名波大樹・中井真雄　編著（A5判・291頁・定価 本体3000円＋税）

発行 ㊞民事法研究会　〒150-0013 東京都渋谷区恵比寿3-7-16
（営業）TEL 03-5798-7257　FAX 03-5798-7258
http://www.minjiho.com/　info@minjiho.com

リスク管理実務マニュアルシリーズ

多様化し広がりをみせるクレーマー被害に対し、迅速かつ適切に対処するためのノウハウと関連書式を開示！

悪質クレーマー・反社会的勢力対応実務マニュアル
―リスク管理の具体策と関連書式―

藤川 元 編集代表 市民と企業のリスク問題研究会 編（Ａ５判・351頁・定価 本体3800円＋税）

会社役員としての危急時の迅速・的確な対応のあり方、および日頃のリスク管理の手引書！

会社役員のリスク管理実務マニュアル
―平時・危急時の対応策と関連書式―

渡邊 顯・武井洋一・樋口 達 編集代表 成和明哲法律事務所 編（Ａ５判・432頁・定価 本体4600円＋税）

社内(社外)通報制度の導入、利用しやすいしくみを構築し、運用できるノウハウを明示！

内部通報・内部告発対応実務マニュアル
―リスク管理体制の構築と人事労務対応策Ｑ＆Ａ―

阿部・井窪・片山法律事務所 石嵜・山中総合法律事務所 編（Ａ５判・255頁・定価 本体2800円＋税）

弁護士・コンサルティング会社関係者による実務に直結した営業秘密の適切な管理手法を解説！

営業秘密管理実務マニュアル
―管理体制の構築と漏えい時対応のすべて―

服部 誠・小林 誠・岡田大輔・泉 修二 著 （Ａ５判・284頁・定価 本体2800円＋税）

企業のリスク管理を「法務」・「コンプライアンス」双方の視点から複合的に分析・解説！

法務リスク・コンプライアンスリスク管理実務マニュアル
―基礎から緊急対応までの実務と書式―

阿部・井窪・片山法律事務所 編 （Ａ５判・764頁・定価 本体6400円＋税）

情報漏えいを防止し、「情報」を有効活用するためのノウハウを複合的な視点から詳解！

企業情報管理実務マニュアル
―漏えい・事故リスク対応の実務と書式―

長内 健・片山英二・服部 誠・安倍嘉一 著 （Ａ５判・442頁・定価 本体4000円＋税）

発行 民事法研究会　〒150-0013 東京都渋谷区恵比寿3-7-16
（営業）ＴＥＬ03-5798-7257　ＦＡＸ 03-5798-7258
http://www.minjiho.com/　info@minjiho.com